Todo está jodido

Mark Manson es el autor de los best sellers internacionales *El sutil arte de que (casi todo) te importe una mi*rda* y *Todo está j*dido* (con más de seis millones de ejemplares vendidos tan solo en Estados Unidos). Su blog, markmanson.net, atrae a más de dos millones de lectores al mes. Manson vive en la ciudad de Nueva York.

Todo está jodido

Mark Manson

Traducción de Carlos Ramos

rocabolsillo

Penguin
Random House
Grupo Editorial

Título original: *Everything is F*cked*

Primera edición con esta presentación: enero de 2025

© 2019, Mark Manson
© 2023, 2025, Roca Editorial de Libros, S.L.U.
Travessera de Gràcia, 47-49. 08021 Barcelona
© 2019, Carlos Ramos Malavé, por la traducción

Printed in Spain – Impreso en España

ISBN: 978-84-10197-27-5
Depósito legal: B-19.214-2024

Impreso en Novoprint
Sant Andreu de la Barca (Barcelona)

RB 9 7 2 7 5

Para Fernanda, por supuesto

Índice

PRIMERA PARTE

ESPERANZA

1

La verdad incómoda

*E*n un pequeño pedazo de terreno, en mitad del campo anodino de la Europa Central, entre los almacenes de un antiguo barracón militar, estaba a punto de desencadenarse la maldad. Concentrada geográficamente. Más densa y más oscura de lo que el mundo jamás había conocido. A lo largo de cuatro años, más de un millón trescientas mil personas serían sistemáticamente seleccionadas, esclavizadas, torturadas y asesinadas. Y todo sucedería en una zona algo mayor que Central Park. Y nadie haría nada para impedirlo.

Salvo un hombre.

Es cosa de cuentos de hadas y cómics: un héroe que se adentra de cabeza en las feroces mandíbulas del infierno para enfrentarse a la manifestación del mal. Tiene pocas probabilidades de éxito. La lógica es aplastante. Y, sin embargo, nuestro héroe fantástico nunca vacila, nunca se estremece. Planta los pies en el suelo y mata al dragón, derrota a los invasores demoniacos, salva al planeta y tal vez, incluso, a una princesa o dos.

Y, durante un breve periodo de tiempo, hay esperanza.

Sin embargo, esta no es una historia de esperanza. Esta historia pretende contar que todo está jodido. Tan jodido que, en la actualidad, con la comodidad de nuestro wifi gratis y nuestra batamanta, ni tú ni yo podemos hacernos una idea.

Witold Pilecki ya era un héroe de guerra antes de decidir colarse en Auschwitz. De joven, había sido un oficial condecorado durante la guerra polaco-soviética de 1918. Había dado una patada en los huevos a los comunistas antes de que la mayoría de la población supiera incluso lo que era un rojo de mierda. Después de la guerra, se trasladó al campo en

Polonia, se casó con una maestra de escuela y tuvo dos hijos. Le gustaba montar a caballo, llevar sombreros sofisticados y fumar puros. La vida era sencilla y agradable.

Entonces sucedió lo de Hitler. Antes de que Polonia pudiera ponerse las botas, los nazis ya habían arrasado medio país con su guerra relámpago. Polonia perdió todo su territorio en poco más de un mes. No fue precisamente una batalla justa: mientras los nazis invadían el oeste, los soviéticos conquistaban el este. Era como estar entre la espada y la pared; salvo que la espada era un ejército asesino y megalómano que intentaba conquistar el mundo, y la pared, un genocidio descontrolado y sin sentido. Todavía no tengo claro cuál era cuál.

Muy al principio, los soviéticos eran mucho más crueles que los nazis. Ya habían hecho eso antes: derrocar a un Gobierno y esclavizar a la población bajo una ideología defectuosa. Los nazis eran algo así como vírgenes imperialistas (lo cual, viendo las fotos del bigote de Hitler, no es difícil de creer). En aquellos primeros meses de la guerra, se estima que los soviéticos acorralaron a más de un millón de ciudadanos polacos y los enviaron al este. Pensemos en eso durante un segundo. Un millón de personas desaparecidas en cuestión de meses. Algunas no se detuvieron hasta llegar a los gulags de Siberia; otras aparecieron en fosas comunes décadas más tarde. El destino de muchas de ellas sigue siendo desconocido.

Pilecki luchó en esas batallas; contra los alemanes y contra los soviéticos. Y, tras la derrota, formó junto con sus compañeros oficiales polacos un grupo de resistencia clandestino en Varsovia. Se hacían llamar el Ejército Secreto Polaco.

En la primavera de 1940, el Ejército Secreto Polaco se enteró de que los alemanes estaban construyendo un inmenso complejo carcelario a las afueras de un pueblo rural al sur del país. Los alemanes lo llamaron Auschwitz. Llegado el verano de 1940, cada vez desaparecían más militares y ciudadanos polacos por el oeste. Entre la resistencia empezó a desatarse el temor de que, en el oeste, estuviera repitiéndose el mismo encarcelamiento masivo que había tenido lugar en el este con los soviéticos. Pilecki y sus hombres sospechaban que Auschwitz, una prisión del tamaño de un pueblo pequeño, tenía algo que ver con las desapariciones y que probablemente ya albergara a miles de los antiguos soldados polacos.

Fue entonces cuando Pilecki se ofreció voluntario para colarse en Auschwitz. Al principio, era una misión de rescate: permitiría que le arrestaran y, una vez allí, se organizaría con otros soldados polacos, planearía un motín y escaparía del campo de concentración.

Era una misión tan suicida que fue como pedirle permiso a su comandante para beberse un cubo de lejía. Sus superiores pensaron que estaba loco, y así se lo dijeron.

Sin embargo, según fueron pasando las semanas, el problema empeoró: seguían desapareciendo miles de polacos de la élite, y Auschwitz continuaba siendo un inmenso punto ciego para el sistema de inteligencia aliado. Los aliados no tenían ni idea de lo que sucedía allí y contaban con pocas probabilidades de averiguarlo. Al final, los comandantes de Pilecki cedieron. Una tarde, en un puesto rutinario de control en Varsovia, Pilecki se dejó arrestar por las SS por saltarse el toque de queda. Poco después, iba de camino a Auschwitz: el único hombre conocido por haber entrado de forma voluntaria en un campo de concentración nazi.

Una vez allí, vio que la realidad de Auschwitz era mucho peor de lo imaginado. Disparaban a los prisioneros diariamente, colocados en fila, por transgresiones tan nimias como moverse de forma nerviosa o no ponerse rectos. El trabajo manual era agotador e infinito. Los hombres trabajaban hasta la muerte, literalmente, realizando con frecuencia tareas inútiles, que no servían para nada. El primer mes que Pilecki pasó allí, un tercio de los hombres de su barracón murió de cansancio, de pulmonía o de un disparo. Pese a todo, a finales de 1940, Pilecki, el superhéroe invencible de los cómics, había conseguido montar una operación de espionaje.

Oh, Pilecki, titán, campeón, volando por encima del abismo, ¿cómo te las apañaste para crear una red de inteligencia con mensajes incrustados en las cestas de la colada? ¿Cómo fabricaste tu propio transistor de radio con partes sueltas y baterías robadas, al estilo de MacGyver, y después transmitiste al Ejército Secreto Polaco de Varsovia los planes para atacar el campo de concentración? ¿Cómo lograste crear redes de contrabando para conseguir comida, medicinas y ropa para los prisioneros, salvando innumerables vidas y ofreciendo esperanza al desierto más remoto del corazón humano? ¿Qué hizo este mundo para merecerte?

A lo largo de dos años, Pilecki construyó una unidad de resistencia dentro de Auschwitz. Había una cadena de mando, con rangos y oficiales; una red logística y vías de comunicación con el mundo exterior. Y los guardias de las SS fueron ajenos a todo eso durante casi dos años. El objetivo último de Pilecki era instigar una revuelta a gran escala dentro del campo. Con ayuda y coordinación desde el exterior, creía que podría provocar una fuga de prisión, vencer a los guardias de las SS, que estaban en inferioridad numérica, y liberar a decenas de miles de guerrilleros polacos altamente entrenados. Envió sus planes y sus informes a Varsovia. Esperó durante meses. Sobrevivió durante meses.

Pero entonces llegaron los judíos. Primero en autobuses. Después, hacinados en vagones de tren. Pronto empezaron a llegar por decenas de miles: una corriente ondulante de personas que flotaba en aquel océano de muerte y desesperación. Sin familia, sin pertenencias y sin dignidad, entraban mecánicamente en el barracón de las «duchas», recién reformado, donde primero los gaseaban y luego los incineraban.

Los informes que Pilecki enviaba al exterior eran cada vez más frenéticos. Asesinaban a decenas de miles de personas allí cada día. En su mayoría, judíos. El número de muertos podría ascender a millones. Rogaba al Ejército Secreto Polaco que liberase el campo de inmediato. Decía: «Si no podéis liberarlo, al menos bombardeadlo. Por el amor de Dios, por lo menos destruid las cámaras de gas. Por lo menos eso».

El Ejército Secreto Polaco recibía sus mensajes, pero imaginaron que estaría exagerando. En las regiones más remotas de sus cerebros, no existía nada que pudiera ser tan retorcido. Nada.

Pilecki fue la primera persona que alertó al mundo sobre el Holocausto. Su información se reenvió a diversos grupos de resistencia por toda Polonia, después al Gobierno polaco exiliado en el Reino Unido, que a su vez pasó los informes al mando aliado en Londres. Finalmente, la información llegó hasta Eisenhower y Churchill.

Ellos también pensaron que Pilecki tenía que estar exagerando.

En 1943, Pilecki se dio cuenta de que su plan para organizar un motín y una fuga masiva nunca tendría lugar: el Ejército Secreto Polaco no aparecía. Los norteamericanos y los británicos no aparecían. Y, muy probablemente, los que sí aparecerían fueran los soviéticos, y eso sería peor. Decidió que permanecer en el campo de concentración era demasiado arriesgado. Había llegado el momento de escapar.

Hizo que pareciera sencillo, por supuesto. Primero, fingió estar enfermo: lo ingresaron en el hospital del campo. Después, mintió a los médicos al decirles a qué grupo de trabajo debía regresar: tenía el turno de noche en la panadería, situada en la linde del campo, junto al río. Cuando los médicos le dieron el alta, se dirigió hacia la panadería, donde procedió a «trabajar» hasta las dos de la mañana, cuando se terminó de hornear la última tanda de pan. A partir de ahí, solo fue cuestión de cortar el cable del teléfono, abrir la puerta de atrás sin hacer ruido, ponerse ropa de civil robada sin que los guardias de las SS se dieran cuenta, correr un kilómetro y medio hacia el río mientras le disparaban y después abrirse camino de vuelta hasta la civilización guiándose por las estrellas.

En la actualidad, gran parte de nuestro mundo parece estar jodido. No a los niveles del Holocausto nazi (ni de lejos), pero, aun así, está bastante jodido.

Historias como la de Pilecki nos inspiran. Nos dan esperanza. Nos hacen decir: «Bueno, las cosas estaban mucho peor entonces, y ese tío lo trascendió todo. ¿Qué he hecho yo últimamente?». Eso es lo que probablemente deberíamos preguntarnos en esta época de críticos de sofá, de tuits encendidos y de porno escandaloso. Cuando nos alejamos y lo vemos con perspectiva, nos damos cuenta de que, mientras que hay héroes como Pilecki que salvan el mundo, nosotros nos dedicamos a matar mosquitos y quejarnos de que el aire acondicionado no está lo suficientemente alto.

La historia de Pilecki es lo más heroico que he encontrado en mi vida. Porque la heroicidad no es solo ser valiente, tener agallas y astucia. Esas cosas son comunes y suelen usarse de forma heroica. No. Ser heroico es poseer la habilidad de conjurar la esperanza donde no la hay. Encender una cerilla para iluminar el vacío. Mostrarnos la posibilidad de un mundo mejor; no un mundo mejor que queremos que exista, sino un mundo mejor que no sabíamos que podía existir. Partir de una situación en la que todo parece estar jodido y, aun así, conseguir mejorarlo.

La valentía es algo común. La resiliencia es algo común. Pero la heroicidad posee cierto componente filosófico. Existe un gran «¿por qué?» que los héroes ponen sobre la mesa: una causa increíble o una convicción que se ven inalteradas pase lo que pase. Y por eso nosotros, como cultura, necesitamos tanto un héroe: no porque las cosas sean necesariamente malas, sino porque hemos perdido ese «¿por qué?» tan claro que motivaba a las generaciones anteriores.

Somos una cultura que no necesita paz, ni prosperidad, ni embellecedores nuevos para el capó de sus coches eléctricos. Todo eso ya lo tenemos. Somos una cultura que necesita algo mucho más precario. Somos una cultura y un pueblo que necesita esperanza.

Tras vivir años de guerra, tortura, muerte y genocidio, Pilecki jamás perdió la esperanza. Pese a perder su país, a su familia, a sus amigos y casi su propia vida, jamás perdió la esperanza. Ni siquiera después de la guerra, durante el dominio soviético, jamás perdió la esperanza de una Polonia libre e independiente. Jamás perdió la esperanza de una vida feliz y tranquila para sus hijos. Jamás perdió la esperanza de poder salvar más vidas, de ayudar a más gente.

Después de la guerra, Pilecki regresó a Varsovia y continuó espiando, esta vez al Partido Comunista, que acababa de llegar al poder. De nuevo, sería la primera persona en informar al oeste de un mal en ciernes; en este caso, los soviéticos se habían infiltrado en el Gobierno polaco y habían amañado las elecciones. También sería el primero en documentar las atrocidades soviéticas cometidas en el este durante la guerra.

Sin embargo, esta vez, lo descubrieron. Se le advirtió de que estaban a punto de arrestarlo y tuvo la oportunidad de huir a Italia. Aun así, Pilecki rechazó la oferta; prefería quedarse y morir como polaco a huir y vivir como algo con lo que no se identificaba. Por entonces, su única fuente de esperanza era una Polonia libre e independiente. Sin eso, no era nada.

Y, de ese modo, su esperanza sería también su perdición. Los comunistas capturaron a Pilecki en 1947 y no fueron benévolos con él. Lo torturaron durante casi un año, con tanta dureza y consistencia que le dijo a su esposa que «Auschwitz era solo una nimiedad» en comparación.

Aun así, nunca cooperó con sus interrogadores.

Finalmente, al darse cuenta de que no podrían sacarle ninguna información, los comunistas decidieron convertirlo en ejemplo. En 1948, celebraron un juicio falso y acusaron a Pilecki de todo: desde falsificación de documentos hasta violación del toque de queda, pasando por espionaje y traición. Un mes después, lo declararon culpable y lo condenaron a muerte. En el último día del juicio, a Pilecki se le permitió hablar. Declaró que su compromiso siempre había sido con Polonia y su gente, que nunca había herido o traicionado a ningún ciudadano polaco y que no se arrepentía de nada. Concluyó su declaración diciendo: «He intentado vivir la vida de tal forma que, en la hora de mi muerte, pueda sentir alegría en vez de miedo».

Y, si eso no es lo más duro que has oído en tu vida, entonces quiero tomar lo mismo que tú.

¿En qué puedo ayudarle?

Si yo trabajara en Starbucks, en vez de escribir el nombre de la gente en su vaso de café, escribiría lo siguiente:

> Un día, tú y todas las personas a las que quieres moriréis. Y, más allá de un reducido grupo de personas durante un brevísimo periodo de tiempo, poco de lo que digas o hagas importará jamás. Esta es la «verdad incómoda» de la vida. Y todo lo que piensas o haces no es más que una complicada forma de evitarla. Somos polvo cósmico intrascendente, chocando y dando vueltas en una mota azul y diminuta. Nos imaginamos nuestra propia importancia. Nos inventamos un propósito; no somos nada.
>
> Disfruta de tu puto café.

Tendría que escribirlo con letra muy pequeña, claro. Y tardaría un rato en hacerlo, lo que significa que la cola de clientes de primera hora de la mañana se daría media vuelta. No sería lo que llamaríamos un servicio al cliente espectacular. Probablemente, esta sea solo una de las razones por las que no soy apto para trabajar.

Pero, en serio, ¿cómo puedes decirle a alguien, moralmente, que «pase un buen día», sabiendo que todos sus pensamientos y todas sus motivaciones surgen de la necesidad de evitar el sinsentido inherente a la existencia humana?

Porque, en la extensión infinita del espacio-tiempo, al universo no le importa que la prótesis de cadera de tu madre funcione bien, o que tus hijos vayan a la universidad, o que tu jefe piense que has hecho una hoja de cálculo excepcional. No le importa que los demócratas o los republicanos ganen las elecciones presidenciales. No le importa que pillen a un famoso consumiendo cocaína mientras se masturba en el cuarto de baño de un aeropuerto (otra vez). No le importa que se quemen los bosques, que se derritan los polos, que suba el nivel del mar, que aumenten las temperaturas o que los humanos sean exterminados por una raza alienígena superior.

Te importa a ti.

Te importa a ti, y tratas por todos los medios de convencerte de que, como a ti te importa, debe de haber un gran significado cósmico detrás de todo esto.

Te importa porque, en el fondo, necesitas tener esa sensación de importancia para evitar la verdad incómoda, para evitar la incomprensibilidad de tu existencia, para evitar que te aplaste el peso de tu insignificancia material. Y entonces, al igual que yo y al igual que todos, proyectas esa sensación de importancia imaginada hacia el mundo que te rodea, porque eso te da esperanza.

¿Es demasiado pronto para tener esta conversación? Toma, bébete otro café. Hasta he dibujado una carita sonriente con el ojo guiñado en la espuma de la leche. ¿A que es mona? Esperaré mientras la subes a Instagram.

Bien, ¿dónde estábamos? ¡Ah, sí! La incomprensibilidad de tu existencia. Eso es. Puede que pienses: «Bueno, Mark, creo que estamos todos aquí por una razón, que nada es casualidad y que todo el mundo importa porque todos nuestros actos afectan a alguien y que, si podemos ayudar aunque sea a una persona, entonces merece la pena, ¿no es verdad?».

¡Si es que eres una monada!

Verás, la que habla es tu esperanza. Es una historia que tu mente elabora para que merezca la pena levantarse cada mañana: algo ha de importar porque, sin nada que importe, entonces no hay razón para seguir viviendo. Y los recursos habituales de nuestra mente para hacerte sentir que merece la pena hacer algo son el altruismo más simple o el alivio del sufrimiento.

Nuestra psique necesita tener esperanza para sobrevivir del mismo modo que un pez precisa del agua. La esperanza es la gasolina de nuestro motor mental. Es la mantequilla de nuestra tostada. Puede ser un sinfín de metáforas horteras. Sin esperanza, todo tu sistema mental se detendrá o se morirá de hambre. Si no creemos que haya esperanza en que el futuro sea mejor que el presente, en que nuestras vidas mejoren de algún modo, entonces morimos espiritualmente. Al fin y al cabo, si no hay esperanza en que las cosas mejoren, ¿por qué vivir entonces? ¿Por qué hacer algo?

Esto es lo que muchas personas no entienden: lo contrario a la felicidad no es el enfado o la tristeza.[1] Si estás enfadado o triste, eso significa que todavía te importa algo. Significa que aún tienes esperanza.[2]

No. Lo contrario a la felicidad es la desesperanza, un horizonte gris e infinito de resignación e indiferencia.[3] Es la convicción de que todo está jodido. Así pues, ¿por qué molestarse en hacer algo?

La desesperanza es un nihilismo frío y desalentador, la sensación de que nada tiene sentido. Así pues, a la mierda; ¿por qué no correr con unas tijeras en la mano, o acostarte con la mujer de tu jefe, o ponerte a disparar en un colegio? Es la verdad incómoda, la certeza silenciosa de que, enfrentados al infinito, todo lo que podría importarnos se aproxima velozmente a cero.

La desesperanza es la raíz de la ansiedad, de la enfermedad mental y de la depresión. Es la fuente de toda tristeza y la causa de toda adicción. No es ninguna exageración.[4] La ansiedad crónica es una crisis de esperanza. Es el miedo a un futuro de fracaso. La depresión es una crisis de esperanza. Es la creencia en un futuro sin sentido. Delirio, adicción, obsesión; todo eso son intentos desesperados y compulsivos de la mente por generar esperanza mediante comportamientos neuróticos y anhelos obsesivos.[5]

Evitar la desesperanza —es decir, construir esperanza— se convierte así en el proyecto principal de nuestra mente. Todo significado, todo aquello que entendemos sobre nosotros mismos y sobre el mundo, se construye con el propósito de mantener la esperanza. Por lo tanto, la esperanza es lo único por lo que estamos dispuestos a morir. La esperanza es aquello que creemos que está por encima de nosotros. Sin ella, creemos que no somos nada.

Cuando yo estudiaba en la universidad, mi abuelo murió. Durante los años posteriores, tuve la intensa sensación de que debía vivir de tal modo que él estuviera orgulloso de mí. Aquello me parecía razonable y evidente en cierto sentido, pero no lo era. De hecho, no tenía ninguna lógica. No había mantenido una relación estrecha con mi abuelo. Nunca habíamos hablado por teléfono. No nos escribíamos. Ni siquiera lo vi en los últimos cinco años de su vida.

Por no mencionar que había muerto. ¿Qué sentido tenía que yo «viviera para que él estuviera orgulloso»?

Su muerte me hizo topar con la verdad incómoda. Así que mi mente se puso a trabajar, tratando de sacar esperanza de aquella situación para mantenerme, para alejar al nihilismo. Mi mente decidió que, como mi abuelo ahora se veía privado de su capacidad para albergar esperanza y aspirar a algo en su vida, era importante que yo siguiera albergando esperanza y aspirando a cosas en su honor. Aquella fue la diminuta porción de fe de mi mente, mi pequeña religión personal basada en el propósito.

¡Y funcionó! Durante un breve periodo de tiempo, su muerte confirió trascendencia y sentido a experiencias, por lo demás, banales y vacías. Y ese significado me dio esperanza. Probablemente hayas sentido algo parecido cuando ha fallecido alguien cercano. Es una sensación muy común. Te dices a ti mismo que vivirás de tal forma que tu ser querido se sienta orgulloso. Te dices a ti mismo que utilizarás tu vida para celebrar la suya. Te dices a ti mismo que eso es algo bueno e importante.

Y eso «bueno e importante» es lo que nos mantiene en estos momentos de terror existencial. Yo iba por ahí imaginando que mi abuelo me seguía, como un fantasma muy entrometido, siempre mirando por encima de mi hombro. Aquel hombre al que apenas conocía cuando estaba vivo parecía ahora muy interesado por el resultado de mi examen de cálculo. Era algo totalmente irracional.

Nuestra psique construye pequeños discursos como este cuando se enfrenta a la adversidad, esas historias del antes y el después que nos inventamos. Y debemos mantener con vida esos discursos de esperanza, a todas horas, incluso si se vuelven irracionales o destructivos, puesto que son la única fuerza estabilizante que protege a nuestra mente de la verdad incómoda.

Entonces, esos discursos de esperanza son lo que dan a nuestras vidas la sensación de tener un propósito. No solo suponen que nos espera algo mejor en el futuro, sino que además es posible salir ahí fuera y conseguir ese algo. Cuando la gente asegura que tiene que encontrar «su propósito en la vida», lo que realmente quiere decir es que ya no tiene claro qué es lo que importa, cómo aprovechar el tiempo limitado que tenemos sobre la Tierra;[6] en resumen, ya no saben para qué tienen esperanza. Se esfuerzan por entender cómo debería ser el antes y el después en sus vidas.

Esa es la parte difícil: encontrar por ti mismo ese antes y después. Es complicado porque nunca hay manera de saber con certeza si lo estás haciendo bien. Por esa razón, mucha gente acude a la religión, porque las religiones reconocen ese estado permanente de incertidumbre y, a cambio, exigen fe. Es probable que esto también explique por qué las personas religiosas se deprimen y se suicidan mucho menos que las personas no religiosas: esa fe practicante las protege de la verdad incómoda.[7]

Pero tu discurso de esperanza no tiene por qué ser religioso. Puede ser de muchas formas. Este libro es mi pequeña fuente de esperanza. Me da un propósito; me da un significado. Y el discurso que he construido en torno a esa esperanza es que creo que este libro podría ayudar a algunas personas, que podría mejorar un poco mi vida y el mundo.

¿Lo sé con certeza? No. Pero es mi historia del antes y el después, y me aferro a ella. Me permite levantarme por las mañanas y consigue que mi vida me emocione. Y eso no solo no es algo malo, sino que además es lo único que hay.

Para algunas personas, la historia del antes y el después es criar bien a sus hijos. Para otras, es salvar el medioambiente. Para otras, ganar mucho dinero y comprarse un barco. Para otras, simplemente, mejorar su *swing* en el golf.

Nos demos cuenta o no, todos tenemos esos discursos que hemos escogido creernos por alguna razón. Da igual que obtengas esperanza a través de la fe religiosa, o de una teoría basada en las pruebas, o una intuición, o un argumento bien razonado. Todas provocan el mismo resultado: tienes la convicción de que (a) existe un potencial de crecimiento, mejora o salvación en el futuro, y (b) existen formas de llegar hasta allí. Eso es todo. Día tras día, año tras año, nuestras vidas se construyen solapando estos discursos de esperanza. Son la zanahoria psicológica que cuelga al final del palo.

Si todo esto suena nihilista, por favor, no me malinterpretes. Este libro no pretende elaborar un argumento a favor del nihilismo. Está en contra del nihilismo; tanto el nihilismo que hay dentro de nosotros como la creciente sensación de nihilismo que parece surgir con el mundo moderno.[8] Y, para rebatir con éxito el nihilismo, se debe empezar por el nihilismo. Se debe empezar por la verdad incómoda. A partir de ahí, se debe construir una defensa convincente para la esperanza. Y no vale cualquier esperanza, sino una forma de esperanza sostenible y benevolente. Una esperanza que nos una, en vez de separarnos. Una esperanza que sea fuerte y poderosa, y que, a la vez, esté anclada en la razón y en la realidad. Una esperanza capaz de llevarnos hasta el final de nuestros días con una sensación de gratitud y satisfacción.

Esto no resulta fácil de hacer (obviamente). Y, en el siglo XXI, es sin duda más difícil que nunca. El nihilismo y la absoluta satisfacción del deseo que lo acompaña atenaza al mundo moderno. Es el poder por el poder. El éxito por el éxito. El placer por el placer. El nihilismo no reconoce ningún «¿por qué?» superior. No se rige por ninguna gran verdad o causa. Se reduce simplemente a «Porque me hace sentir bien». Y eso, como veremos más adelante, es lo que hace que todo parezca tan malo.

La paradoja del progreso

Vivimos en una época interesante en la que, materialmente, las cosas son, sin duda, mucho mejores de lo que eran antes. Aun así, parece que todos estamos perdiendo la cabeza, pensando que el mundo es un retrete gigante de cuya cadena están a punto de tirar. Hay una sensación irracional de desesperanza que se extiende por el mundo rico y desarrollado.

Es una paradoja del progreso: cuanto mejores son las cosas, más ansiosos y desesperados nos sentimos.[9]

En los últimos años, escritores como Steven Pinker y Hans Rosling han asegurado que nos equivocamos al ser tan pesimistas, que las cosas están mejor que nunca y que probablemente mejoren aún más.[10] Ambos han escrito libros largos y pesados con muchas tablas y gráficos que empiezan en una esquina y siempre parecen terminar en la esquina contraria.[11] Los dos han explicado, largo y tendido, los sesgos y las suposiciones incorrectas que todos hacemos y que hacen que sintamos que las cosas son mucho peores de lo que realmente son. Arguyen que el progreso ha continuado, sin interrupciones, a lo largo de la historia moderna. La gente tiene más formación y cultura que antes.[12] La violencia lleva décadas en descenso, quizá siglos.[13] El racismo, el sexismo, la discriminación y la violencia contra las mujeres se hallan en las cotas más bajas de la historia documentada.[14] Tenemos más derechos que antes.[15] La mitad del planeta tiene acceso a Internet.[16] Mundialmente, la pobreza extrema ha alcanzado mínimos históricos.[17] Las guerras son más pequeñas y menos frecuentes que en ningún otro momento de la historia.[18] Los niños mueren menos y la gente vive más.[19] Hay más riqueza que antes.[20] Hemos curado un montón de enfermedades.[21]

Y tienen razón. Es importante conocer tales hechos. Pero leer esos libros también es como escuchar a tu tío Larry parlotear asegurando que las cosas estaban mucho peor cuando tenía tu edad. Aunque tenga razón, eso no tiene por qué hacer que te sientas mejor con respecto a tus problemas.

Porque, pese a todas las buenas noticias que se publican hoy en día, aquí tenemos algunas estadísticas sorprendentes: en Estados Unidos, los síntomas de depresión y ansiedad han aumentado a lo largo de los últimos ochenta años entre la gente joven, y a lo largo de los últimos veinte años entre la población adulta.[22] La gente no solo experimenta la depresión en mayor número, sino además a una edad más temprana, con cada generación.[23] Desde 1985, hombres y mujeres han declarado sentir un menor nivel de satisfacción con la vida.[24] Probablemente, una parte de eso se deba a que los niveles de estrés han aumentado a lo largo de los últimos treinta años.[25] Las sobredosis por drogas han alcanzado recientemente máximos históricos, porque la crisis de los opioides ha devastado gran parte de Estados Unidos y Canadá.[26] Entre la población estadounidense crece la sensación de soledad y aislamiento social. Casi la mitad de los estadounidenses asegura sentirse aislada, excluida o sola en la vida.[27] La confianza social no solo ha bajado en todo el mundo desarrollado, sino que está desplomándose, lo que significa que cada vez menos personas confían en su Gobierno, en los medios de comunicación o en las demás personas.[28] En los años ochenta, cuando los investigadores preguntaban a los participantes de las encuestas con cuántas personas habían tratado temas personales importantes a lo largo de los seis meses anteriores, la respuesta más común era «tres». En 2006, la respuesta más común era «cero».[29]

Mientras tanto, el medioambiente está muy jodido. Los chiflados tienen acceso a armas nucleares o están a un paso de tenerlo. El extremismo sigue creciendo en todo el mundo; en todas las formas, entre los de izquierdas y los de derechas, entre los religiosos y los seculares. Los conspiracionistas, las milicias ciudadanas, los supervivencialistas y los preparacionistas (que se preparan para el Armagedón) son subculturas cada vez más populares, hasta el punto de llegar a generalizarse.

Básicamente, somos los humanos que más a salvo están y más prósperos de toda la historia, pero, aun así, nos sentimos más desesperanzados que nunca. Cuanto mejores son las cosas, más parecemos desesperar. Es la paradoja del progreso. Y quizá pueda resumirse en un hecho sorprendente: cuanto más rico y seguro es el lugar en el que vives, más probabilidades tienes de suicidarte.[30]

No puede negarse el increíble progreso realizado en sanidad, seguridad y riquezas materiales a lo largo de los últimos siglos. Pero se trata de estadísticas sobre el pasado, no acerca del futuro. Y es ahí donde, inevitablemente, ha de encontrarse la esperanza: en nuestra visión de futuro.

Porque la esperanza no se basa en la estadística. A la esperanza le da igual el descenso de las muertes por arma de fuego o los accidentes de coche. A ella le importa poco que el año pasado no se estrellase ningún avión comercial o que la alfabetización alcanzara un máximo histórico en Mongolia (bueno, a no ser que seas mongol).[31]

A la esperanza le dan igual los problemas que ya se han resuelto. Ella solo se preocupa por los problemas que quedan por resolver. Porque, cuanto mejor va el mundo, más tenemos que perder. Y, cuanto más tenemos que perder, menos esperanza nos queda.

Para construir y mantener la esperanza, necesitamos tres cosas: la sensación de control, creer en el valor de algo y una comunidad.[32] «Control» significa que sentimos que controlamos nuestra propia vida, que podemos influir en nuestro destino. «Valor» significa que algo nos parece lo suficientemente importante como para esforzarnos; algo mejor por lo que merece la pena luchar. Y «comunidad» significa que formamos parte de un grupo que valora las mismas cosas que nosotros y se esfuerza por conseguir esas cosas. Sin una comunidad, nos sentimos aislados, y nuestros valores dejan de tener sentido. Sin valores, nos parece que no merece la pena luchar por nada. Y sin control, nos sentimos incapaces de perseguir una meta. Si pierdes una de las tres, pierdes las otras dos. Si pierdes una de las tres, pierdes la esperanza.

Para entender por qué estamos sufriendo una crisis de esperanza, hemos de comprender la mecánica de la esperanza: cómo se genera y cómo se mantiene. Los próximos tres capítulos se centrarán en la forma en que desarrollamos esas tres áreas de nuestra vida: nuestra sensación de control (capítulo 2), nuestros valores (capítulo 3) y nuestras comunidades (capítulo 4).

Después volveremos a la pregunta original: ¿qué está sucediendo en nuestro mundo que hace que nos sintamos peor a pesar de que todo está mejorando de manera consistente?

Y puede que la respuesta te sorprenda.

2

El autocontrol es un espejismo

*T*odo empezó con un dolor de cabeza.[1]

«Elliot» era un hombre de éxito, un ejecutivo en una empresa exitosa. Caía bien entre sus compañeros y vecinos. Podía ser encantador y tremendamente gracioso. Era marido, padre y amigo, y pasaba sus vacaciones en la playa.

El único problema es que sufría dolores de cabeza regularmente. Y no era la clase de dolor de cabeza que se pasa con una aspirina. Eran devastadores, como si tuviera una taladradora o una bola de demolición golpeándole los ojos.

Elliot tomaba medicación. Echaba la siesta. Trataba de desestresarse y relajarse, tomárselo con calma, no preocuparse, aguantarse. Aun así, los dolores de cabeza continuaban. De hecho, no hicieron más que empeorar. Al poco tiempo, se volvieron tan severos que ya no podía dormir por las noches ni trabajar durante el día.

Finalmente, fue al médico. El médico hizo cosas de médicos, realizó pruebas de médicos, recibió los resultados médicos y le dio a Elliot la mala noticia: tenía un tumor cerebral, justo en el lóbulo frontal. Justo ahí. ¿Lo ves? Esa mancha gris en la parte delantera. Y es de los grandes. Como una pelota de béisbol, calculo.

El cirujano le extrajo el tumor y Elliot se fue a casa. Y volvió a trabajar. Volvió junto a su familia y amigos. Todo parecía normal.

Entonces las cosas empezaron a ir realmente mal.

Su rendimiento en el trabajo se resintió. Tareas que antes desempeñaba como si nada ahora le suponían un gran esfuerzo y mucha concentración.

Podía tardar horas en tomar decisiones sencillas, como si usar un bolígrafo azul o negro. Cometía errores básicos y los dejaba sin resolver durante semanas. Se convirtió en un agujero negro para la planificación, se saltaba las reuniones y los plazos de entrega, como si fueran un insulto al tejido del espacio-tiempo.

Al principio, sus compañeros de trabajo se sentían mal y le cubrían las espaldas. Al fin y al cabo, al tipo acababan de extirparle de la cabeza un tumor del tamaño de una cestita de fruta. Pero lo de cubrirle las espaldas acabó siendo demasiado para ellos, y las excusas de Elliot se volvieron demasiado inaceptables. ¿Te has saltado una reunión de inversores para comprar una grapadora nueva, Elliot? ¿En serio? ¿En qué estabas pensando?[2]

Después de meses de reuniones chapuceras y de mentiras, la verdad se hizo innegable: en la operación, Elliot había perdido algo más que un tumor, y, para sus compañeros de trabajo, ese algo implicaba mucho dinero para la empresa. Así que Elliot fue despedido.

Mientras tanto, su vida familiar tampoco iba mucho mejor. Imagina tener un padre inútil, lo rellenas con un poco de vaguería, lo salpimientas con reposiciones de *Family Feud* y lo horneas a ciento ochenta grados durante veinticuatro horas al día. Así era la nueva vida de Elliot. Se perdía los partidos de la liga infantil de su hijo. Se saltó una conferencia de padres y profesores para ver un maratón de películas de James Bond en televisión. Se olvidó de que su mujer generalmente prefería que le dirigiese la palabra más de una vez por semana.

Empezaron las peleas dentro del matrimonio de Elliot, como las erupciones de un volcán; aunque tampoco se las podía considerar peleas. En las peleas deben estar implicadas dos personas. Y, mientras que su esposa echaba fuego por la boca, a Elliot le costaba trabajo seguir la trama. En vez de actuar con urgencia para cambiar o enmendar las cosas, para demostrar que quería a su familia y se preocupaba por ella, permaneció aislado e indiferente. Era como si estuviera viviendo en otro código postal: un código al que no se podía llegar desde ningún lugar de la Tierra.

Al final, su mujer no pudo aguantarlo más. Elliot había perdido algo más que el tumor, gritaba. Y ese algo era su maldito corazón. Se divorció de él y se llevó a los niños. Y Elliot se quedó solo.

Rechazado y confuso, empezó a buscar nuevas formas de relanzar su carrera. Se dejó arrastrar a unas malas decisiones empresariales. Un estafador le engañó y le quitó gran parte de sus ahorros. Una cazafortunas lo sedujo, lo convenció para que se casara con ella, se divorció de él un año más tarde y se quedó con la mitad de sus activos. Estuvo dando tumbos por la ciudad, viviendo en apartamentos cada vez más baratos y ruinosos, hasta que, pasados algunos años, acabó sin techo. Su hermano lo acogió y empezó a mantenerlo. Sus amigos y familiares contemplaron horrorizados como, en el curso de unos pocos años, un hombre al que antes admiraban echó a perder su vida. Nadie le encontraba sentido. Era innegable que algo en Elliot había cambiado: aquellos potentes dolores de cabeza habían provocado algo más que dolor.

La pregunta era: ¿qué había cambiado?

El hermano de Elliot lo llevaba de consulta en consulta médica. «No es él —solía decir—. Tiene un problema. Parece estar bien, pero no lo está. Lo prometo».

Los médicos hicieron sus cosas de médicos y recibieron sus resultados médicos y, por desgracia, dijeron que Elliot era perfectamente normal (o al menos encajaba en su definición de «normal»; por encima de la media, incluso). Su TAC era normal. Seguía teniendo un cociente intelectual alto. Sabía razonar. Tenía buena memoria. Era capaz de hablar, largo rato, sobre las repercusiones y consecuencias de sus malas decisiones. Podía conversar sobre una amplia variedad de temas con humor. Su médico dijo que Elliot no estaba deprimido. Al contrario, tenía una autoestima alta y no mostraba síntomas de ansiedad crónica o estrés; exhibía una tranquilidad casi zen situado en el ojo del huracán provocado por su propia negligencia.

Su hermano era incapaz de aceptar aquello. Algo iba mal. Le faltaba algo en su interior.

Finalmente, desesperado, derivaron a Elliot a un famoso neurocientífico llamado Antonio Damasio.

Al principio, Antonio Damasio hizo lo mismo que habían hecho los demás médicos: le sometió a un puñado de pruebas cognitivas. Memoria, reflejos, inteligencia, personalidad, relaciones espaciales, razonamiento moral; todo estaba en orden. Elliot aprobó con nota.

Después le hizo algo que a ningún otro médico se le había ocurrido hacer: habló con él. Quiero decir que habló con él de verdad. Quiso saberlo todo: cada error, cada arrepentimiento. ¿Cómo había perdido su trabajo, su casa, sus ahorros y a su familia? Quería que le explicara cada decisión, cada proceso mental (o, en este caso, la ausencia de un proceso mental).

Elliot fue capaz de explicar, con detalle, qué decisiones había tomado, pero no pudo explicar el porqué de esas decisiones. Pudo relatar los hechos y las secuencias de acontecimientos con una fluidez extraordinaria, e incluso cierto aire dramático, pero, al pedirle que analizara su toma de decisiones (¿por qué decidió que comprar una grapadora nueva era más importante que reunirse con un inversor? ¿Por qué decidió que James Bond era más interesante que sus hijos?) se encontró perdido. No tenía respuestas. Y no solo eso, sino que ni siquiera le preocupaba no tenerlas. De hecho, le daba igual.

Era un hombre que lo había perdido todo debido a sus malas decisiones y a sus propios errores, que no había mostrado ningún autocontrol y que era plenamente consciente del desastre en que se había convertido su vida. Pero, aun así, no parecía mostrar remordimientos, ni desprecio hacia sí mismo, ni siquiera un poco de vergüenza. Mucha gente se ha visto empujada al suicidio por mucho menos de lo que había soportado Elliot. Y, sin embargo, allí estaba: no solamente cómodo con su propia desgracia, sino indiferente a ella.

Fue entonces cuando Damasio se dio cuenta de algo brillante: las pruebas psicológicas que había llevado a cabo Elliot estaban diseñadas para medir su capacidad de pensar, pero ninguna de las pruebas estaba diseñada para medir su capacidad de sentir. Todos los médicos se habían centrado tanto en su capacidad de razonamiento que ninguno se había parado a pensar que era su capacidad de sentir emociones la que estaba dañada. E, incluso aunque se hubieran dado cuenta de ello, no existía ninguna manera estandarizada de medir el alcance de tal daño.

Cierto día, uno de los compañeros de Damasio imprimió una serie de imágenes grotescas e inquietantes. Aparecían víctimas de incendios, escenas de crímenes macabros, ciudades destrozadas por la guerra y niños que morían de hambre. Se las enseñó después al paciente, una por una.

Elliot se mostró completamente indiferente. No sintió nada. Y el hecho de que le diera igual resultó tan sorprendente que hasta él mismo comentó lo jodido que era aquello. Admitió que entendía que esas imágenes sí le habrían inquietado en el pasado, que su corazón se habría llenado de empatía y horror, que habría apartado la mirada asqueado. Pero ¿ahora? Sentado allí, contemplando las corrupciones más oscuras del ser humano, Elliot no sentía nada.

Damasio descubrió que aquel era el problema: si bien el entendimiento y el razonamiento de Elliot seguían intactos, el tumor y/o la intervención para extirparlo habían debilitado su capacidad para empatizar y sentir. Su mundo interior ya no poseía luz y oscuridad, no era más que una mancha gris infinita. Asistir al recital de piano de su hija despertaba en él la misma alegría e idéntico orgullo paterno que sentiría al comprarse unos calcetines nuevos. Perder un millón de dólares era para él como echar gasolina, lavar las sábanas o ver *Family Feud*. Se había convertido en una máquina indiferente que hablaba y se movía. Y, sin esa capacidad para juzgar el valor de las cosas, para distinguir lo bueno de lo malo, daba igual lo inteligente que fuera, porque Elliot había perdido su autocontrol.[3]

Sin embargo, eso planteó una pregunta importante: si la capacidad cognitiva de Elliot (su inteligencia, su memoria, su atención) estaba en perfecto estado, ¿por qué ya no era capaz de tomar decisiones efectivas?

Aquello dejó sin palabras a Damasio y a sus compañeros. A veces, todos hemos deseado no ser capaces de sentir emociones, porque nuestras emociones suelen llevarnos a hacer estupideces de las que después nos arrepentimos. Durante siglos, los psicólogos y los filósofos dieron por hecho que disminuir o suprimir nuestras emociones era la solución a todos los problemas de la vida. Sin embargo, he aquí un hombre desprovisto de emociones y empatía, alguien a quien no le quedaba nada más que su inteligencia y su razonamiento, y cuya vida se había ido a la mierda en muy poco tiempo. Su caso desafiaba la sabiduría común sobre la toma racional de decisiones y el autocontrol.

Sin embargo, surgía una segunda pregunta igual de desconcertante: si Elliot seguía siendo muy listo y era capaz de razonar ante los problemas que se le planteaban, ¿por qué se vio afectado su rendimiento laboral? ¿Por qué su productividad se convirtió en una basura? ¿Por qué abandonó a su familia, aun sabiendo cuáles serían las consecuencias negativas? Aunque ya no te importen una mierda tu esposa o tu trabajo, deberías ser capaz de razonar que sigue siendo importante mantenerlos, ¿no? Me refiero a que esa es la conclusión a la que llegan los sociópatas. ¿Por qué Elliot no? ¿Tan difícil es asistir a un partido de la liga infantil de vez en cuando? Por alguna razón, al perder la capacidad para sentir, Elliot también había perdido la capacidad para tomar decisiones. Había perdido la capacidad de controlar su propia vida.

Todos hemos experimentado la sensación de saber lo que debíamos hacer y, sin embargo, no hemos sido capaces de hacerlo. Todos hemos postergado tareas importantes, hemos ignorado a personas a las que queríamos y no hemos actuado en favor de nuestros propios intereses. Y, generalmente, cuando no hacemos las cosas que deberíamos hacer, damos por hecho que es porque no somos capaces de controlar nuestras emociones. Que nos falta disciplina y conocimiento.

Sin embargo, el caso de Elliot ponía eso en duda. Ponía en duda la idea del autocontrol, la idea de que podemos, de manera lógica, obligarnos a hacer cosas que son buenas para nosotros, a pesar de nuestros impulsos y emociones.

Para generar esperanza en nuestras vidas, primero debemos sentir que tenemos control sobre ellas. Tenemos que sentir que avanzamos por el camino de lo que sabemos que es correcto y bueno; que vamos buscando «algo mejor». Sin embargo, muchos nos sentimos incapaces de controlarnos a nosotros mismos. El caso de Elliot sería uno de los descubrimientos para entender por qué sucede esto. Este hombre, pobre, aislado y solo; este hombre que miraba las fotos de cuerpos destrozados y escombros provocados por un terremoto, que bien podrían ser metáforas de su vida; este hombre que lo había perdido todo, absolutamente todo, y que aun así lo contaba con una sonrisa; este hombre sería clave para revolucionar nuestro entendimiento de la mente humana, para averiguar cómo tomamos decisiones y cuánto autocontrol tenemos en realidad.

La suposición clásica

En una ocasión, cuando le preguntaron por sus problemas con la bebida, el músico Tom Waits murmuró: «Prefiero tener una botella enfrente que una lobotomía frontal». Parecía estar borracho cuando lo dijo. Ah, y además estaba saliendo por televisión.[4]

La lobotomía frontal es un tipo de intervención quirúrgica cerebral mediante la que te taladran un agujero en el cráneo a través de la nariz y después te rebanan el lóbulo frontal con un picahielos.[5] La inventó en 1935 un neurólogo llamado António Egas Moniz.[6] Egas Moniz descubrió que, si tenías a una persona con ansiedad extrema, depresión suicida o cualquier otro problema de salud mental (también llamado «crisis de esperanza») y le mutilabas el cerebro en su justa medida, la persona se relajaba por completo.

Egas Moniz creía que la lobotomía, una vez perfeccionada, podría curar cualquier enfermedad mental, y así se la vendió al mundo. A finales de los años cuarenta, la intervención era un éxito y se practicaba a decenas de miles de pacientes en todo el mundo. Egas Moniz llegaría incluso a ganar un Premio Nobel por su descubrimiento.

Sin embargo, llegados los años cincuenta, la gente empezó a darse cuenta de que —y puede que esto parezca una locura— taladrarle la cara a alguien y rasparle el cerebro como se raspa el hielo del parabrisas podría tener algunos efectos secundarios negativos. Y cuando digo «algunos efectos secundarios negativos» me refiero a que los pacientes se quedaban como una patata. Aunque la intervención con frecuencia «curaba» a los pacientes de sus aflicciones emocionales extremas, también les dejaba una incapacidad para concentrarse, para tomar decisiones, desarrollar una carrera, hacer planes a largo plazo o pensar en abstracto sobre sí mismos. En esencia, se convertían en zombis satisfechos y sin cabeza. Se convertían en Elliots.

La Unión Soviética fue el primer país en prohibir la lobotomía. Los soviéticos declararon que la intervención era «contraria a los principios humanos» y aseguraron que «convertía a una persona demente en una persona idiota».[7] Aquello fue una especie de llamada de atención para el resto del mundo, porque, seamos sinceros, cuando Joseph Stalin te sermonea sobre la ética y la decencia humana, te das cuenta de que la has cagado.

Después de aquello, el resto del mundo empezó a prohibir la práctica muy despacio. En los años sesenta, casi todo el mundo la detestaba. La última lobotomía se practicaría en Estados Unidos en 1967, con la consiguiente muerte del paciente. Diez años más tarde, un borracho Tom Waits pronunciaba su famosa frase en televisión. El resto, como suele decirse, es historia.

Tom Waits era un alcohólico feroz que se pasó casi toda la década de los setenta tratando de mantener los ojos abiertos y recordar dónde se había dejado los cigarrillos.[8] También encontró tiempo para escribir y grabar siete álbumes brillantes durante ese periodo. Era prolífico y profundo, ganó premios y vendió millones de discos que se celebraron en todo el mundo. Era uno de esos pocos artistas cuya percepción de la condición humana podía resultar inquietante.

La ocurrencia de Waits sobre la lobotomía nos hace gracia, pero esconde cierta sabiduría: prefiere tener el problema de la pasión por la botella a no tener pasión en absoluto; es mejor encontrar la esperanza en lugares humildes a no encontrarla en ningún lado; sin nuestros impulsos rebeldes, no somos nada.

Siempre ha existido la suposición tácita de que nuestras emociones son las causantes de todos nuestros problemas y que nuestra razón debe intervenir para arreglar el desastre. Esta línea de pensamiento se remonta hasta Sócrates, quien declaró que la razón era la raíz de toda virtud.[9] Al comienzo de la Ilustración, Descartes aseguró que nuestra razón estaba separada de nuestros deseos animales y que debía aprender a controlar esos deseos.[10] Kant dijo más o menos lo mismo.[11] Freud también, salvo que él lo explicó con muchos penes.[12] Y, cuando Egas Moniz lobotomizó a su primer paciente en 1935, estoy seguro de que creyó haber descubierto la manera de hacer lo que, durante más de dos mil años, los filósofos habían declarado que debía hacerse: garantizar el dominio de la razón por encima de las pasiones descontroladas, ayudar a la humanidad a ejercer por fin el control sobre sí misma.

Esta suposición (que debemos usar nuestra mente racional para dominar nuestras emociones) ha ido filtrándose a través de los siglos y aún define gran parte de nuestra cultura en la actualidad. Vamos a llamarlo la «suposición clásica». Esta dice que, si una persona es indisciplinada, rebelde o maliciosa, se debe a que carece de la capacidad de subyugar sus sentimientos, a que no tiene fuerza de voluntad o simplemente está mal de la cabeza. La suposición clásica considera que la pasión y las emociones son defectos, errores dentro de la psique humana que deben subsanarse y superarse dentro de uno mismo.

En la actualidad, solemos juzgar a la gente basándonos en la suposición clásica. Las personas obesas son ridiculizadas y avergonzadas porque su obesidad se ve como un fallo del autocontrol. Saben que deberían estar delgadas y, aun así, siguen comiendo. ¿Por qué? Suponemos que deben de tener algo malo. Con los fumadores, lo mismo. Los adictos a las drogas reciben el mismo tratamiento, por supuesto, pero con frecuencia se añade el estigma de que se los define como criminales.

Las personas deprimidas y suicidas están sometidas a la suposición clásica de un modo peligroso, puesto que se les dice que su incapacidad para generar esperanza y significado en sus vidas es culpa suya, que tal vez, si lo intentaran un poco más, colgarse de una corbata no resultaría tan atractivo.

Sucumbir a nuestros impulsos emocionales se considera un fallo de la moral. Vemos la ausencia de autocontrol como síntoma de un carácter deficiente. Por el contrario, homenajeamos a las personas que consiguen dominar sus emociones. Se nos pone dura con los atletas, empresarios y líderes despiadados y robóticos en su eficiencia. Si el director ejecutivo de una empresa duerme debajo de su mesa y se pasa seis semanas sin ver a sus hijos, ¡joder, qué bien, eso sí que es determinación! ¿Lo ves? ¡Cualquiera puede tener éxito!

Como es evidente, no resulta difícil ver que la suposición clásica puede llevarnos a ciertas..., eh, suposiciones dañinas. Si la suposición clásica es cierta, entonces deberíamos ser capaces de exhibir el autocontrol, prevenir los estallidos emocionales y los crímenes pasionales, controlar la adicción y las indulgencias solo mediante el esfuerzo mental. Y cualquier fallo a la hora de lograrlo refleja algún defecto inherente a nosotros.

Por esta razón, con frecuencia, desarrollamos la falsa convicción de que necesitamos cambiar quiénes somos. Porque, si no podemos alcanzar nuestras metas, si no podemos perder peso, obtener un ascenso o aprender determinada destreza, eso significa que hay alguna deficiencia interna. Por lo tanto, para mantener la esperanza, decidimos que debemos cambiarnos a nosotros mismos, convertirnos en personas nuevas y diferentes. Entonces ese deseo de cambiar nos llena de esperanza nuevamente. El «antiguo yo» no lograba abandonar el pernicioso hábito de fumar, pero el «nuevo yo» podrá hacerlo. Y entonces vuelta a empezar.

El deseo constante de cambiarse a uno mismo se convierte en otra clase de adicción: cada ciclo de «cambiarse a uno mismo» tiene como resultado unos fallos de autocontrol similares; por lo tanto, hace que sientas que tienes que volver a «cambiarte a ti mismo». Cada ciclo te da la esperanza que estás buscando. Mientras tanto, la suposición clásica, la raíz del problema, nunca se aborda ni se cuestiona, y mucho menos se destierra.

Como un caso grave de acné, a lo largo de los dos últimos siglos ha surgido una gran industria en torno a esa idea de «cambiarse a uno mismo». Esta industria está repleta de falsas promesas y pistas para alcanzar el secreto de la felicidad, del éxito y del autocontrol. Sin embargo, lo único que hace la industria es reforzar los mismos impulsos que llevan a las personas a sentirse inadecuadas.[13]

La verdad es que la mente humana es mucho más compleja que cualquier «secreto». Y no puedes cambiarte a ti mismo sin más; creo que, además, no deberías sentir que tienes que hacerlo.

Nos aferramos a este discurso del autocontrol porque la convicción de que nos controlamos a nosotros mismos es una importante fuente de esperanza. Queremos creer que cambiarnos a nosotros mismos es tan sencillo como saber qué cambiar. Queremos creer que la capacidad de hacer algo es tan sencilla como decidir hacerlo y reunir la fuerza de voluntad para lograrlo. Queremos creer que somos los dueños de nuestro propio destino, capaces de lograr cualquier cosa que soñemos.

Por eso el descubrimiento que hizo Damasio con Elliot resultó tan importante: demostró que la suposición clásica está equivocada. Si esta fuese cierta, si la vida fuese tan sencilla como aprender a controlar las emociones y a tomar decisiones basándonos en la razón, entonces Elliot habría sido imparable, un trabajador incansable capaz de tomar decisiones despiadadas. Del mismo modo, si la suposición clásica fuese cierta, las lobotomías estarían a la orden del día. Todos ahorraríamos para someternos a una como si fuese un implante de pecho.

Pero las lobotomías no funcionan. Y la vida de Elliot acabó siendo un desastre.

Necesitamos algo más que fuerza de voluntad para alcanzar el autocontrol. Nuestras emociones son fundamentales en el proceso de toma de decisiones y en nuestros actos. Pero no siempre nos damos cuenta.

Tienes dos cerebros, y se les da fatal comunicarse entre ellos

Supongamos que tu mente es un coche. Vamos a llamarlo el «coche de la consciencia». Este coche circulando por la carretera de la vida. Hay cruces, incorporaciones y salidas. Esas carreteras y esos cruces representan las decisiones que debes tomar mientras conduces, y determinarán tu destino.

Sin embargo, hay dos pasajeros en tu coche de la consciencia: un cerebro racional y un cerebro emocional.[14] El racional representa tus pensamientos conscientes, tu capacidad para calcular, para razonar diferentes opciones y expresar ideas mediante el lenguaje. Tu cerebro emocional representa tus emociones, impulsos, intuiciones e instintos. Mientras que el racional calcula los pagos de la tarjeta de crédito, el emocional quiere venderlo todo y largarse a Tahití.

Ambos cerebros tienen sus puntos fuertes y débiles. El racional es meticuloso, preciso e imparcial. Es metódico, pero también es lento. Requiere mucho esfuerzo y energía y, al igual que un músculo, debe desarrollarse con el tiempo y puede fatigarse si se trabaja demasiado.[15] El cerebro emocional, en cambio, llega a sus conclusiones muy deprisa y sin esfuerzo. El problema es que, con frecuencia, es impreciso e irracional. Además, es un poco reina del drama y tiende a reaccionar de forma exagerada.

Cuando pensamos en nosotros mismos y en nuestra toma de decisiones, solemos dar por hecho que el cerebro racional está al volante de nuestro coche de la consciencia, y que el cerebro emocional va sentado en el asiento del copiloto gritando dónde quiere ir. Vamos conduciendo, logrando objetivos y averiguando cómo llegar a casa, cuando el maldito cerebro emocional ve algo brillante, o *sexy*, o divertido, y gira el volante con brusquedad hacia la otra dirección, metiéndonos en el carril contrario y haciendo daño también a los coches de la consciencia de los demás.

Se trata de la suposición clásica, la convicción de que nuestra razón controla nuestra vida y que debemos entrenar a nuestras emociones para que se estén calladitas mientras el adulto conduce. Aplaudimos el secuestro de nuestras emociones al felicitarnos a nosotros mismos por nuestro autocontrol.

Sin embargo, nuestro coche de la consciencia no funciona así. Cuando le extirparon el tumor, el cerebro emocional de Elliot fue expulsado de su vehículo mental, y entonces las cosas empeoraron. De hecho, su coche de la consciencia se detuvo. A los pacientes de lobotomías les amordazaban el cerebro emocional y lo metían en el maletero del coche. Eso hacía que se volvieran vagos y estuvieran sedados, que fueran incapaces de levantarse de la cama o incluso de vestirse solos la mayor parte del tiempo.

Entre tanto, Tom Waits era todo cerebro emocional a todas horas y le pagaban cuantiosas sumas de dinero por aparecer borracho en programas de televisión. Ahí queda eso.

Esta es la verdad: el cerebro emocional conduce nuestro coche de la consciencia. Me da igual lo científico que creas que eres o cuántas letras tienes después de tu nombre, porque eres uno de nosotros. Eres un robot de carne tarado y pilotado por el cerebro emocional, igual que el resto del mundo. Guárdate tus fluidos corporales, por favor.

El cerebro emocional conduce nuestro coche de la consciencia porque, en definitiva, nos ponemos en acción solo mediante la emoción. Porque la acción es emoción.[16] La emoción es el sistema hidráulico biológico que impulsa a nuestro cuerpo a ponerse en movimiento. El miedo no es esa cosa mágica que se inventa tu cerebro. No, sucede en nuestro cuerpo. Es el nudo en el estómago, es la tensión de los músculos, la liberación de adrenalina, el deseo abrumador de tener espacio y vacío alrededor de tu cuerpo. Mientras que el cerebro racional existe solamente dentro de la organización sináptica que hay dentro de nuestro cráneo, el emocional es la sabiduría y la estupidez de todo el cuerpo. La rabia hace que tu cuerpo se mueva. La ansiedad hace que se paralice. La alegría ilumina los músculos faciales, mientras que la tristeza intenta ensombrecer tu existencia. La emoción inspira la acción, y esta inspira la emoción. Ambas son inseparables.

Esto nos lleva a la respuesta más sencilla y evidente para la eterna pregunta: ¿por qué no hacemos las cosas que sabemos que deberíamos hacer?

Porque no nos apetece.

Cualquier problema de autocontrol no es un problema de información, o de disciplina, o de razonamiento, sino un problema emocional. El autocontrol es un problema emocional; la pereza es un problema emocional; la procrastinación es un problema emocional; el bajo rendimiento es un problema emocional; la impulsividad es un problema emocional.

Esto es una mierda. Porque los problemas emocionales son mucho más difíciles de tratar que los problemas lógicos. Existen ecuaciones que te ayudan a calcular la letra mensual del préstamo de tu coche. Pero no existen ecuaciones que te ayuden a poner fin a una mala relación.

Y, como imagino que ya habrás averiguado, entender de forma intelectual cómo cambiar tu comportamiento no lo cambia. (Confía en mí, he leído unos doce libros sobre nutrición y estoy zampándome un burrito mientras escribo esto.) Sabemos que deberíamos dejar de fumar, dejar de comer azúcar o dejar de hablar mal de nuestros amigos a sus espaldas, pero, aun así, lo hacemos. No es porque no nos demos cuenta, es porque no hace que nos sintamos mejor.

Los problemas emocionales son irracionales, lo que significa que no se puede razonar con ellos. Y eso nos lleva a una noticia aún peor: los problemas emocionales solo pueden tener soluciones emocionales. Todo depende del cerebro emocional. Y, si has visto cómo conducen los cerebros emocionales de la mayoría de las personas, sabrás que da mucho miedo.

Mientras todo esto sucede, el cerebro racional va sentado en el asiento del copiloto y se cree que controla por completo la situación. Si el cerebro emocional es nuestro conductor, entonces el racional es el navegador. Tiene montones de mapas de la realidad que ha ido trazando y acumulando a lo largo de la vida. Sabe cómo dar la vuelta y buscar rutas alternativas hacia el mismo destino. Sabe dónde están las curvas peligrosas y dónde encontrar un atajo. Se ve a sí mismo como el cerebro inteligente y sensato, y cree que eso le da el privilegio de controlar el coche de la consciencia. Pero, por desgracia, no es así. Como expresó Daniel Kahneman en cierta ocasión, el cerebro racional es «el personaje secundario que se cree el héroe».[17]

Incluso aunque a veces no se soporten, nuestros dos cerebros se necesitan. El cerebro emocional genera las emociones que nos hacen entrar en acción; el cerebro racional sugiere hacia dónde dirigir esa acción. La palabra clave aquí es «sugiere». Aunque el cerebro racional no sea capaz de controlar al emocional, sí puede influir en él, a veces en gran medida. El cerebro racional puede convencer al cerebro emocional para seguir un nuevo camino hacia un futuro mejor, para dar media vuelta cuando ha cometido un error o para considerar nuevas rutas o territorios antes ignorados. Pero el cerebro emocional es cabezón. Si quiere ir en una dirección, conducirá hacia allí sin importarle los hechos o los datos que el cerebro racional pueda darle. El psicólogo moral Jonathan Haidt compara los dos cerebros con un elefante y quien lo monta: la persona que lo monta puede guiarlo suavemente en una dirección concreta, pero, al final, el elefante irá donde quiera ir.[18]

El coche de los payasos

El cerebro emocional, por genial que sea, tiene su lado oscuro. Dentro del coche de la consciencia, es como un novio malhablado que se niega a frenar para pedir indicaciones; no soporta que le digan dónde ha de ir y te hará la vida imposible si pones en duda su manera de conducir.

Para evitar esa clase de enfrentamientos psicológicos, y para mantener la sensación de esperanza, el cerebro racional desarrolla una tendencia a trazar mapas que expliquen o justifiquen el lugar al que el cerebro emocional ha decidido que quiere ir. Si al cerebro emocional le apetece helado, en vez de contradecirle con hechos sobre el azúcar procesado y el exceso de calorías, tu cerebro racional decide: «¿Sabes qué? Hoy he trabajado duro. Me merezco un helado», y tu cerebro emocional responde sintiéndose a gusto y satisfecho. Si tu cerebro emocional decide que tu compañero es un imbécil y que tú no has hecho nada mal, la reacción inmediata de tu cerebro racional será recordar casos en los que tú fuiste el colmo de la paciencia y la humildad mientras que tu compañero conspiraba para arruinarte la vida.

En ese sentido, los dos cerebros desarrollan una relación muy insana que podría parecerse a tus padres en los viajes por carretera cuando eras pequeño. El cerebro racional se inventa mierdas que el cerebro emocional desea escuchar. Y, a cambio, el cerebro emocional promete no meterse en el carril contrario y matar a todo el mundo.

Es muy fácil dejar que tu cerebro racional caiga en la trampa de trazar solo los mapas que el cerebro emocional desea seguir. Esto se llama «sesgo interesado», y es la base de todo lo que funciona mal en la humanidad.

Normalmente, el sesgo interesado te convierte en alguien prejuicio-so o un poco egocéntrico. Das por hecho que lo que te hace sentir bien es correcto. Juzgas precipitadamente a las personas, los lugares, los gru-pos y las ideas, y muchas veces tus opiniones son injustas o incluso in-tolerantes.

Pero, llevado al extremo, el sesgo interesado puede convertirse en un gran engaño, y te hace creer en una realidad que no existe, entur-biando los recuerdos y exagerando los hechos, todo para saciar el apeti-to infinito del cerebro emocional. Si el cerebro racional es débil o inex-perto, o si el emocional se altera mucho, el cerebro racional sucumbirá a los caprichos y a la conducción temeraria del cerebro emocional. Perde-rá la capacidad de pensar por sí mismo o de contradecir las conclusiones del cerebro emocional.

Esto convierte tu coche de la consciencia en un coche de payasos, con ruedas rojas y enormes, con música de circo que sale por los altavoces allá donde vas.[19] Tu coche de la consciencia se convierte en un coche de payasos cuando tu cerebro racional ha capitulado por completo ante tu cerebro emocional, cuando los objetivos en tu vida están determinados solo por la gratificación personal, cuando la verdad se deforma y se con-vierte en una caricatura de suposiciones interesadas, cuando toda con-vicción y principio se pierde en un mar nihilista.

El coche de payasos conducirá invariablemente hacia la adicción, el narcisismo y la compulsión. Las personas cuya mente es un coche de pa-yasos se dejarán manipular fácilmente por la persona o grupo que les haga sentir bien; ya sea un líder religioso, político, un gurú de la autoa-yuda o un siniestro foro de Internet. Un coche de payasos arrollará de buen grado a los demás coches de consciencia (a saber, otras personas) con sus enormes neumáticos de goma rojos porque su cerebro racional lo justificará diciendo que se lo merecían; eran malas personas, inferio-res, o parte de algún problema inventado.

Algunos coches de payasos conducen solo hacia la diversión; sola-mente piensan en beber, follar y salir de fiesta. Otros conducen hacia el poder. Estos son los más peligrosos de todos, porque sus cerebros racio-nales se dedican a justificar el abuso y la subyugación de los otros me-diante teorías intelectualoides sobre economía, política, raza, genética, género, biología, historia y cosas así. Un coche de payasos puede tam-bién conducir hacia el odio, porque este proporciona su propia satisfac-ción y confianza en uno mismo. Una mente así es propensa a la rabia engreída, pues tener un blanco externo refuerza su propia superioridad moral. Inevitablemente, conduce hacia la destrucción de los otros, porque solo mediante la destrucción y la subyugación del mundo exterior quedarán satisfechos sus impulsos internos.

Es difícil sacar a alguien del coche de payasos una vez que está dentro. En el coche de payasos, el cerebro racional lleva tanto tiempo bajo el yugo del cerebro emocional que desarrolla una especie de síndrome de Estocolmo; no puede imaginarse su vida sin complacer y justificar al cerebro emocional. No concibe la idea de contradecir al cerebro emocional o desafiar su destino, y te lo recrimina porque le sugieres que debería hacerlo. En el coche de payasos no hay cabida para el pensamiento independiente ni capacidad para medir las contradicciones o cambiar las convicciones u opiniones. En cierto sentido, la persona con una mente de coche de payasos deja de tener identidad individual.

Por eso los líderes sectarios siempre empiezan alentando a la gente a apagar su cerebro racional en la medida de lo posible. Al principio, a las personas eso les parece profundo, porque con frecuencia el cerebro racional no para de corregir al emocional y de demostrarle dónde se equivocó. Así pues, silenciar al cerebro racional nos hará sentir muy bien durante un breve periodo de tiempo. Y la gente siempre confunde lo que le hace sentir bien con lo que está bien.

El coche de payasos metafórico fue lo que inspiró a los antiguos filósofos a advertir frente a la indulgencia excesiva y el culto a los sentimientos.[20] Fue el miedo al coche de payasos lo que inspiró a los griegos y a los romanos para enseñar sobre las virtudes y, más adelante, a la Iglesia cristiana a imponer un mensaje de abstinencia y autonegación.[21] Tanto los filósofos clásicos como la Iglesia habían visto la destrucción generada por los hombres narcisistas y megalómanos en el poder. Y todos creían que la única manera de gestionar el cerebro emocional era censurarlo, darle la menor cantidad de oxígeno posible, para evitar así que explotara y destruyera el mundo a su alrededor. Esa manera de pensar dio lugar a la «suposición clásica»: la única manera de ser buena persona es lograr el dominio del cerebro racional sobre el cerebro emocional, el triunfo de la razón sobre la emoción, el deber sobre el deseo.

Durante casi toda la historia de la humanidad, la gente ha sido brutal, supersticiosa y analfabeta. La gente en la Edad Media solía torturar a los gatos por diversión y llevaban a sus hijos a ver cómo al ladrón le cortaban las pelotas en la plaza del pueblo.[22] Los seres humanos eran unos cabrones sádicos e impulsivos. Durante gran parte de la historia, el mundo no ha sido un lugar agradable para vivir. Eso se debía sobre todo a que el cerebro emocional de las personas estaba desbocado.[23] Con frecuencia, la suposición clásica era lo único que se interponía entre la civilización y la anarquía absoluta.

Sin embargo, en los dos últimos siglos, ha sucedido algo. El ser humano construyó trenes y coches, inventó la calefacción central y cosas así. La prosperidad económica aventajó a los impulsos humanos. A la gente ya no le preocupaba no poder comer o morir por insultar al rey. La vida era más cómoda y más fácil. Ahora las personas tenían mucho tiempo libre para sentarse a pensar y preocuparse por un montón de mierdas existenciales que nunca antes habían tenido en cuenta.

Como resultado, surgieron diversos movimientos a finales del siglo XX que defendían al cerebro emocional.[24] Y, de hecho, liberarlo de la tiranía del cerebro racional resultó muy terapéutico para millones de personas (y sigue siéndolo hoy en día).

El problema fue que la gente empezó a irse al otro extremo. Pasaron de reconocer y honrar sus sentimientos hasta el extremo de creer que sus sentimientos eran lo único importante. Eso ha sido especialmente cierto para los yupis blancos de clase media que se criaron bajo la suposición clásica y fueron desgraciados. Entraron en contacto con sus cerebros emocionales mucho más tarde. Como esa gente no tenía problemas reales en la vida, además de sentirse mal, llegó a creer, erróneamente, que los sentimientos eran lo único importante y que los mapas del cerebro racional no eran más que distracciones inconvenientes de tales sentimientos. Mucha de esa gente llamaba «crecimiento espiritual» a aquello de apagar el cerebro racional en favor del emocional. Se convenció a sí misma de que ser imbéciles egocéntricos los acercaba a la iluminación,[25] cuando en realidad estaban entregándose al viejo cerebro emocional. Era el mismo coche de payasos de siempre, pero con una nueva capa de pintura espiritual.[26]

La satisfacción excesiva de las emociones conduce a una crisis de esperanza, pero también su represión.[27]

La persona que niega su cerebro emocional se aísla del mundo que le rodea. Al rechazar sus emociones, rechaza emitir juicios de valor, decidir que una cosa es mejor que otra. Como resultado, se vuelve indiferente a la vida y a los resultados de sus decisiones. Le cuesta relacionarse con los demás. Sus relaciones se resienten. Y al final su indiferencia crónica le lleva a visitar la «verdad incómoda». Al fin y al cabo, si no hay nada que importe más o menos, entonces no hay razón para hacer nada. Y, si no hay razón para hacer nada, entonces, ¿por qué vivir?

Mientras tanto, la persona que niega su cerebro racional se vuelve impulsiva y egoísta, deformando la realidad para adaptarla a sus caprichos y antojos, que nunca se ven saciados. Su crisis de esperanza es que, por mucho que coma, beba, domine o folle, nunca será suficiente; nunca importará lo suficiente, nunca resultará lo suficientemente significativo. Estará en una cinta andadora perpetua de desesperación, siempre corriendo, aunque sin moverse nunca. Y, si en algún momento se detiene, la verdad incómoda no tardará en pisarle los talones.

Lo sé. Estoy siendo dramático otra vez. Pero tiene que ser así, cerebro racional. De lo contrario, el cerebro emocional se aburrirá y cerrará este libro. ¿Nunca te has preguntado por qué un libro te engancha? No eres tú el que pasa las páginas, idiota; es tu cerebro emocional. Es la expectativa y el suspense; la alegría del descubrimiento y la satisfacción del desenlace. La buena escritura supone ser capaz de hablar y estimular a ambos cerebros al mismo tiempo.

Y ese es el problema: hablar con ambos cerebros, integrarlos para formar un todo unido, coordinado y cooperativo. Porque, si el autocontrol es un espejismo del desproporcionado amor propio del cerebro racional, entonces será la autoaceptación la que nos salvará; aceptar nuestras emociones y trabajar con ellas, no contra ellas. Pero, para desarrollar esa autoaceptación, hemos de trabajar un poco, cerebro racional. Hablemos. Nos vemos en la próxima sección.

Carta abierta a tu cerebro racional

Hola, cerebro racional:

¿Qué tal va todo? ¿Cómo está la familia? ¿Qué pasó al final con ese problema de impuestos?

Ah, espera. Da igual. Se me había olvidado que... no me importa una mierda.

Mira, ya sé que hay algo que el cerebro emocional te está fastidiando. Quizá sea una relación importante. Tal vez te obligue a hacer llamadas telefónicas vergonzosas a las tres de la mañana. Quizá no pare de medicarse con sustancias que probablemente no debería tomar. Sé que hay algo que desearías poder controlar sobre ti mismo, pero no puedes. E imagino que, a veces, ese problema te hace perder la esperanza.

Sin embargo, escucha, cerebro racional, esas cosas que tanto odias de tu cerebro emocional: los antojos, los impulsos, las malas decisiones… Eso es algo con lo que tendrás que aprender a empatizar. Porque ese es el único idioma que de verdad entiende el cerebro emocional: la empatía. Es una criatura sensible; al fin y al cabo, está hecho con tus malditos sentimientos. Ojalá no fuera así. Ojalá pudieras mostrarle una hoja de cálculo para hacérselo entender; ya sabes, como lo entendemos nosotros. Pero no puedes.

En vez de bombardearle con hechos y razones, empieza por preguntarle cómo se siente. Dile algo como: «Eh, cerebro emocional, ¿qué te parecería ir hoy al gimnasio?», o «¿Qué te parecería cambiar de trabajo?», o «¿Qué te parecería venderlo todo y mudarte a Tahití?».

El cerebro emocional no responderá con palabras. No, él es demasiado rápido para usar palabras. En su lugar, responderá con sentimientos. Sí, ya sé que resulta evidente, pero a veces eres un poco tonto, cerebro racional.

Puede que el cerebro emocional responda con un sentimiento de pereza o un sentimiento de ansiedad. Puede incluso que se den múltiples emociones, un poco de nerviosismo con una pizca de rabia. Sea lo que sea, tú, como cerebro racional (es decir, como responsable dentro de este cráneo), no debes mostrarte crítico frente a los sentimientos que puedan surgir. ¿Te sientes perezoso? No hay problema, a todos nos pasa a veces. ¿Sientes odio hacia ti mismo? Tal vez sea una invitación a profundizar en la conversación. El gimnasio puede esperar.

Es importante dejar que el cerebro emocional airee sus sentimientos retorcidos y asquerosos. Sacarlos para que les dé el aire y puedan respirar, porque, cuanto más respiren, menos fuerza tendrán para agarrar el volante de tu Coche de la consciencia.[28]

Entonces, cuando hayas alcanzado el punto de entendimiento con tu cerebro emocional, llega el momento de atraerlo de un modo que él entienda: mediante sentimientos. Piensa tal vez en todos los beneficios que obtendrías con algún nuevo comportamiento. Menciónale quizá todas las cosas sexis, divertidas y brillantes que hay en el lugar de destino al que quieres ir. O recuérdale al cerebro emocional lo bien que se siente después de hacer ejercicio, lo guapo que estará en bañador este verano, lo mucho que te respetas a ti mismo cuando has cumplido tus objetivos, lo feliz que eres cuando vives según tus valores, cuando actúas como ejemplo para tus seres queridos.

Básicamente, has de negociar con tu cerebro emocional como lo harías con un vendedor de alfombras marroquí: tiene que creer que obtiene un buen trato; de lo contrario, solo agitará las manos y gritará sin llegar a ningún resultado. Tal vez tú puedas comprometerte a hacer algo que al cerebro emocional le gusta, siempre y cuando él haga algo que no le gusta. Ver tu serie de televisión favorita, pero solo en el gimnasio mientras corres en la cinta. Salir con tus amigos, pero solo después de haber pagado las facturas del mes.[29]

Empieza con cosas fáciles. Recuerda que el cerebro emocional es muy sensible e irracional.

Cuando ofreces algo fácil con un beneficio emocional (por ejemplo, sentirse bien después de hacer ejercicio; labrarte una carrera profesional que te resulte importante; despertar la admiración y el respeto de tus hijos), el cerebro emocional responderá con otro sentimiento, ya sea positivo o negativo. Si el sentimiento es positivo, estará dispuesto a conducir un poco más en esa dirección…, ¡pero solo un poco! Recuerda: los sentimientos nunca duran. Por eso hay que empezar desde abajo. Hoy solo tienes que ponerte las zapatillas deportivas, cerebro emocional. Nada más. Luego ya veremos qué ocurre.[30]

Si la respuesta del cerebro emocional es negativa, tienes que asimilar ese sentimiento negativo y ofrecerle otro trato. Ver cómo responde. Después, aclarar y repetir.

Sin embargo, hagas lo que hagas, no te enfrentes al cerebro emocional. Eso solo empeoraría las cosas. Para empezar, nunca ganarías, jamás. El cerebro emocional siempre va al volante. Para continuar, enfrentarte con él por sentirse mal solo hará que se sienta aún peor. ¿Por qué hacerlo entonces? Se supone que tú eres el listo, cerebro racional.

Este diálogo con tu cerebro emocional seguirá así durante días, semanas o meses. Quizás durante años. El diálogo entre los cerebros requiere práctica. Para algunos, consistirá en aprender a reconocer qué sentimiento está expresando el cerebro emocional. El cerebro racional de algunas personas ha ignorado a su cerebro emocional durante tanto tiempo que tarda un buen rato en aprender a escuchar de nuevo.

Hay otros que tienen justo el problema contrario: tendrán que entrenar a su cerebro racional para hacerse oír, obligarlo a plantear un pensamiento independiente (una nueva dirección) que se aleja de los sentimientos del cerebro emocional. Tendrán que preguntarse, ¿y si mi cerebro emocional se equivoca al sentirse así? Y después tener en cuenta las alternativas. Al principio, les resultará difícil. Pero, cuanto más dialoguen, más empezarán a escucharse los dos cerebros. El emocional comenzará planteando diferentes sentimientos; el racional podrá entender mejor cómo ayudarle a recorrer la carretera de la vida.

En psicología, eso se conoce como «regulación emocional». Básicamente, consiste en aprender a colocar quitamiedos y señales de sentido único a lo largo de la carretera de tu vida para evitar que tu cerebro emocional se caiga por un desfiladero.[31] Es un trabajo duro, pero es el único trabajo posible.

Porque tú no puedes controlar tus emociones, cerebro racional. El autocontrol es un espejismo. Es un espejismo que tiene lugar cuando ambos cerebros están de acuerdo y siguen el mismo proceder. Es un espejismo diseñado para dar esperanza a la gente. Y, cuando el cerebro racional no se pone de acuerdo con el cerebro emocional, la gente se siente impotente y el mundo a su alrededor parece un lugar desesperanzador. La única manera de dominar ese espejismo es lograr que los cerebros se comuniquen y se pongan de acuerdo con respecto a los mismos valores. Es una habilidad, igual que jugar al waterpolo o hacer malabares con cuchillos. Se necesita práctica. Y habrá fallos por el camino. Puede que te cortes un brazo y empieces a sangrar. Pero ese es el precio que pagar.

Sin embargo sí que hay algo que puedes hacer, cerebro racional. Tal vez no tengas autocontrol, pero sí tienes el control del significado. Ese es tu superpoder. Es tu don. Puedes controlar el significado de tus impulsos y sentimientos. Puedes descifrarlos como consideres oportuno. Puedes trazar el mapa. Y eso es algo muy poderoso, porque es el significado que asignamos a nuestros sentimientos el que, con frecuencia, puede alterar la manera en que el cerebro emocional reacciona ante ellos.

Y así se crea la esperanza. Así creas la sensación de que el futuro puede ser fructífero y agradable: interpretando la mierda que te lance el cerebro emocional de un modo profundo y útil. En vez de justificar o esclavizarte a los impulsos, desafíalos y analízalos. Cambia su personalidad y su forma.

En eso consiste una buena terapia, claro. La autoaceptación, la inteligencia emocional y todo eso. De hecho, esto de «enseñar a tu cerebro racional a descifrar y cooperar con tu cerebro emocional, en vez de juzgarlo y pensar que es un villano asqueroso» es la base de la TCC (terapia cognitivo-conductual) y de la ACT (terapia de aceptación y compromiso), y muchas otras siglas que se inventaron los psicólogos clínicos para mejorar nuestra vida.

Nuestras crisis de esperanza suelen empezar con la sensación básica de que no poseemos el control sobre nosotros mismos o nuestro destino. Nos sentimos víctimas del mundo que nos rodea o, peor aún, de nuestra propia mente. Nos enfrentamos a nuestro cerebro emocional e intentamos someterlo. O hacemos lo contrario y cedemos a sus deseos sin pensar. Nos ridiculizamos y nos escondemos del mundo debido a la suposición clásica. Y, en muchos aspectos, la riqueza y la conectividad del mundo moderno solo consiguen empeorar el dolor del espejismo del autocontrol.

Pero he aquí tu misión, cerebro racional, por si decides aceptarla: dialoga con el cerebro emocional con sus propias condiciones. Crea un entorno que haga florecer los mejores impulsos y la intuición del cerebro emocional, no los peores. En vez de luchar contra ello, trabaja con lo que te arroje el cerebro emocional.

Todo lo demás (los juicios, las suposiciones y el autobombo) es un espejismo. Siempre ha sido un espejismo. No tienes el control, cerebro racional. Nunca lo has tenido y nunca lo tendrás. Sin embargo, no has de perder la esperanza.

Antonio Damasio acabó escribiendo un exitoso libro titulado *El error de Descartes*, en el que hablaba sobre sus experiencias con Elliot y acerca de otras investigaciones. En él, asegura que, del mismo modo en que el cerebro racional fabrica una forma de conocimiento lógico y fáctico, el emocional desarrolla su propio conocimiento cargado de valores.[32] El cerebro racional hace asociaciones entre hechos, datos y observaciones. De un modo similar, el cerebro emocional realiza juicios de valor basados en esos mismos datos, hechos y observaciones. El cerebro emocional decide lo que está bien y lo que está mal; lo que es deseable e indeseable; y, lo más importante, lo que merecemos y lo que no merecemos.

El cerebro racional es objetivo y fáctico. El emocional, subjetivo y relativo. Y da igual lo que hagamos, porque nunca podremos convertir una forma de conocimiento en la otra.[33] Ese es el verdadero problema de la esperanza. Por lo general, sabemos de manera intelectual cómo reducir el consumo de carbohidratos, cómo levantarnos más temprano o cómo dejar de fumar. Pero, en algún lugar de nuestro cerebro emocional, hemos decidido que no merecemos hacer esas cosas, que somos indignos de ellas. Y por eso nos sentimos tan mal al respecto.

Esta sensación de falta de merecimiento suele ser el resultado de algo malo que nos sucedió en algún momento. Sufrimos cosas terribles, y nuestro cerebro emocional decide que merecíamos esas malas experiencias. Por lo tanto, y pese al buen juicio del cerebro racional, se propone repetir y volver a experimentar todo ese sufrimiento.

Ese es el problema fundamental del autocontrol. Ese es el problema fundamental de la esperanza; no es un cerebro racional poco experimentado, sino un cerebro emocional poco experimentado, uno que ha adoptado y ha aceptado juicios de valor equivocados sobre sí mismo y sobre el mundo. Y en eso consiste la labor de la curación psicológica: reconciliarnos con nuestros valores para poder reconciliar nuestros valores con el mundo.

Visto de otro modo, el problema no es que no sepamos cómo evitar que nos den un puñetazo en la cara. El problema es que, en un momento dado, probablemente hace mucho tiempo, nos dieron un puñetazo en la cara y, en vez de devolver el golpe, decidimos que lo merecíamos.

Las leyes de la emoción de Newton

*L*a primera vez que a Isaac Newton le golpearon en la cara, se encontraba en un campo. Su tío había estado explicándole por qué el trigo había que plantarlo en filas diagonales, pero Isaac no prestaba atención. Estaba mirando al sol, preguntándose de qué estaría hecha la luz.

Tenía siete años.[1]

Su tío le dio un bofetón tan fuerte en la mejilla izquierda que el chico perdió por un momento el sentido de su ser, cayó al suelo junto con su cuerpo. Perdió cualquier sensación de cohesión personal. Y, mientras las partes de su psique volvían a reunificarse, un pedazo secreto de él permaneció en la tierra, abandonado en un lugar del que nunca se recuperaría.

El padre de Isaac había muerto poco antes de que él naciera, y su madre pronto abandonó a su hijo para casarse con un viejo rico del pueblo de al lado. Como resultado, Isaac se pasó sus años de formación dando tumbos entre tíos, primos y abuelos. Nadie lo quería especialmente. Pocos sabían qué hacer con él. Era una carga. El amor le llegaba con dificultad y, generalmente, no le llegaba.

El tío de Isaac era un borracho inculto, pero sí que sabía contar setos y filas en los campos. Era su única capacidad intelectual. Por eso, probablemente lo hiciera más a menudo de lo necesario. Con frecuencia, Isaac iba con él a esas sesiones de contar filas porque era el único momento en que su tío le prestaba atención. Y, como el agua en el desierto, el muchacho se zambullía desesperado en la poca atención que recibía.

Resultó que el muchacho era una especie de prodigio. A los ocho años, era capaz de calcular la cantidad de comida necesaria para mantener a las ovejas y a los cerdos en la siguiente estación. A los nueve, hacía cálculos de hectáreas de trigo, cebada y patatas.

A los diez años, Isaac había decidido que la labranza era estúpida. En su lugar, centró su atención en calcular la trayectoria exacta del sol a lo largo de las estaciones. A su tío le daba igual la trayectoria exacta del sol porque eso no pondría comida sobre la mesa, al menos de manera directa, así que volvió a pegar a Isaac.

En la escuela, las cosas no mejoraron. Isaac era pálido, flacucho y distraído. Le faltaban habilidades sociales. Le gustaban cosas de empollón como los relojes de sol, los planos cartesianos y decidir si la Luna era de verdad una esfera. Mientras los demás niños jugaban al críquet o se perseguían por los bosques, Isaac se pasaba horas contemplando los arroyos de la zona, preguntándose cómo el ojo sería capaz de captar la luz.

Los primeros años de vida de Isaac Newton fueron un golpe tras otro. Y, con cada golpe, su cerebro emocional aprendió a sentir una verdad inmutable: que debía de haber algo mal en él. ¿Por qué si no le habrían abandonado sus padres? ¿Por qué si no se reirían de él sus compañeros? ¿Qué otra explicación había para aquella soledad casi constante? Mientras su cerebro racional se ocupaba en dibujar gráficos y representar los eclipses lunares, su cerebro emocional interiorizó la idea de que había algo roto dentro de aquel muchacho inglés de Lincolnshire.

Un día, escribió en su cuaderno de clase: «Soy un chico pequeño. Pálido y débil. No hay sitio para mí. Ni en la casa ni en el fondo del infierno. ¿Qué puedo hacer? ¿Qué se me da bien? Solo puedo llorar».[2]

Hasta este punto, todo lo que has leído sobre Newton es cierto; o al menos muy plausible. Pero finjamos por un momento que existe un universo paralelo. Y digamos que en este universo paralelo hay otro Isaac Newton, muy parecido al nuestro. Sigue viniendo en una familia rota y abusiva. Continúa llevando una vida de aislamiento. Sigue midiendo y calculando todo lo que se encuentra.

Sin embargo, digamos que, en vez de medir y calcular el mundo exterior y natural, este Newton del universo paralelo decide medir y calcular el mundo interior y psicológico, el mundo de la mente y el corazón humanos.

Tampoco hay mucho que imaginar, ya que las víctimas de abusos suelen ser grandes observadoras de la naturaleza humana. Para ti y para mí, observar a la gente puede ser algo divertido que hacer un domingo cualquiera en el parque. Pero, para los que sufren abusos, se trata de una técnica de supervivencia. Para ellos, la violencia podría surgir en cualquier momento; por lo tanto, desarrollan una especie de sentido arácnido para protegerse. La entonación de una voz, el levantamiento de una ceja, la profundidad de un suspiro; cualquier cosa puede hacer saltar sus alarmas internas.

Imaginemos que este Newton alternativo, este «Newton emo», centrara su obsesión en las personas que le rodean. Escribiría cuadernos y catalogaría todos los comportamientos de sus compañeros y familiares. Garabatearía sin parar, documentando cada movimiento, cada palabra. Llenaría cientos de páginas con anotaciones inútiles con cosas que la gente ni siquiera percibe que hace. Ese Newton emo confiaría en que, si aquellas mediciones podían emplearse para predecir y controlar el mundo natural, las formas y configuraciones del Sol, de la Luna y de las estrellas, entonces podrían también predecir y controlar el mundo interior y emocional.

Y, mediante sus observaciones, este Newton emo se daría cuenta de algo doloroso que todos sabemos, pero que pocos queremos admitir: las personas son mentirosas. Todos nosotros lo somos. Mentimos sin parar, de manera habitual.[3] Mentimos sobre cosas importantes y acerca de cosas triviales. Y normalmente no mentimos por malicia; más bien, mentimos a los demás porque hemos adquirido la costumbre de mentirnos a nosotros mismos.[4]

Isaac percibiría que la luz refracta en el corazón de las personas sin que ellas mismas se dieran cuenta; observaría que decían que amaban a quienes parecían odiar; aseguraban creer una cosa mientras hacían otra; se imaginaban virtuosas mientras cometían actos deshonestos y crueles. Aun así, en su cabeza, creían que sus actos eran verdaderos y consistentes.

Isaac decidiría que no podía confiar en nadie. Jamás. Calcularía que su dolor era inversamente proporcional a la distancia al cuadrado que ponía entre sí mismo y el mundo. Por lo tanto, se mantendría aislado, sin meterse en la órbita de nadie, dando vueltas mientras se alejaba de la fuerza gravitatoria de cualquier otro corazón humano. No tendría amigos y decidiría que no los quería. Concluiría que el mundo era un lugar sombrío y retorcido, y que el único valor de su patética vida era su capacidad para documentar y calcular todo ese retorcimiento.

Pese a su amargura, a Isaac no le faltaría ambición. Desearía conocer la trayectoria del corazón de los hombres, la velocidad de su dolor. Querría conocer la fuerza de sus valores y la masa de sus esperanzas. Y, lo más importante, desearía entender las relaciones entre todos esos elementos.

Por eso, ese Isaac alternativo decidiría escribir las tres leyes de la emoción de Newton.[5]

PRIMERA LEY DE LA EMOCIÓN DE NEWTON

Por cada acción, existe una reacción emocional igual y opuesta

Imagina que te doy un puñetazo en la cara. Sin ninguna razón. Sin justificación. Solo por pura violencia.

Tu reacción instintiva podría ser contraatacar de algún modo. Quizá sería algo físico: me lo devolverías. Tal vez sería verbal: un montón de insultos. O quizá tu contraataque sería social: llamarías a la policía o a cualquier otra autoridad y harías que me castigaran por agredirte.

Fuera cual fuera tu respuesta, sentirías un torrente de emociones negativas hacia mí. Y con razón, claro, porque soy una persona horrible. Al fin y al cabo, la idea de que yo te haga daño sin justificación, sin que merezcas ese dolor, genera un sentimiento de injusticia. Una especie de brecha moral se abre entre nosotros: la sensación de que uno de nosotros es inherentemente honrado y el otro es un pedazo de mierda asqueroso.[6]

El dolor provoca brechas morales. Y no solo entre las personas. Si te muerde un perro, tu instinto es castigarlo. Si te golpeas el dedo del pie con una mesita baja, ¿qué haces? Gritas a la maldita mesa. Si tu casa es arrasada por una inundación, te invade la pena y te sientes furioso con Dios, con el universo y con la vida misma.

Eso son brechas morales. Existe la sensación de que algo malo acaba de suceder, y tú (u otra persona) mereces volver a recomponerte. Allí donde haya dolor, siempre existe una sensación inherente de superioridad/inferioridad. Y siempre hay dolor.

Cuando nos enfrentamos a brechas morales, desarrollamos emociones abrumadoras hacia la compensación, o la recuperación de la igualdad moral. Esos deseos de compensación adquieren la forma de una sensación de merecimiento. Como yo te he pegado a ti, sientes que merezco que me peguen o me castiguen de algún modo. Esa sensación (que yo merezco dolor) hará que experimentes fuertes emociones respecto a mí (probablemente, rabia). También tendrás fuertes emociones sobre el hecho de que no merecías que te diera un puñetazo, que no habías hecho nada malo y que mereces un trato mejor por mi parte y por parte del mundo que te rodea. Esos sentimientos podrían tener forma de tristeza, autocompasión o confusión.

La sola idea de «merecer» algo es un juicio de valor que hacemos al enfrentarnos a una brecha moral. Decidimos que algo es mejor que otra cosa; que una persona es más honesta o más justa que otra; que un acontecimiento es menos deseable que otro. Nuestros valores nacen de las brechas morales.

Ahora finjamos que me disculpo contigo por pegarte. Te digo: «Oye, lector, ha sido muy injusto y me he pasado de la raya. No volverá a suceder. Y, como símbolo de mi arrepentimiento y de mi culpa, toma, te he hecho una tarta. Ah, y aquí tienes cien pavos. Disfrútalo».

Finjamos también que para ti esto resulta satisfactorio. Aceptas mi disculpa, mi tarta y los cien dólares, y sientes de verdad que todo está bien. Ahora estamos «igualados». La brecha moral que había entre nosotros ya no está. Te lo he «compensado». Podrías incluso decir que estamos en paz; ninguno de los dos es mejor o peor persona que el otro, ninguno merece ya un trato mejor o peor que el otro. Nos movemos en el mismo plano moral.

Esta clase de compensación restaura la esperanza. Significa que no hay nada necesariamente malo en ti ni en el mundo. Implica que puedes vivir tu vida con la sensación de tener autocontrol, cien pavos en el bolsillo y una tarta muy rica.

Imaginemos ahora otra situación hipotética. Esta vez, en lugar de darte un puñetazo, pongamos que te compro una casa.

Sí, lector, acabo de comprarte una puñetera casa.

Esto abrirá otra brecha moral entre nosotros. Pero, en vez de generar un sentimiento de querer igualar el dolor que te he causado, experimentarás la sensación de querer igualar la alegría que te he creado. Puede que me abraces, que me des las gracias cien veces, que me hagas un regalo a cambio o que prometas cuidar de mi gato de ahora hasta la eternidad.

O, si tienes unos modales particularmente exquisitos (y algo de autocontrol), puede incluso que intentes rechazar mi oferta de comprarte una casa porque te das cuenta de que eso abrirá una brecha moral que jamás serás capaz de superar. Podrías gestionarlo diciéndome: «Gracias, pero de ninguna manera. Jamás podré devolverte algo así».

Al igual que con la brecha moral negativa, con la positiva te sentirás en deuda conmigo, pensarás que «me debes» algo, que me merezco algo bueno o que tienes que «compensármelo» de alguna manera. Experimentarás sentimientos intensos de gratitud y aprecio en mi presencia. Quizás incluso se te escape una lágrima de alegría. (¡Ay, lector!)

Nuestra tendencia psicológica natural es igualar las brechas morales, corresponder las acciones: positivo con positivo; negativo con negativo. Las fuerzas que nos impulsan a salvar esas brechas son nuestras emociones. En este sentido, cada acción exige una reacción emocional igual y opuesta. Esta es la primera ley de la emoción de Newton.

La primera ley de la emoción de Newton dicta constantemente el devenir de nuestras vidas porque es el algoritmo según el cual nuestro cerebro emocional interpreta el mundo.[7] Si una película provoca más dolor del que alivia, te aburres, o quizá te enfadas. (Tal vez incluso intentes compensarlo exigiendo que te devuelvan el dinero.) Si tu madre se olvida de tu cumpleaños, quizá lo compenses ignorándola durante los próximos seis meses. O, si eres más maduro, le comunicarás lo decepcionado que estás.[8] Si tu equipo favorito pierde de un modo estrepitoso, te sentirás impulsado a asistir a menos partidos, a animarlos menos. Si descubres que tienes talento para el dibujo, la admiración y la satisfacción que obtienes con esa capacidad te inspirará para invertir tiempo, energía, emoción y dinero en tal afición.[9] Si tu país elige a un estúpido a quien no soportas, sentirás una desconexión con tu nación y con tu Gobierno, puede que también con los demás ciudadanos. También sentirás que se te debe algo a cambio, por tener que soportar una política tan terrible.

La compensación está presente en todas las experiencias

porque el camino hacia la compensación es la emoción en sí misma. La tristeza es un sentimiento de impotencia para compensar una pérdida. La rabia es el deseo de compensar mediante la fuerza y la agresividad. La felicidad es sentirse liberado del dolor, mientras que la culpa es la sensación de que mereces un dolor que nunca llegó.[10]

Este deseo de compensación subyace a nuestro sentido de justicia. A lo largo de los siglos, ha sido codificado en normas y leyes, como el clásico del rey babilonio Hammurabi «ojo por ojo, diente por diente», o la regla dorada de la Biblia, «Haz a los demás todo lo que quieras que te hagan a ti». En la biología evolutiva, se conoce como «altruismo recíproco».[11] En la teoría de juegos, se llama la estrategia del «ojo por ojo».[12]

La primera ley de Newton genera nuestro sentido de la moralidad. Subyace a nuestra percepción de justicia. Es la base de toda la cultura humana. Y... es el sistema operativo del cerebro emocional.

Mientras que nuestro cerebro racional genera conocimientos fácticos en torno a la observación y la lógica, el cerebro emocional genera nuestros valores en torno a nuestras experiencias dolorosas. Las experiencias que nos causan dolor generan una brecha moral en nuestra mente, y nuestro cerebro emocional considera esas experiencias inferiores y poco deseables. Las experiencias que alivian el dolor generan una brecha moral en la dirección contraria, y nuestro cerebro emocional las considera experiencias superiores y deseables.

Una manera de verlo es que el cerebro racional realiza conexiones laterales entre acontecimientos (semejanza, contrastes, causa/efecto, etc.), mientras que el cerebro emocional realiza conexiones jerárquicas (mejor/peor, más deseable / menos deseable, moralmente superior / moralmente inferior).[13] Nuestro cerebro racional piensa de manera horizontal (¿cómo se relacionan estas cosas?), mientras que el emocional piensa de manera vertical (¿cuál de estas cosas es mejor/peor?). Nuestro cerebro racional decide cómo son las cosas; nuestro cerebro emocional elige cómo deberían ser.

Cuando tenemos experiencias, nuestro cerebro emocional crea una especie de jerarquía de valores para ellas.[14] Es como si tuviéramos una librería enorme en nuestro subconsciente; en la estantería más alta, están las experiencias más importantes de la vida, las mejores (con familia, amigos, burritos), mientras que en la estantería más baja encontramos las experiencias menos deseables (muerte, impuestos, indigestión). Nuestro cerebro emocional toma sus decisiones buscando solo las experiencias de la estantería más alta.

Ambos cerebros tienen acceso a la jerarquía de valores. Mientras que el cerebro emocional determina en qué estantería se halla cada cosa, el cerebro racional es capaz de explicar cómo ciertas experiencias están conectadas y sugerir cómo debería reorganizarse la jerarquía de valores. Básicamente, en esto consiste el «crecimiento»: cambiar las prioridades en nuestra jerarquía de valores de un modo óptimo.[15]

Por ejemplo, una vez tuve una amiga a la que le encantaba salir de fiesta. Salía toda la noche y después se iba directamente al trabajo por la mañana, sin haber dormido nada. Le parecía patético despertarse temprano o quedarse en casa un viernes por la noche. Su jerarquía de valores era algo más o menos así:

- Dj maravillosos
- Drogas muy buenas
- Trabajar
- Dormir

Con esta jerarquía, podía predecir su comportamiento. Prefería trabajar a dormir. Prefería salir de fiesta y drogarse a trabajar. Y todo giraba en torno a la música.

Entonces hizo uno de esos voluntariados en el extranjero, en los que la gente joven se pasa un par de meses trabajando con huérfanos en algún país del tercer mundo y…, bueno, eso lo cambió todo. La experiencia fue tan poderosa emocionalmente que reestructuró su jerarquía de valores. Ahora era algo más o menos así:

- Salvar a los niños de un sufrimiento innecesario
- Trabajar
- Dormir
- Fiestas

Y, de pronto, como por arte de magia, las fiestas dejaron de ser divertidas. ¿Por qué? Porque interferían con su nuevo valor en alza: ayudar a los niños que sufrían. Cambió de trabajo, y ya solo le importaba eso. Se quedaba en casa casi todas las noches. No bebía ni se drogaba. Dormía bien; al fin y al cabo, necesitaba mucha energía para salvar el mundo.

Sus amigos fiesteros la miraban y se compadecían de ella; la juzgaban según sus valores, que eran los antiguos valores de ella. La pobre chica fiestera tiene que irse a la cama y levantarse para ir a trabajar todas las mañana. La pobre chica fiestera no puede salir a meterse MDMA todos los fines de semana.

Sin embargo, esto es lo curioso de las jerarquías de valores: cuando cambian, en realidad no pierdes nada. No es que mi amiga decidiera empezar a renunciar a las fiestas en favor de su trabajo, es que las fiestas dejaron de ser divertidas. Y eso se debe a que la «diversión» es el producto de nuestras jerarquías de valores. Cuando dejamos de valorar algo, deja de ser divertido o interesante para nosotros. Por lo tanto, no se da una sensación de pérdida, no sentimos que nos perdemos algo cuando dejamos de hacerlo. Al contrario, miramos atrás y nos preguntamos cómo podíamos pasar tanto tiempo preocupados por algo tan absurdo y trivial, por qué gastábamos tanta energía en asuntos que no importaban. Esas punzadas de arrepentimiento o vergüenza son buenas: indican un crecimiento. Son el producto de lograr nuestras esperanzas.

Segunda ley de la emoción de Newton

Nuestra autoestima es igual a la suma de nuestras emociones con el tiempo

Volvamos al ejemplo del puñetazo. Pero esta vez vamos a imaginar que yo existo dentro de un campo de fuerza mágico que impide que tenga que sufrir las consecuencias. No puedes devolverme el puñetazo. No puedes decirme nada. Ni siquiera puedes contárselo a nadie. Soy inmune: un capullo todopoderoso que todo lo ve.

La primera ley de la emoción de Newton establece que, cuando alguien (o algo) nos causa dolor, se abre una brecha moral y nuestro cerebro emocional convoca emociones retorcidas que nos motivan a buscar la compensación.

Pero ¿y si la compensación nunca se produce? ¿Y si alguien (o algo) nos hace sentir muy mal y, aun así, somos incapaces de contraatacar o reconciliarnos? ¿Y si nos sentimos impotentes y no podemos hacer nada para compensar o «arreglar las cosas»? ¿Y si mi campo de fuerza es demasiado poderoso para ti?

Cuando las brechas morales persisten durante un periodo de tiempo suficientemente largo, se normalizan.[16] Se convierten en nuestra expectativa por defecto. Se alojan en nuestra jerarquía de valores. Si alguien nos golpea y nunca somos capaces de devolverle el golpe, al final nuestro cerebro emocional llegará a una conclusión alarmante: nos merecemos el golpe.

Al fin y al cabo, si no nos lo meciéramos, habríamos sido capaces de compensar, ¿no? Que no podamos hacerlo significa que debe de haber algo inferior en nosotros y/o algo superior en la persona que nos golpea.

Esto también forma parte de nuestra respuesta a la esperanza. Porque, si la compensación nos parece imposible, nuestro cerebro emocional recurre a la siguiente mejor opción: rendirse, aceptar la derrota, juzgarse a sí mismo inferior y poco valioso. Cuando alguien nos hace daño, nuestra reacción inmediata suele ser: «Es un imbécil, yo soy honrado». Pero, si no somos capaces de compensar y de actuar basándonos en esa honradez, nuestro cerebro emocional creará la única explicación alternativa: «Yo soy un imbécil, y él es el honrado».[17]

Esta rendición a las brechas morales persistentes es una parte fundamental de la naturaleza de nuestro cerebro emocional. Y es la segunda ley de la emoción de Newton: nuestra manera de valorar todo en la vida en relación con nosotros mismos es la suma de nuestras emociones con el tiempo.

El hecho de rendirnos y aceptar que somos inferiores con frecuencia suele denominarse vergüenza o baja autoestima. Llámalo como quieras, el resultado es el mismo: la vida te trata mal y tú te sientes incapaz de detenerla. Por lo tanto, tu cerebro emocional concluye que debes de merecerlo.

Por supuesto, la brecha moral inversa también debe de ser cierta. Si nos dan cosas sin habérnoslas ganado (trofeos de participación, inflación de notas, medallas de oro por quedar en noveno puesto), entonces empezamos a creernos (erróneamente) superiores a lo que de verdad somos. Por lo tanto, desarrollamos una autoestima muy elevada y falsa, o lo que vulgarmente se conoce como ser un gilipollas.

La autoestima es contextual. Si de pequeño se burlaban de ti por tus gafas de empollón y tu nariz, tu cerebro emocional «sabrá» que eres un cerebrito, incluso aunque cuando crezcas te conviertas en un bombón superatractivo y sensual. Las personas que se crían en entornos religiosos estrictos, y son castigadas con dureza por sus impulsos sexuales, suelen crecer con un cerebro emocional que «sabe» que el sexo es algo malo, aunque su cerebro racional haya entendido hace tiempo que el sexo es algo natural y maravilloso.

La alta y baja autoestima tienen aspectos diferentes en la superficie, pero en realidad son dos caras de la misma falsa moneda. Porque da igual que sientas que eres mejor o peor que el resto del mundo; solo hay una cosa cierta: te imaginas que eres algo especial, algo distinto al resto del mundo.

Una persona que cree merecer un trato especial por lo genial que es no difiere mucho de alguien que cree merecer un trato especial por lo mala que es. Ambas personas son narcisistas. Ambas se creen especiales. Ambas creen que el mundo debería hacer una excepción y atender a sus valores y sentimientos por encima de los demás.

Los narcisistas oscilarán entre los sentimientos de superioridad e inferioridad.[18] O todos los aman, o todos los odian. Todo es asombroso o todo es una mierda. Un acontecimiento ha podido ser el mejor momento de sus vidas o el más traumático. Con el narcisista, no hay término medio, porque reconocer la realidad indescifrable y con matices que tiene ante él exigiría renunciar a su visión privilegiada de que es especial. En general, es insoportable estar junto a un narcisista. Hacen que todo gire en torno a ellos y exigen que los demás a su alrededor hagan lo mismo.

Observarás esta oscilación entre la alta y la baja autoestima por todas partes, si prestas atención: los asesinos en serie, los dictadores, los niños llorones, la odiosa de tu tía (que estropea todos los años la Navidad). Hitler predicaba que el mundo trataba mal a Alemania tras la Primera Guerra Mundial solo porque temía la superioridad alemana.[19] Y en California, más recientemente, un hombre armado y perturbado quiso justificar haber intentado liarse a tiros en una fraternidad con el argumento de que mientras que las mujeres se enrollaban con hombres «inferiores», él se veía obligado a seguir virgen.[20]

Incluso podrás encontrarlo en tu interior, si eres sincero. Cuanto más inseguro te sientas con algo, más oscilarás entre sentimientos delirantes de superioridad («¡Soy el mejor!») y sentimientos delirantes de inferioridad («¡Soy una mierda!»).

La autoestima es un espejismo.[21] Es un constructo psicológico que fabrica nuestro cerebro emocional para predecir qué cosas le ayudarán y qué cosas le harán daño. Al final, debemos sentir algo por nosotros mismos para poder sentir algo por el mundo. Sin esos sentimientos, nos resulta imposible encontrar esperanza.

Todos poseemos cierto grado de narcisismo. Es inevitable, pues todo lo que sabemos o experimentamos nos ha sucedido o lo hemos aprendido. La naturaleza de nuestra consciencia dicta que todo sucede a través de nosotros. Por lo tanto, es natural que nuestra suposición más inmediata sea que somos el centro de todo; porque estamos en el centro de todo aquello que experimentamos.[22]

Todos sobrestimamos nuestras capacidades e intenciones, y subestimamos las de los demás. Casi todas las personas creen que poseen una inteligencia y unas capacidades superiores a la media, sobre todo cuando eso no es así.[23] Todos tendemos a creer que somos más sinceros y éticos de lo que de verdad somos.[24] Si nos dan la oportunidad, nos engañaremos al pensar que lo que es bueno para nosotros también lo es para el resto.[25] Cuando la fastidiamos, tendemos a suponer que ha sido un feliz accidente.[26] Pero, cuando es otro el que la fastidia, de inmediato nos apresuramos a juzgar el carácter de esa persona.[27]

El narcisismo persistente de bajo nivel es algo natural, pero es posible que también se encuentre en el origen de muchos de nuestros problemas sociopolíticos. No es un problema entre la izquierda y la derecha. No es un problema entre una generación y otra. No es un problema entre Oriente y Occidente.

Es un problema humano.

Toda institución se descompondrá y se volverá corrupta. Toda persona, si le dan más poder y menos restricciones, seguramente utilice ese poder en su propio beneficio. Todo individuo será ajeno a sus propios defectos mientras busca con lupa los defectos en los demás.

Bienvenido a la Tierra. Disfruta de tu estancia.

Nuestro cerebro emocional deforma la realidad de tal manera que creemos que nuestros problemas y nuestro dolor son especiales y únicos en el mundo, pese a que todo apunte a lo contrario. Los seres humanos necesitan este nivel de narcisismo porque el narcisismo es nuestra última línea defensiva contra la verdad incómoda. Porque, seamos sinceros: la gente es asquerosa y la vida es muy difícil e impredecible. La mayoría vamos solventándola día a día, y a veces estamos totalmente perdidos. Si no tuviéramos la falsa convicción de que somos superiores (o inferiores), si no nos engañásemos pensando que somos extraordinarios en algo, haríamos cola para tirarnos desde lo alto del puente más cercano. Sin un poco de autoengaño narcisista, sin esa mentira perpetua que nos contamos a nosotros mismos sobre nuestras capacidades, lo más probable es que renunciáramos a la esperanza.

Sin embargo, nuestro narcisismo inherente tiene un precio. Tanto si te crees el mejor del mundo como si te crees el peor, hay una cosa cierta: estás alejado del mundo.

Y ese alejamiento es el que acaba por perpetuar el sufrimiento innecesario.[28]

Tercera ley de la emoción de Newton

Tu identidad seguirá siendo tu identidad hasta que una nueva experiencia actúe en su contra

He aquí la clásica historia trágica. Chico engaña a chica. La chica se queda destrozada. La chica desespera. Chico deja a chica, y el dolor la acompaña durante años. La chica se siente como una mierda. Y, para que su cerebro emocional mantenga la esperanza, su cerebro racional debe elegir entre dos explicaciones. Puede creer (a) que todos los chicos son una mierda o (b) que ella es una mierda.[29]

Pero, joder, ninguna de esas opciones es buena.

Sin embargo, decide quedarse con la opción (a), «todos los chicos son una mierda», porque, al fin y al cabo, ella ha de vivir consigo misma. Hay que señalar que esta decisión no es consciente. Simplemente, sucede.[30]

Adelantémonos algunos años. La chica conoce a otro chico. Este chico no es una mierda. De hecho, es lo contrario a una mierda. Es bastante guay. Cariñoso. Se preocupa por ella. Le importa de verdad.

Pero la chica tiene un dilema. ¿Cómo puede ser real este chico? ¿Cómo puede ser cierto? Al fin y al cabo, ella sabe que todos los chicos son una mierda. Es cierto. Ha de ser cierto; tiene las cicatrices emocionales que lo demuestran.

Por desgracia, la idea de que este chico no es una mierda resulta demasiado dolorosa de asimilar para el cerebro emocional de la chica, así que se convence a sí misma de que, en efecto, el chico es una mierda. Le busca hasta el más mínimo fallo. Se fija en sus palabras errantes, en sus gestos fuera de lugar, en cada caricia incómoda. Recalca sus errores más insignificantes hasta que destacan en su mente como una luz estroboscópica que le dice: «¡Huye! ¡Sálvate!».

Y eso es lo que hace. Huye. Y huye de la peor manera posible. Lo deja por otro chico. Al fin y al cabo, todos los chicos son una mierda. ¿Qué más da cambiar un trozo de mierda por otro? No significa nada.

El chico se queda destrozado. El chico desespera. El dolor le acompaña durante años y se transforma en vergüenza. Y esa vergüenza le sitúa en una posición difícil. Porque ahora su cerebro racional debe tomar una decisión: (a) todas las chicas son una mierda o (b) él es una mierda.

Nuestros valores no son solo colecciones de sentimientos. Nuestros valores son historias.

Cuando nuestro cerebro emocional siente algo, nuestro cerebro racional se pone a construir un discurso que explique ese algo. Perder tu trabajo no solo es una mierda; has construido un discurso completo en torno a ello: ¡el gilipollas de tu jefe te ha jodido después de tantos años de lealtad! ¡Te desviviste por esa empresa! ¿Y qué obtienes a cambio?

Nuestros discursos son pegajosos, se aferran a nuestra mente y se adhieren a nuestra identidad como la ropa mojada. Los llevamos encima y nos dejamos definir por ellos. Cambiamos unos discursos por otros, buscamos personas cuyos discursos encajen con los nuestros. Llamamos a esas personas amigos, aliados, buenas personas. ¿Y aquellos que llevan discursos que contradicen a los nuestros? Los llamamos malas personas.

Nuestros discursos sobre nosotros mismos y el mundo tratan fundamentalmente sobre (a) el valor de algo o de alguien y (b) si ese algo/alguien merece tal valor. Todos los discursos se construyen del siguiente modo:

A una persona/cosa le suceden cosas malas, y no se lo merece.
A una persona/cosa le suceden cosas buenas, y no se lo merece.
A una persona/cosa le suceden cosas buenas, y sí se lo merece.
A una persona/cosa le suceden cosas malas, y sí se lo merece.

Cada libro, mito, fábula, historia..., todo el significado humano que se comunica y se recuerda es en realidad una sucesión de discursos cargados de valores, uno detrás de otro, de ahora a la eternidad.[31]

Estos discursos que inventamos para nosotros mismos sobre lo que es importante y lo que no, lo que se merece y lo que no, esas historias se nos pegan y nos definen, determinan cómo encajamos en el mundo y entre nosotros mismos. Determinan lo que sentimos por nosotros mismos –si merecemos una buena vida o no, si merecemos ser amados o no, si merecemos el éxito o no– y definen lo que sabemos y entendemos de nosotros mismos.

Esta red de discursos basados en valores es nuestra identidad. Cuando piensas para tus adentros «soy un magnífico capitán de barco», ese es un discurso que has construido para definirte a ti mismo y para conocerte. Es un componente de tu persona que presentas a los demás y con el que llenas tu perfil de Facebook. Gobiernas barcos, y lo haces jodidamente bien; por lo tanto, te mereces cosas buenas.

Pero he aquí un dato curioso: cuando adoptas esos pequeños discursos como identidad, los proteges y reaccionas emocionalmente a ellos como si fueran una parte inherente a ti. Del mismo modo que, si te pegan un puñetazo, tendrás una reacción emocional violenta, si alguien se te acerca y te dice que eres un pésimo capitán de barco, se producirá en ti una reacción emocional negativa. Y es que reaccionamos para proteger el cuerpo metafísico igual que protegemos el cuerpo físico.

Nuestras identidades van haciéndose más grandes a lo largo de nuestra vida, como una bola de nieve que crece, acumulando más y más valores y significados según rueda colina abajo. Cuando eres pequeño, estás muy unido a tu madre, y esa relación te aporta esperanza, así que construyes una historia en tu cabeza que en parte te define, igual que tu pelo, tus ojos marrones o las uñas largas de los dedos de los pies. Tu madre es una parte importante de tu vida. Tu madre es una mujer asombrosa. Se lo debes todo a tu madre... y otras mierdas que dice la gente al recibir un Óscar. Así que proteges ese pedazo de tu identidad como si fuera una parte de ti. Alguien llega y habla mal de tu madre, y tú pierdes la cabeza y empiezas a romper cosas.

Entonces esa experiencia genera un nuevo discurso y un nuevo valor en tu mente. Decides que tienes problemas para controlar la ira…, sobre todo en lo referente a tu madre. Y ahora eso se convierte en parte inherente de tu identidad.

Y así sucesivamente.

Cuanto más nos aferramos a un valor, más enterrado estará en la bola de nieve y más fundamental será en nuestra manera de vernos y de ver el mundo. Al igual que los intereses en un préstamo bancario, nuestros valores aumentan con el tiempo, se hacen más fuertes e impregnan las experiencias futuras. Lo que te jode no es solo el acoso que sufriste cuando estabas en el colegio. Es el acoso más todo el autodesprecio y el narcisismo que aportaste a tus relaciones futuras, haciendo que fracasaran, lo que va sumándose con el tiempo.

Los psicólogos no saben muchas cosas con certeza,[32] pero una cosa que sí saben es que los traumas infantiles te joden.[33] Este «efecto bola de nieve» de los primeros valores explica por qué nuestras experiencias infantiles, buenas y malas, tienen efectos duraderos en nuestra identidad y generan los valores fundamentales que nos definen durante gran parte de nuestra vida. Tus primeras experiencias se convierten en tus valores intrínsecos; si estos están jodidos, crean un efecto dominó de amargura que se extiende durante los años, infectando al resto de las experiencias con su toxicidad.

Cuando somos jóvenes, tenemos identidades pequeñas y frágiles. Hemos experimentado pocas cosas. Dependemos por completo de nuestros cuidadores e, inevitablemente, estos la cagarán en algún momento. El abandono y el dolor pueden causar reacciones emocionales extremas y originar brechas morales enormes que jamás se compensan. Papá se larga de casa, y tu cerebro emocional de niño de tres años decide que no eras lo suficientemente bueno. Mamá te abandona por un nuevo marido rico, y entonces decides que la intimidad no existe, que no se puede confiar en nadie.

No es de extrañar que Newton fuera un gruñón solitario.[34]

Y lo peor es que, cuanto más tiempo nos aferramos a esos discursos, menos conscientes somos de que los tenemos. Se convierten en el ruido de fondo de nuestros pensamientos, en la decoración interior de nuestra mente. Pese a ser arbitrarios e inventados, no solo nos parecen algo natural, sino inevitable.[35]

Los valores que escogemos a lo largo de nuestra vida cristalizan y forman un sedimento sobre nuestra personalidad.[36] La única manera de cambiar nuestros valores es tener experiencias contrarias a esos valores. Y cualquier intento por liberarse de ellos mediante experiencias nuevas o contrarias tendrá como resultado el dolor y la incomodidad.[37] Por eso no existe el cambio sin dolor, no hay crecimiento sin incomodidad. Por tal razón, resulta imposible convertirse en alguien nuevo sin llorar primero la pérdida de aquel que éramos antes.

Porque, cuando perdemos nuestros valores, lloramos la muerte de esos discursos que nos definen como si hubiéramos perdido parte de nosotros mismos; porque, en efecto, hemos perdido una parte de nosotros mismos. Lloramos igual que lloraríamos la pérdida de un ser querido, de un trabajo, de una casa, de una comunidad, de una creencia espiritual o de una amistad. Todas esas son partes fundamentales de ti que te definen. Y, cuando te las arrancan, también se te llevan la esperanza que aportaban a tu vida, y te enfrentas, una vez más, a la verdad incómoda.

Hay dos maneras de curarte, es decir, reemplazar los viejos valores defectuosos por valores mejores y más sanos. La primera manera es reexaminar las experiencias de tu pasado y reescribir los discursos que las rodean. Un momento, ¿me ha pegado un puñetazo porque soy una persona horrible, o la persona horrible es él?

Reexaminar los discursos de nuestra vida nos concede otra oportunidad, la capacidad de decidir: bueno, a lo mejor yo no era tan buen capitán de barco como pensaba, y no pasa nada. Frecuentemente, con el tiempo, nos damos cuenta de que lo que antes pensábamos que era importante en el mundo no lo es en realidad. Otras veces, prolongamos la historia para tener una visión más clara de nuestra autoestima —oh, ella me ha dejado porque un gilipollas la dejó a ella, y entonces se sentía avergonzada al intimar con alguien—, y de pronto esa ruptura resulta más fácil de asimilar.

La otra manera de cambiar nuestros valores es empezar a escribir los discursos de tu yo futuro, imaginar cómo sería la vida si tuvieras ciertos valores o determinada identidad. Al imaginar el futuro que queremos para nosotros, permitimos que nuestro cerebro emocional pruebe primero esos valores, para ver cómo le sientan antes de comprarlos. Al final, cuando lo hacemos con la suficiente frecuencia, el cerebro emocional se acostumbra a los nuevos valores y empieza a creérselos.

Este tipo de «proyección de futuro» suele inculcarse de la peor manera posible. «¡Imagina que eres rico y tienes una flota de yates! ¡Entonces tu sueño se hará realidad!»[38]

Por desgracia, esa clase de visualización no reemplaza el valor actual e insano (materialismo) por otro valor mejor. No es más que masturbarse con el valor actual. El cambio real implicaría fantasear con lo que sería no desear tener tantos yates.

La visualización fructífera debería ser un poco incómoda. Tendría que desafiarte y ser difícil de concebir. Si no lo es, entonces significa que no está cambiando nada.

El cerebro emocional no conoce la diferencia entre pasado, presente y futuro; eso es competencia del cerebro racional.[39] Y una de las estrategias que emplea nuestro cerebro racional para orientar al cerebro emocional en la dirección correcta de la vida es hacerle preguntas de «Y si»: ¿y si no te gustaran los barcos y, en su lugar, invirtieras tu tiempo ayudando a los niños discapacitados? ¿Y si no tuvieras que demostrar nada a las personas que te rodean para hacer que te quisieran? ¿Y si la indisponibilidad de las personas tuviera más que ver con ellas que contigo?

En otras ocasiones, puedes contarle a tu cerebro emocional historias que podrían ser ciertas o no, pero que parecen verdaderas. Jocko Willink, antiguo SEAL de la armada y escritor, cuenta en su libro *Discipline Equals Freedom: Field Manual* que se despierta cada mañana a las cuatro y media porque imagina que su enemigo está ahí, en algún lugar del mundo.[40] No sabe dónde, pero supone que quiere matarlo. Y sabe que, si se despierta antes que su enemigo, jugará con ventaja. Willink desarrolló ese discurso cuando combatía en la guerra de Irak, donde había enemigos reales que sí que querían matarlo. Pero ha mantenido ese discurso desde que regresó a la vida civil.

Objetivamente, el discurso creado por Willink no tiene sentido. ¿Enemigo? ¿Dónde? Pero figuradamente, desde el punto de vista emocional, resulta muy poderoso. El cerebro emocional de Willink aún se lo cree y le hace levantarse cada mañana antes de que algunos de nosotros hayamos terminado de beber la noche anterior. Ese es el espejismo del autocontrol.

Sin estos discursos –sin desarrollar una visión clara del futuro que deseamos, de los valores que queremos adoptar, de la identidad que queremos tener–, estaremos condenados siempre a repetir los fallos de nuestro dolor pasado. Las historias de nuestro pasado definen nuestra identidad. Las historias de nuestro futuro definen nuestras esperanzas. Y nuestra capacidad de adoptar esos discursos y creerlos, de hacerlos realidad, es lo que da significado a nuestras vidas.

Gravedad emocional

Nuestro Newton emo estaba sentado en la habitación de su infancia. Fuera, había oscurecido. No sabía cuánto tiempo llevaba despierto, qué hora era, en qué día estaba. Llevaba semanas trabajando allí solo. La comida que su familia le había dejado junto a la puerta seguía allí, pudriéndose.

Sacó una hoja de papel y dibujó en ella un círculo grande. Señaló entonces puntos a lo largo de los bordes del círculo y, con líneas de puntos, indicó la fuerza de atracción de cada punto hacia el centro. Debajo escribió:

> Existe una fuerza de la gravedad emocional en nuestros valores: atraemos hacia nuestra órbita a aquellos que valoran las mismas cosas que nosotros, y repelemos de forma instintiva, como por un magnetismo inverso, a aquellos cuyos valores son contrarios a los nuestros.[41] Estas atracciones forman órbitas de personas que piensan de manera similar con respecto a un mismo principio. Cada una sigue el mismo camino, dando vueltas alrededor del mismo valor.

Dibujó entonces otro círculo, adyacente al primero. Ambos casi se tocaban. Después dibujó líneas de tensión entre los bordes de cada círculo, los lugares donde la fuerza de la gravedad tiraba en ambas direcciones, alterando la simetría perfecta de cada órbita. Entonces escribió:

Las personas se fusionan, forman tribus y comunidades basadas en una opinión similar de sus historias emocionales. Puede que usted, señor, valore la ciencia. Yo también valoro la ciencia. Por lo tanto, existe un magnetismo emocional entre nosotros. Nuestros valores se atraen y hacen que entremos siempre en nuestras órbitas respectivas, como en un baile metafísico de la amistad. ¡Nuestros valores se alinean y nuestra causa se unifica!

¡Pero, un momento! Pongamos por caso que un caballero valora el puritanismo y otro valora el anglicanismo. Ambos viven en dos gravedades muy cercanas, pero a la vez diferentes. Eso hace que cada uno altere la órbita del otro, provoca tensión dentro de las jerarquías de valores, desafía la identidad del otro y, por lo tanto, genera emociones negativas que los separarán y enfrentarán sus causas.

Declaro que esta fuerza de la gravedad emocional es la organización fundamental de todos los conflictos y esfuerzos humanos.

Entonces Isaac sacó otra hoja de papel y dibujó una serie de círculos de diferentes tamaños.

Cuanta más fuerza empleemos en aferrarnos a un valor, es decir, cuanta más fuerza usemos para determinar que algo es superior o inferior a todo lo demás, más potente será su fuerza de gravedad, más tirante será su órbita y más difícil les resultará a las fuerzas externas alterar su camino y su propósito.[42]

Por lo tanto, nuestros valores más fuertes exigen la afinidad o la antipatía de los otros; cuantas más personas haya que compartan algún valor, más se unirán y organizarán esas personas para formar un único grupo coherente en torno a ese valor: los científicos con los científicos, el clero con el clero. Las personas que quieren las mismas cosas se quieren entre sí. Las personas que odian las mismas cosas también se quieren entre sí. Y las personas que quieren y odian cosas diferentes se odian entre sí. Todos los sistemas humanos acaban por llegar a un equilibrio mediante la agrupación y la formación de constelaciones de sistemas con valores compartidos; las personas se unen, alteran y modifican sus discursos personales hasta que esos discursos se vuelven uno solo, y entonces la identidad personal se convierte en la identidad del grupo.

Puede que pienses: «¡Pero, mi buen amigo Newton! ¿Acaso no

todo el mundo valora las mismas cosas? ¿No todo el mundo quiere un poco de pan y un lugar seguro donde dormir por las noches?». ¡Y en eso, mi buen amigo, tienes razón!

Todas las personas se parecen más de lo que difieren entre sí. Casi todos queremos las mismas cosas en la vida. Pero esas ligeras diferencias generan emoción, y la emoción genera una sensación de importancia. Por lo tanto, acabamos por percibir nuestras diferencias como algo mucho más importante que nuestras similitudes. Y esa es la verdadera tragedia del hombre. Que estamos condenados al conflicto eterno por la más mínima diferencia.[43]

Esta teoría de la gravitación emocional, la coherencia y la atracción de los valores semejantes explica la historia de los pueblos.[44] Las diferentes partes del mundo tienen factores geográficos diferentes. Puede que una región sea dura y escarpada, y esté bien defendida frente a los invasores. Sus habitantes valorarían entonces la neutralidad y el aislamiento. Esa sería su identidad grupal. Otra región podría tener excedentes de vino y comida, y sus habitantes valorarían la hospitalidad, las festividades y la familia. Esa también sería su identidad grupal. Otra región podría ser árida, un lugar difícil para vivir, pero con unas vistas maravillosas que la conectan con otras tierras lejanas, de modo que sus habitantes valorarían la autoridad, el fuerte liderazgo militar y el dominio absoluto. Esa también sería su identidad.[45]

Y, del mismo modo que el individuo protege su identidad mediante creencias, racionalización y sesgos, las comunidades, las tribus y las naciones protegen también sus identidades.[46] Esas culturas acaban por convertirse en naciones, que después se expanden y atraen a otros pueblos hacia su sistema de valores. Con el tiempo, esas naciones se toparán unas con otras y chocarán sus valores contradictorios.

En general, las personas no se valoran a sí mismas por encima de sus valores culturales y grupales. Por lo tanto, mucha gente está dispuesta a morir por sus más altos valores; por su familia, por sus seres queridos, por su nación, por su dios. Y, debido a esta disposición a morir por sus valores, estos choques culturales tendrán como resultado inevitable la guerra.[47]

La guerra no es más que una prueba terrenal de esperanza. El país o el pueblo que haya adoptado los valores que mejor maximicen los recursos y las esperanzas de su gente se convertirá inevitablemente en el vencedor. A medida que una nación conquiste a sus pueblos vecinos, los habitantes de esa nación conquistadora llegarán a sentir que merecen dominar a sus semejantes, y, por tanto, se convencerán de que los valores de su nación son la verdadera luz que guía a la humanidad. Se perpetúa entonces la supremacía de esos valores vencedores, que pasan a la historia y se transmiten de generación en generación para dar esperanza. Al final, cuando esos valores dejan de ser efectivos, son derrotados por los valores de otra nueva nación y la historia continúa a medida que se inicia una nueva era.

Declaro que esa es la forma que ha adoptado el progreso humano.

Newton terminó de escribir. Colocó su teoría de la gravitación emocional junto a sus tres leyes de la emoción y se paró a reflexionar sobre sus hallazgos.

Y, en ese instante oscuro y silencioso, Isaac Newton contempló los círculos dibujados sobre el papel y se dio cuenta de algo inquietante: él no tenía ninguna órbita. A lo largo de los años de trauma y fracaso social, se había aislado de todo y de todos, como una estrella solitaria que sigue su propia trayectoria, sin dejarse influir por la fuerza gravitatoria de sistema alguno.

Se dio cuenta de que no valoraba a nadie, ni siquiera a sí mismo, y eso le produjo una profunda sensación de soledad y tristeza, porque ninguna lógica y ningún cálculo podrían jamás compensar la desesperación de su cerebro emocional, que se esforzaría eternamente por encontrar la esperanza en el mundo.

Me encantaría contarte que ese Newton del universo paralelo, o Newton emo, acabó por vencer su soledad y su tristeza. Me encantaría contarte que aprendió a valorarse a sí mismo y a los demás. Pero, al igual que el Isaac Newton de nuestro universo, el Newton del universo paralelo se pasaría el resto de sus días solo, triste y amargado.

La pregunta a la que ambos Newton respondieron aquel verano de 1666 había desconcertado a filósofos y científicos durante generaciones. Sin embargo, en cuestión de unos pocos meses, aquel cascarrabias antisocial de veintitrés años había descubierto el misterio, había descifrado el código. Y allí, al borde del descubrimiento intelectual, desterró sus hallazgos a un rincón polvoriento y olvidado de su estudio, situado en un pueblo aislado, a un día de camino al norte de Londres.

Y allí permanecerían sus descubrimientos, ocultos al mundo, cubriéndose de polvo.[48]

4

Cómo hacer que todos tus sueños se cumplan

*I*magínate lo siguiente: son las dos de la mañana y sigues despierto en el sofá, viendo la televisión con la mirada borrosa y el cerebro nublado. ¿Por qué? No lo sabes. La inercia hace que sea más fácil quedarte ahí sentado y seguir mirando que levantarte e irte a la cama. Así que ahí sigues.

Perfecto. Esa es la mejor manera de captarte: cuando te sientes apático, perdido y pasivo ante tu destino. Nadie está viendo la tele a las dos de la mañana si tiene cosas importantes que hacer al día siguiente. Nadie se pasa horas tratando de reunir la voluntad de levantarse del sofá a no ser que tenga una crisis de esperanza. Y eso es justo de lo que quiero hablar.

Aparezco en la pantalla de tu televisor. Soy un torbellino de energía. Hay mucho ruido, colores chillones, efectos sonoros horteras. Prácticamente, estoy gritando. Aun así, mi sonrisa resulta relajada y contagiosa. Ofrezco cierto consuelo. Es como si estuviera mirándote a ti y solo a ti:

—¿Y si te dijera que podría resolver todos tus problemas? —te pregunto.

«*Pfff...*, por favor. No tienes ni idea de cuáles son mis problemas, tío», piensas.

—¿Y si te dijera que sé cómo hacer que todos tus sueños se cumplan?

—*Claaaaro*, y yo soy el Ratoncito Pérez.

—Escucha, yo sé cómo te sientes —te digo.

«Nadie sabe cómo me siento», te dices a ti mismo, sorprendido por lo automático de la respuesta.

—Yo también me sentí perdido una vez —continúo—. Me sentía solo, aislado, desesperanzado. Yo también me quedaba despierto por las noches sin ninguna razón, preguntándome si tendría algo de malo, preguntándome cuál era esa fuerza invisible que se interponía entre mis sueños y yo.

Y sé que eso es lo que sientes tú también. Has perdido algo, pero no sabes qué.

En realidad, te digo esas cosas porque son las que experimenta todo el mundo. Son un hecho de la condición humana. Todos nos sentimos impotentes a la hora de compensar la culpa inherente que acompaña a nuestra existencia. Todos sufrimos y nos victimizamos en diferente grado, sobre todo cuando somos jóvenes. Y todos nos pasamos la vida tratando de compensar ese sufrimiento.

Y, en momentos de nuestra vida en los que las cosas no van muy bien, nos desesperamos.

Sin embargo, como la mayoría de la gente que lo pasa mal, te has dejado arrastrar tanto por tu dolor que te has olvidado de que ese dolor es común y de que tu situación no es única; al contrario, es universal. Y, como te has olvidado de eso, sientes que te estoy hablando directamente a ti; como si, mediante algún poder mágico, me asomara a tu alma y adivinara el contenido de tu corazón. Así pues, te incorporas y prestas atención.

—Porque —repito— tengo la solución a todos tus problemas. Puedo hacer que todos tus sueños se cumplan. —Ahora te estoy señalando y mi dedo aparece gigantesco en la pantalla de la tele—. Tengo todas las respuestas. Tengo el secreto de la felicidad duradera y de la vida eterna, y ese secreto es...

Lo que digo a continuación es tan descabellado, tan ridículo, tan perverso y cínico que incluso crees que podría ser cierto. El problema es que quieres creerme. Necesitas creerme. Represento la esperanza y la salvación que tu cerebro emocional anhela y necesita. Así pues, muy lentamente, tu cerebro racional llega a la conclusión de que mi idea es tan absurda que podría funcionar.

A medida que continúa el publirreportaje, esa necesidad existencial de encontrar significado en alguna parte vence a tus defensas psicológicas y me permite entrar. Al fin y al cabo, he demostrado que conozco bien tu dolor, que soy consciente de tu verdad secreta, de lo que sucede en tu corazón. Entonces, te das cuenta de que, entre mis enormes dientes blancos y mis palabras altisonantes, te he hablado directamente: «Yo antes estaba tan jodido como tú..., y encontré la salida. Ven conmigo».

Sigo hablando. Estoy inspirado. Los enfoques de cámara cambian de un lado a otro, me encuadran desde un lado, luego de frente. De pronto, tengo delante un plató lleno de gente. Todos me escuchan embobados. Una mujer está llorando. Un hombre se ha quedado con la boca abierta. Tú también. Entiendo bien cuál es tu mierda. Te ofrezco la satisfacción permanente, cabrón. Llenaré tu vacío. Apúntate por un precio mínimo. ¿Qué vale para ti la felicidad? ¿Qué vale para ti la esperanza? Actúa ya, capullo.

Apúntate. Hoy.

Y, sin más, sacas tu teléfono. Entras en la página web. Introduces los dígitos.

La verdad, la salvación y la felicidad duradera. Todo a tu alcance. Vas a conseguirlo. ¿Estás preparado?

Cómo fundar tu propia religión

¡Te presentamos un sistema demostrado que te ayudará a alcanzar la felicidad duradera y la salvación eterna!
(O TE DEVOLVEMOS EL DINERO)

¡Bienvenido! ¡Y enhorabuena por dar el primer paso para hacer que todos tus sueños se cumplan! Al finalizar este curso, habrás resuelto todos los problemas de tu vida. Llevarás una vida de riqueza y libertad. Estarás rodeado de amigos y personas que te quieren. ¡Garantizado!*

Es tan sencillo que cualquiera puede hacerlo. No se requiere formación ni certificación. Solo necesitas una conexión a Internet y un teclado. Así tú también podrás crear tu propia religión.

Sí, me has oído bien. Tú también puedes crear tu propia religión, HOY MISMO, y empezar a cosechar los beneficios de los miles de fieles devotos que te colmarán de atención incondicional, regalos económicos y más *likes* en redes sociales de los que eres capaz de imaginar.

En este sencillo programa de seis pasos que cualquiera puede seguir, abarcaremos:

Los sistemas de creencias. ¿Quieres que tu religión sea espiritual o secular? ¿Que esté centrada en el pasado o en el futuro? ¿Quieres que sea violenta o no violenta? Son preguntas importantes, pero no te preocupes: solo yo tengo las respuestas.

Cómo encontrar a tus primeros seguidores. Y, lo más importante: ¿cómo quieres que sean tus seguidores? ¿Ricos?

* Podrían aplicarse términos y condiciones.

¿Pobres? ¿Hombres? ¿Mujeres? ¿Veganos? ¡Yo tengo la exclusiva!

¡Rituales, rituales, rituales! Cómete esto. Ponte ahí. Recita aquello. ¡Arrodíllate y da palmas! ¡Haz el baile de los pajaritos! ¡De eso se trata! La parte más divertida de la religión es inventarse cosas absurdas que todos penséis que significan algo. Te proporcionaré una guía completa para desarrollar los rituales más molones del barrio. Todos los niños hablarán de ello, principalmente porque estarán obligados.

Cómo elegir un chivo expiatorio. Ninguna religión está completa sin un enemigo común sobre el que proyectar la agitación interna. La vida es complicada, pero ¿por qué lidiar con tus problemas cuando puedes culpar de ellos a otra persona? Eso es, descubrirás la mejor manera de elegir un hombre del saco (o mujer del saco) y de convencer a tus seguidores para odiarlo/la. Nada nos une tanto como odiar al mismo enemigo. ¡Prepara tus rifles de asalto!

Y, por último, cómo ganar dinero. ¿Por qué fundar una religión si no obtienes beneficios con ella? Mi guía te dará todos los detalles para exprimir al máximo a tus seguidores. Ya busques dinero, fama, poder político u orgías de sangre, ¡tengo todo lo que necesitas!

Verás, todos necesitamos comunidades para construir esperanza. Y todos necesitamos esperanza para no volvernos locos y empezar a esnifar sales de baño. Las religiones son la base de esa esperanza comunitaria. Y vamos a aprender a fabricarlas desde cero.

Las religiones son algo precioso. Cuando consigues unir a muchas personas con los mismos valores, se comportan como nunca lo harían a solas. Su esperanza se amplifica en una especie de efecto en cadena, y la validación social de formar parte de un grupo consigue secuestrar a sus cerebros racionales y permite que sus cerebros emocionales corran en libertad.[1]

Las religiones unen a grupos de gente para validarse los unos a los otros, para hacerse sentir importantes entre sí. Se llega a un acuerdo tácito según el cual, si todos nos unimos con un propósito común, nos sentiremos importantes y valiosos, y la verdad incómoda quedará mucho más lejos.[2]

Eso es muy satisfactorio psicológicamente. ¡La gente se libera de su mierda! Y, lo mejor de todo, se vuelve muy sugestionable. Lo paradójico es que, en un entorno grupal, el individuo pierde el control y adquiere la percepción de poseer un autocontrol perfecto.

Sin embargo, el peligro que entraña este acceso inmediato al cerebro emocional es que los grupos grandes de personas tienden a hacer cosas impulsivas e irracionales. Así que, por un lado, los individuos se sienten plenos, como si los demás los entendieran y los amaran. Por otro lado, a veces se transforman en muchedumbres furiosas y homicidas.[3]

Esta guía te dará todos los detalles para establecer tu propia religión y poder cosechar los beneficios de miles de seguidores sugestionables. Empecemos.

Cómo fundar tu propia religión

Primer paso:
vender esperanza a los desesperanzados

Jamás se me olvidará la primera vez que alguien me dijo que tenía las manos manchadas de sangre. Lo recuerdo como si fuera ayer.

Corría el año 2005, era una soleada mañana en Boston, Massachusetts. Por aquel entonces, yo estudiaba en la universidad y me dirigía a clase, pensando en mis cosas, cuando vi a un grupo de chavales que sujetaban fotos de los ataques terroristas del 11-S con pies de foto donde se leía: «Estados Unidos se lo merecía».

Bueno, yo no me considero la persona más patriota del mundo, ni de lejos, pero, en mi opinión, si alguien va por ahí con ese cartel, a plena luz del día, se merece que le den un puñetazo.

Me detuve para hablar con ellos y les pregunté qué estaban haciendo. Habían montado una mesita con panfletos encima. En uno aparecía Dick Cheney con cuernos de diablo dibujados en la cabeza y las palabras ASESINO EN MASA escritas debajo. En otro se veía a George W. Bush con un bigote de Hitler.

Los estudiantes formaban parte del Movimiento Juvenil de LaRouche, un grupo fundado por el ideólogo de extrema izquierda Lyndon LaRouche en New Hampshire. Sus acólitos se pasaban horas en los campus universitarios del noroeste, repartiendo folletos a los estudiantes susceptibles. Y, cuando me topé con ellos, tardé solo diez segundos en entender lo que eran realmente: una religión.

Eso es. Eran una religión ideológica: una religión contestataria antigubernamental, anticapitalista y antigente vieja. Aseguraban que el orden mundial internacional estaba corrupto, de los pies a la cabeza. Aseguraban que la guerra de Irak se había iniciado solo porque los amigos de Bush querían más dinero. Aseguraban que el terrorismo y los tiroteos en masa no existían, que esos acontecimientos eran esfuerzos muy coordinados del Gobierno por controlar a la población. No os preocupéis, amigos de la derecha, porque años más tarde sacarían los mismos bigotes de Hitler y harían los mismos comentarios sobre Obama; por si eso os hace sentir mejor. (No debería.)

Lo que hace el Movimiento Juvenil de LaRouche (LYM por sus siglas en inglés) es pura genialidad. Encuentra a universitarios agitados y descontentos (normalmente hombres jóvenes), chavales que están asustados y enfadados (asustados por la responsabilidad que se han visto obligados a aceptar y enfadados por lo desalentador y decepcionante que es ser adulto), y entonces les lanza un mensaje muy simple: «No es vuestra culpa».

Sí, joven, pensabas que la culpa era de mamá y papá, pero no es culpa suya. Ni hablar. Y sé que pensabas que era culpa de tus profesores de mierda y de tu universidad. No. Tampoco es culpa suya. Seguro que hasta pensabas que era culpa del Gobierno. Casi, pero no.

Verás, es culpa del sistema: esa entidad difusa de la que siempre has oído hablar.

Esa era la fe que vendía el LYM: si podemos derrocar al «sistema», entonces todo saldrá bien. No habrá guerras. No habrá sufrimiento. No habrá injusticias.

Recuerda que, para sentir esperanza, necesitamos sentir que existe un futuro mejor (valores); necesitamos sentir que somos capaces de alcanzar ese futuro mejor (autocontrol); y necesitamos encontrar a otras personas que compartan nuestros valores y defiendan nuestros esfuerzos (comunidad).

Cuando dejan atrás la adolescencia, muchos jóvenes se enfrentan a una crisis de valores, de control y de comunidad. Por primera vez en sus vidas, se les permite decidir lo que quieren ser. ¿Quieren ser médicos? ¿Quieren estudiar Empresariales? ¿Hacer un curso de psicología? Las opciones pueden llegar a incapacitar.[4] Y esa inevitable frustración hace que muchos jóvenes se cuestionen sus valores y pierdan la esperanza.

Además de eso, los jóvenes adultos se enfrentan al autocontrol.[5] Por primera vez en su vida, no tienen ninguna figura de autoridad que los vigile las veinticuatro horas del día. Por un lado, eso puede resultar emocionante y liberador. Por otro, ahora son responsables de sus propias decisiones. Y, si no son capaces de levantarse de la cama, ir a clase, al trabajo, o estudiar lo suficiente, resulta duro admitir que la culpa es solo suya.

Y, por último, a la gente joven le preocupa especialmente encontrar una comunidad y encajar en ella.[6] Eso no solo es importante para su desarrollo emocional, sino que además los ayuda a encontrar y solidificar una identidad propia.[7]

La gente como Lyndon LaRouche exprime a los jóvenes perdidos y sin rumbo. LaRouche les ofreció una explicación política retorcida que justificaba su descontento. Les dio la sensación de control y de empoderamiento al mostrarles la manera de cambiar el mundo (en teoría). Además, les dio una comunidad donde encajaban y sabían quiénes eran.

Por lo tanto, les dio esperanza.[8]

—¿No os parece que esto es ir demasiado lejos? —les pregunté aquel día a los estudiantes del LYM, señalando las fotos de las Torres Gemelas que aparecían en sus panfletos.[9]

—Qué va, tío. ¡Yo creo que ni nos hemos acercado lo suficiente! —respondió uno de los chavales.

—Mira, yo no voté a Bush, y tampoco estoy de acuerdo con la guerra de Irak, pero…

—¡No importa a quién votaras! ¡Votar a alguien es votar por el sistema corrupto y opresor! ¡Tienes las manos manchadas de sangre!

—¿Perdón?

Yo ni siquiera sabía cómo pegar a alguien; aun así, apreté los puños sin darme cuenta. ¿Quién cojones se había creído que era ese tío?

—Al participar en el sistema, estás perpetuándolo —continuó el chico—. Y, por lo tanto, eres cómplice del asesinato de millones de civiles inocentes por todo el mundo. Toma, lee esto. —Me lanzó un panfleto.

Yo lo miré y le di la vuelta.

—Eso es una estupidez —le dije.

Nuestra discusión continuó así durante algunos minutos. Por aquel entonces, no sabía hacerlo de otro modo. Aún pensaba que esas cosas se basaban en la razón y en las pruebas, no en las emociones y los valores. Y los valores no pueden cambiarse mediante la razón, solo mediante la experiencia.

Finalmente, después de cabrearme bastante, decidí marcharme. Empecé a caminar y el chico intentó convencerme para que me apuntara a un seminario gratis.

—Hay que tener la mente abierta, tío —me dijo—. La verdad asusta.

Yo lo miré y respondí con una cita de Carl Sagan que había leído una vez en un foro de internet:

—Creo que tienes la mente tan abierta que se te ha caído el cerebro.[10]

Me sentí ingenioso y engreído. Seguramente, él se sintió igual. Aquel día no cambió ninguna mentalidad.

Somos más impresionables cuanto peor nos van las cosas.[11] Cuando nuestra vida se nos viene abajo, significa que nuestros valores nos han fallado y palpamos a ciegas en busca de otros nuevos para reemplazarlos. Una religión desaparece y deja el hueco a la siguiente. La gente que pierde la fe en su dios espiritual buscará un dios terrenal. La gente que pierde a su familia se entregará a su raza, credo o nación. La gente que pierde la fe en su Gobierno o país recurrirá a ideologías extremistas para encontrar esperanza.[12]

Existe una razón por la que, a lo largo de la historia, todas las religiones mayoritarias han enviado misioneros a los rincones más pobres y desfavorecidos del planeta: la gente que se muere de hambre se creerá cualquier cosa si con eso consigue algo de comida. Para tu nueva religión, lo mejor es empezar a predicar tu mensaje entre la gente que lleva una vida peor: los pobres, los marginados, los maltratados y los olvidados. Ya sabes, la gente que se pasa el día en Facebook.[13]

Jim Jones creó su séquito reclutando a los indigentes y a las minorías marginales con un mensaje socialista aderezado con su visión (demente) del cristianismo. Joder, pero ¿qué digo? Si Jesucristo hizo justo lo mismo.[14] Y Buda también. Y Moisés… Bueno, ya te haces una idea. Los líderes religiosos predican entre los pobres, los oprimidos y los esclavizados, diciéndoles que se merecen el Reino de los Cielos; básicamente es un «que te jodan» a la élite corrupta de turno. Un mensaje que resulta fácil de apoyar.

Hoy en día, apelar a los desesperanzados es más fácil que nunca. Solo necesitas un perfil en una red social: empieza a publicar cosas extremas y descabelladas, y deja que el algoritmo haga el resto. Cuanto más descabelladas y extremistas sean tus publicaciones, más atención acapararás y más desesperanzados acudirán a ti como moscas a la mierda. No es difícil.

Sin embargo, no puedes conectarte y decir cualquier cosa. No, debes tener un mensaje (semi)coherente. Has de tener una visión. Porque es fácil arengar y enfadar a la gente por nada; los medios de comunicación han creado un modelo de negocio gracias a eso. Pero, para tener esperanza, las personas necesitan sentir que forman parte de un movimiento mayor, que están a punto de unirse a los ganadores de la historia.

Y, para eso, tienes que darles fe.

Segundo paso:
elige tu fe

Todos debemos tener fe en algo. Sin fe, no hay esperanza.

Las personas no religiosas se enfadan al oír la palabra «fe», pero tener fe es inevitable. La evidencia y la ciencia están basadas en experiencias pasadas. La esperanza se basa en la experiencia futura. Y debes tener siempre cierto grado de fe en que suceda algo en el futuro.[15] Pagas la hipoteca porque tienes fe en que ese dinero es real y en que el crédito también lo es; incluso el banco que te lo quita todo es real.[16] Les dices a tus hijos que hagan los deberes porque tienes fe en que su educación es importante, en que hará de ellos unos adultos más felices y sanos. Tienes fe en que la felicidad existe y es posible. Tienes fe en que merece la pena vivir más, de modo que te esfuerzas por mantenerte sano y salvo. Tienes fe en que el amor importa, en que tu trabajo importa, en que todo esto importa.

De modo que no existen los ateos. Bueno, más o menos. Depende de lo que quieras decir con «ateo».[17] Creo que todos debemos creer, por una cuestión de fe, en que algo es importante. Aunque seas nihilista, crees, basándote en la fe, que no hay nada más importante que cualquier otra cosa.

Así pues, a fin de cuentas, todo es fe.[18]

La pregunta importante entonces es: ¿fe en qué? ¿Qué elegimos creer?

Sea lo que sea lo que nuestro cerebro emocional adopte como valor superior, esa cima de nuestra jerarquía de valores se convierte en la lente a través de la cual interpretamos todos los demás valores. Llamaremos a este valor superior el «valor dios».[19] El valor dios de algunas personas es el dinero. Esas personas observan el resto de cosas (la familia, el amor, el prestigio, la política) a través del prisma del dinero. Su familia los querrá solo si ganan suficiente dinero. Serán respetados solo si tienen dinero. Todo conflicto, frustración, celos, ansiedad... Todo ello se reduce al dinero.[20]

Hay otros cuyo valor Dios es el amor. Ven todos los demás valores a través del prisma del amor; se oponen al conflicto en todas sus formas, se oponen a cualquier cosa que separe y divida a los demás.

Obviamente, muchas personas adoptan a Jesucristo, o a Mahoma, o a Buda, como su valor dios. Entonces interpretan todo lo que experimentan a través del prisma de las enseñanzas de ese líder espiritual.

Hay algunas personas cuyo valor dios son ellas mismas; o más bien, su propio placer y empoderamiento. Eso es narcisismo: la religión del autobombo.[21] Esas personas depositan su fe en su propia superioridad y en su capacidad para merecer las cosas.

El valor dios de algunas personas es otra persona. Eso suele denominarse «codependencia».[22] Esas personas obtienen toda su esperanza de su relación con otro individuo y se sacrifican a sí mismas y sus propios intereses por ese individuo. Entonces basan todo su comportamiento, sus decisiones y sus creencias en lo que creen que satisfará a la otra persona; su pequeño dios personal. Esto suele conducir a relaciones muy jodidas con (sí, así es) personas narcisistas. Al fin y al cabo, el valor dios del narcisista es él mismo, y el del codependiente es complacer y salvar al narcisista. De modo que funciona de un modo enfermizo y jodido. (Aunque no de verdad.)

Todas las religiones deben empezar con un valor dios basado en la fe. No importa cuál. Adorar a los gatos, creer en los impuestos más bajos, no permitir nunca a tus hijos salir de casa; lo que sea, es un valor basado en la fe en que esa cosa en particular nos proporcionará la mejor realidad futura; por lo tanto, es la que más esperanza nos da. Entonces organizamos nuestra vida, y todos los demás valores, en torno a ese valor. Buscamos actividades que fomenten esa fe, ideas que la apoyen y, lo más importante, comunidades que la compartan.

Más o menos, ahora es cuando los lectores con una mentalidad más científica empiezan a levantar la mano y a señalar que hay unas cosas llamadas «hechos» y que hay pruebas suficientes que demuestran que los hechos existen y que no necesitamos tener fe para saber que algunas cosas son reales.

Es verdad. Pero he aquí una cosa sobre las pruebas: no cambian nada. Las pruebas pertenecen al cerebro racional, mientras que los valores los decide el cerebro emocional. No puedes verificar los valores. Son, por definición, subjetivos y arbitrarios. Por lo tanto, podrías hablar sobre hechos hasta quedarte sin aire, pero, en definitiva, no importa; la gente interpreta el significado de sus experiencias mediante sus valores.[23]

Si cayera un meteorito sobre un pueblo y matase a la mitad de la población, la persona religiosa y tradicional contemplaría el acontecimiento y diría que sucedió porque el pueblo estaba lleno de pecadores. El ateo lo vería y diría que eso demuestra que Dios no existe (otra creencia basada en la fe, por cierto), pues ¿cómo un ser benévolo y todopoderoso iba a permitir que sucediera algo tan horrible? Un hedonista lo vería y decidiría que hay más motivos aún para celebrar, ya que todos podríamos morir en cualquier momento. Y un capitalista lo vería y empezaría a pensar en cómo invertir en tecnología antimeteoritos.

Las pruebas sirven a los intereses del valor dios, no al revés. El único tecnicismo de este planteamiento es cuando la prueba en sí se convierte en tu valor dios. La religión construida en torno a la adoración de las pruebas se conoce comúnmente como «ciencia», y es sin duda lo mejor que hemos hecho como especie. Pero ya llegaremos a la ciencia y a sus ramificaciones en el siguiente capítulo.

Lo que quiero decir es que todos los valores son creencias basadas en la fe. Por lo tanto, toda esperanza (y, por tanto, todas las religiones) también está basadas en la fe: fe en que algo pueda ser importante, valioso y correcto, pese al hecho de que jamás habrá una manera de verificarlo sin asomo de duda.

Para nuestro propósito, he definido tres tipos de religiones, cada una basada en un valor dios diferente:

Religiones espirituales. Las religiones espirituales obtienen esperanza a través de las creencias sobrenaturales, o la creencia en cosas que existen fuera de la esfera física o material. Estas religiones buscan un futuro mejor fuera de este mundo y de esta vida. El cristianismo, el islam, el judaísmo, el animismo y la mitología griega son ejemplos de religiones espirituales.

Religiones ideológicas. Las religiones ideológicas obtienen esperanza a través del mundo natural. Buscan la salvación y el crecimiento, y desarrollan creencias basadas en la fe relativas a este mundo y a esta vida. Los ejemplos incluyen el capitalismo, el comunismo, el ecologismo, el liberalismo, el fascismo y el libertarismo.

Religiones interpersonales. Las religiones interpersonales obtienen esperanza a través de las personas de nuestra vida. Los ejemplos de religiones interpersonales incluyen el amor romántico, los hijos, los héroes deportivos, los líderes políticos y los famosos.

Las religiones espirituales son de riesgo y de recompensa elevados. Exigen, de lejos, mucha habilidad y carisma para que funcionen. Pero también ofrecen el máximo en cuestión de beneficios y de la lealtad de los seguidores. (¿Alguien se ha fijado en el Vaticano? Madre mía). Y, si construyes una muy bien, durará hasta después de que te mueras.

Las religiones ideológicas tienen un grado de dificultad medio. Estas religiones requieren mucho esfuerzo y trabajo para su creación, pero son bastante comunes. Aunque, como son tan comunes, compiten mucho entre sí por las esperanzas de la gente. Con frecuencia se describen como «modas» culturales; de hecho, pocas de ellas sobreviven más allá de unos pocos años o décadas. Solo las mejores duran varios siglos.

Por último, las religiones interpersonales son las más fáciles de crear. Eso es porque las religiones interpersonales son tan comunes como las propias personas. Casi todos nosotros, en algún momento de nuestras vidas, nos entregamos por completo a otro individuo. La religión interpersonal suele experimentarse como una especie de amor adolescente e ingenuo, y es la clase de mierda que tienes que sufrir antes de poder dejarla atrás.

Empecemos con las religiones espirituales, pues son las que conllevan una apuesta más elevada y, sin duda, son las religiones más importantes de la historia de la humanidad.

Religiones espirituales

Desde los rituales paganos y brutales de las primeras culturas humanas, hasta los dioses paganos de la Antigüedad, pasando por las grandiosas religiones monoteístas que aún existen, casi toda la historia de la humanidad ha estado dominada por una creencia en fuerzas sobrenaturales y, lo más importante, la esperanza en que determinadas acciones y creencias en esta vida nos ofrezcan mejoras y recompensas en la próxima vida.

Esa preocupación por la próxima vida se desarrolló porque, durante casi toda la historia de la humanidad, todo estuvo muy jodido y el noventa y nueve por ciento de la población no tenía esperanza en la mejora física o material de su vida. Si te parece que las cosas van mal en la actualidad, piensa en las plagas que acabaron con un tercio de la población en un continente entero,[24] o en las guerras que supusieron la venta de decenas de miles de niños para trabajar como esclavos.[25] De hecho, las cosas estaban tan mal antiguamente que la única manera de lograr que la gente no se volviera loca era prometerles esperanza en el más allá. La religión de la vieja escuela mantenía unido el tejido social porque garantizaba a la masa que su sufrimiento tenía un significado, que Dios estaba observándolos y que serían debidamente recompensados.

Por si no lo has notado, las religiones espirituales son increíblemente resistentes. Duran cientos de años, si no miles. Se debe a que las creencias sobrenaturales no pueden demostrarse ni desmentirse. Por lo tanto, cuando una creencia sobrenatural se aloja como valor dios de una persona, es casi imposible desalojarla.

Las religiones espirituales también son poderosas porque, con frecuencia, incentivan la esperanza a través de la muerte, que posee el bonito efecto secundario de hacer que mucha gente esté dispuesta a morir por sus creencias no verificables. Es difícil competir con eso.

Religiones ideológicas

Las religiones ideológicas generan esperanza construyendo redes de creencias según las cuales determinadas acciones producirán unos resultados mejores en esta vida solo si las adopta la población en masa. Las ideologías suelen ser «ismos»: libertarismo, nacionalismo, materialismo, racismo, sexismo, veganismo, comunismo, capitalismo, socialismo, fascismo, cinismo, escepticismo, etc. Al contrario que las religiones espirituales, las ideologías son verificables en diferentes grados. Teóricamente, puedes hacer una prueba para ver si un banco central hace que un sistema financiero sea más o menos estable, si una democracia hace que la sociedad sea más justa, si la educación hace que la gente se ataque entre ella con menos frecuencia, pero, en cierto grado, casi todas las ideologías aún se basan en la fe. Existen dos razones para ello. La primera es que hay cosas que son increíblemente difíciles, si no imposibles, de probar y verificar. La otra es que muchas ideologías dependen de que toda la sociedad tenga fe en la misma cosa.

Por ejemplo, no se puede demostrar de manera científica que el dinero sea intrínsecamente valioso. Pero todos creemos que lo es, así que lo es.[26] Tampoco se puede demostrar que la nacionalidad sea algo real, o incluso que existan la mayoría de las etnias.[27] Son todo creencias construidas socialmente que hemos comprado como ciertas, llevados por la fe.

El problema con las pruebas y las ideologías es que los seres humanos tendemos a obtener una pequeña prueba y darnos por satisfechos, generalizando un par de ideas sencillas para poblaciones enteras e incluso para el planeta.[28] Es nuestro narcisismo humano quien hace esto; la necesidad de inventarnos nuestra importancia, nuestro cerebro emocional fuera de control. Así pues, aunque las ideologías estén sujetas a las pruebas y a la verificación, no se nos da muy bien verificarlas.[29] La humanidad es tan amplia y compleja que a nuestro cerebro le cuesta asimilarlo todo. Hay demasiadas variables. De modo que, inevitablemente, nuestro cerebro racional toma atajos para mantener creencias que, de lo contrario, serían bastante endebles. Pero ideologías como el racismo o el sexismo persisten debido a la ignorancia más que a la malicia. Y la gente se aferra a esas ideologías malas porque, por desgracia, ofrecen a sus adeptos cierto grado de esperanza.

Las religiones ideológicas son difíciles de fundar, pero son mucho más comunes que las espirituales. Lo único que tienes que hacer es encontrar una explicación que suene razonable a la cuestión de por qué está todo jodido, y después extrapolar eso a poblaciones enteras, de modo que la gente tenga algo de esperanza, y *voilà!* Ya tienes una religión ideológica. Si llevas vivo más de veinte años, sin duda ya habrás presenciado algo así en varias ocasiones. En mi época, ha habido movimientos en favor de los derechos LGBTQ, de la investigación con células madre y de la despenalización del uso de las drogas. De hecho, últimamente, la gente se está poniendo nerviosa por el hecho de que las ideologías tradicionalistas, nacionalistas y populistas están ganando poder político por todo el mundo, y esas ideologías pretenden deshacer gran parte del trabajo realizado por las ideologías neoliberales, globalizadoras, feministas y ecologistas de finales del siglo xx.

Religiones interpersonales

Todos los domingos, millones de personas se reúnen para ver un campo verde vacío. El campo tiene líneas blancas pintadas. Esos millones de personas han acordado que creen (basadas en la fe) que esas líneas significan algo importante. Entonces, docenas de hombres (o mujeres) fuertes salen al campo, se colocan en posiciones aparentemente arbitrarias y dan patadas a un trozo de cuero o lo golpean. Dependiendo hacia dónde vaya ese trozo de cuero, un grupo de personas se alegra y aplaude, mientras que el otro grupo de personas se enfada mucho.

Los deportes son una forma de religión. Son sistemas de valores arbitrarios diseñados para dar esperanza a la gente. ¡Golpea la pelota hacia aquí y serás un héroe! ¡Da una patada al balón hacia allá y serás un perdedor! Los deportes divinizan a algunos individuos y demonizan a otros. Ted Williams es el mejor bateador del mundo y, por lo tanto, para algunos, un héroe americano, un icono, un modelo. Otros atletas son demonizados por no estar a la altura, por malgastar su talento, por traicionar a sus seguidores.[30]

Aun así, existe un ejemplo de religión interpersonal mucho mayor que el deporte: la política. Por todo el mundo nos unimos bajo ciertos valores similares y decidimos otorgar autoridad, liderazgo y virtud a un pequeño grupo de personas. Al igual que las líneas en un campo de fútbol, los sistemas políticos son inventados, las posiciones de poder solo existen debido a la fe de la población. Y, ya sea una democracia o una dictadura, el resultado es el mismo: un pequeño grupo de líderes es idolatrado y glorificado (o demonizado) en la consciencia social.[31]

Las religiones interpersonales nos dan fe en que otro ser humano nos aporte salvación y felicidad, en que un individuo (o un grupo de individuos) es superior a todos los demás. A veces, las religiones interpersonales combinadas con creencias sobrenaturales y creencias ideológicas tienen como resultado parias, mártires, héroes y santos. Muchas de nuestras religiones interpersonales se desarrollan en torno a nuestros líderes. Un presidente o un famoso carismático que parezca entender todo aquello por lo que pasamos podrá aproximarse al nivel de valor dios a nuestros ojos, y mucho de lo que consideremos correcto o incorrecto pasa por el filtro de lo que creemos bueno o malo para nuestro «amado líder».

La admiración, por lo general, es un tipo de religión de nivel bajo. Los admiradores de Will Smith, Katy Perry o Elon Musk siguen todo lo que hace esa persona, están pendientes de sus palabras y la ven como si fuera una bendición de algún tipo. La adoración de esa figura da al admirador esperanza en un futuro mejor, aunque sea en forma de algo tan simple como futuras películas, canciones o invenciones.

Sin embargo, las religiones interpersonales más importantes son nuestras relaciones familiares y románticas. Las creencias y emociones implicadas en ellas tienen una naturaleza evolutiva, pero también están basadas en la fe.[32] Cada familia tiene su propia miniiglesia: un grupo de personas que, basándose en la fe, creen que formar parte del grupo dará a sus vidas significado, esperanza y salvación. El amor romántico, por supuesto, puede ser una experiencia casi espiritual.[33] Parece que nos perdemos a nosotros mismos al enamorarnos de alguien, inventando todo tipo de discursos sobre el significado cósmico de la relación.

Para bien o para mal, la civilización moderna nos ha aislado de esas pequeñas religiones y tribus interpersonales, y las ha reemplazado con religiones ideológicas nacionalistas e internacionalistas.[34] Eso es una buena noticia para ti y para mí, compañero fundador de religiones, puesto que no tenemos que cortar tantos vínculos íntimos para lograr que nuestros seguidores se apeguen emocionalmente a nosotros.

Porque, como ya veremos, la religión trata del apego emocional. Y la mejor manera de construir ese apego es lograr que la gente deje de pensar de manera crítica.

Cómo fundar tu propia religión

Tercer paso:
invalida de manera preventiva cualquier crítica o cuestionamiento externo

Ahora que tu religión recién nacida tiene ya sus principales dogmas de fe, debes encontrar la manera de proteger esa fe de las inevitables críticas que surgirán a su paso. El truco está en adoptar una creencia que genere una dicotomía autorreafirmante del «nosotros contra ellos»; es decir, crear una percepción del «nosotros» contra el «ellos», de manera que cualquiera que critique o cuestione al «nosotros» se convierta de inmediato en un «ellos».

Parece difícil, pero, de hecho, es bastante sencillo. He aquí algunos ejemplos:

- Si no defiendes la guerra, entonces defiendes a los terroristas.
- Dios creó la ciencia para poner a prueba nuestra fe en Dios. Por lo tanto, cualquier cosa que contradiga a la Biblia es una prueba para nuestra fe en Dios.
- Cualquiera que critique el feminismo es sexista.
- Cualquiera que critique el capitalismo es comunista.
- Cualquiera que critique al presidente es un traidor.
- Cualquiera que crea que Kobe Bryant era mejor que Michael Jordan no entiende de baloncesto; por lo tanto, cualquier opinión que tenga sobre baloncesto no es válida.

El sentido de estas dicotomías falsas del «nosotros contra ellos» es cortar de raíz cualquier razonamiento o discusión antes de que tus seguidores empiecen a cuestionar sus creencias. Tales falsas dicotomías del «nosotros contra ellos» tienen el beneficio añadido de ofrecer siempre al grupo un enemigo común.

Los enemigos comunes son muy importantes. Sé que a todos nos gusta creer que preferiríamos vivir en un mundo de paz y armonía, pero, sinceramente, un mundo así no duraría más de unos pocos minutos. Los enemigos comunes crean unidad dentro de nuestra religión. Una especie de chivo expiatorio, justificado o no, es necesario para echarle la culpa de nuestro dolor y mantener nuestra esperanza.[35] Las dicotomías del «nosotros contra ellos» nos ofrecen los enemigos que todos ansiamos.

Al fin y al cabo, a tus seguidores tienes que darles una imagen bastante sencilla. Hay quienes lo entienden y hay quienes no lo entienden. Quienes lo entienden van a salvar al mundo. Quienes no lo entienden van a destruirlo. Fin de la discusión. Aquello que hay que entender depende de la creencia que estés intentando vender: Jesús, Mahoma, el liberalismo, las dietas sin gluten, el ayuno intermitente, dormir en cámaras hiperbáricas y vivir a base de polos de sabores. Además, no basta con decirles a tus seguidores que los no creyentes son malos. Debes demonizarlos. Son la ruina de todo lo que es bueno y sagrado. Lo estropean todo. Son el puto mal.

Así pues, debes convencer a tus seguidores de que es de vital importancia que detengan a todo aquel que no lo entienda, sin importar nada más. Las personas están en lo alto de la jerarquía de valores o en lo más bajo; en nuestra religión, no hay términos medios.[36]

Cuanto más miedo, mejor. Miente un poco si es necesario; recuerda que, instintivamente, las personas quieren sentir que están luchando en una cruzada, desean creer que son los guerreros sagrados de la justicia, la verdad y la salvación. Así pues, di lo que sea que te haga falta. Hazles sentir la superioridad moral para que la religión prospere.

Aquí resultan muy útiles las teorías de la conspiración. No es solo que las vacunas provocan autismo, es que las industrias médicas y farmacéuticas se enriquecen destruyendo familias. No es solo que los partidarios del aborto tienen una visión diferente del estado biológico de un feto, es que son soldados enviados por Satán para destruir a las buenas familias cristianas. No es solo que el cambio climático sea un engaño, es que es un engaño creado por el Gobierno chino para ralentizar la economía estadounidense y apoderarse del mundo.[37]

Cuarto paso: sacrificio ritual para tontos. ¡Tan fácil que cualquiera puede hacerlo!

Crecí en Texas. Allí, los únicos dioses que importaban eran Jesús y el fútbol americano. Y, aunque aprendí a disfrutar del fútbol, pese a que se me daba fatal, al tema de Jesús nunca le encontré mucho sentido. Jesús estaba vivo, pero luego murió, pero luego estaba vivo otra vez, y luego murió de nuevo. Y era un hombre, pero también era Dios, y ahora es una especie de hombre-dios-cosa-espíritu que ama a todos los hombres eternamente (salvo quizá a los gais, dependiendo de a quién le preguntes). A mí todo aquello me sonaba bastante arbitrario y me parecía que..., ¿cómo decirlo?..., la gente se lo estaba inventando.

No me malinterpretes, estoy de acuerdo con casi todas las enseñanzas morales de Cristo: sé amable y ama a tu semejante, y todas esas cosas. De hecho, las agrupaciones juveniles eran muy divertidas. (El campamento cristiano es quizá la actividad veraniega más infravalorada de todos los tiempos.) Y la iglesia solía tener galletas gratis escondidas en alguna parte, en alguna habitación, todos los domingos por la mañana. Y eso, cuando eres pequeño, resulta emocionante.

Sin embargo, si he de ser totalmente sincero, no me gustaba ser cristiano. Y no me gustaba por una razón muy absurda: mis padres me obligaban a llevar ropa de vestir patética. Eso es. Cuestioné la fe de mi familia y me volví ateo a los doce años por culpa de unos tirantes infantiles y unas pajaritas.

Recuerdo que le preguntaba a mi padre: «Si Dios ya lo sabe todo y me quiere a pesar de ello, ¿qué le importa lo que me ponga los domingos?». Mi padre me mandaba callar. «Pero, papá, si

Dios perdonará nuestros pecados a pesar de todo, ¿por qué no mentir, engañar y robar todo el tiempo?» Volvía a hacerme callar. «Pero, papá…»

Conmigo, la iglesia no dio mucho resultado. Colaba camisetas de Nine Inch Nails en la catequesis antes de que me salieran pelos en los huevos; un par de años más tarde, logré leer mi primer libro de Nietzsche. A partir de ahí, todo fue cuesta abajo. Empecé a rebelarme. Me saltaba la catequesis para ir a fumar cigarrillos en el aparcamiento de al lado. Se había acabado: era un pequeño pagano.

Las preguntas y el escepticismo acabaron volviéndose tan extremos que mi profesor de la catequesis me llevó a un lado una mañana e hizo un trato conmigo: me pondría buenas notas en la clase de confirmación y les diría a mis padres que yo era un estudiante modelo siempre y cuando dejara de cuestionar las inconsistencias lógicas de la Biblia delante de los demás muchachos. Acepté.

Es probable que esto no te sorprenda, pero no soy una persona muy espiritual; nada de creencias sobrenaturales para mí, muchas gracias. Disfruto de manera enfermiza con el caos y la incertidumbre. Por desgracia, esto me ha condenado a una vida luchando contra la verdad incómoda. Pero es algo que ya he aceptado sobre mí mismo.

Sin embargo, ahora que soy mayor, entiendo eso de vestirse bien para Jesús. Pese a lo que pensaba en su momento, no es que mis padres (o Dios) quisieran torturarme. Era una cuestión de respeto. Y no a Dios, sino a la comunidad, a la religión. Vestirse bien los domingos era una manera de decirles a los demás feligreses: «Esto de Jesús es un asunto muy serio». Forma parte de la dinámica del «nosotros contra ellos». Señala que tú eres un «nosotros» y que deberíamos tratarte como tal.

Y luego están las sotanas… ¿Alguna vez te has dado cuenta de que los momentos más importantes de la vida van acompañados de alguien con sotana o toga? Bodas, graduaciones, funerales, vistas judiciales, vistas del comité judicial, operaciones de corazón abierto, bautizos y, sí, incluso los sermones de la iglesia.

Me fijé por primera vez en lo de las togas cuando me gradué en la universidad. Tenía resaca y había dormido unas tres horas cuando me senté en mi asiento para la ceremonia. Miré a mi alrededor y pensé, joder, no había visto tanta gente con toga en un mismo sitio desde que iba a la iglesia. Entonces miré hacia abajo y, horrorizado, me di cuenta de que era uno de ellos.

La toga, un objeto visual que señala estatus e importancia, forma parte del tema ritual. Y necesitamos rituales porque hacen que nuestros valores sean tangibles. No puedes pensar en valorar algo. Tienes que vivirlo. Has de experimentarlo. Y una manera de lograr que sea más fácil para los demás vivir y experimentar un valor es inventarte atuendos monos para que se los pongan y palabras grandilocuentes para que las digan; en resumen, darles rituales. Estos son representaciones visuales y experienciales de lo que consideramos importante. Por eso toda buena religión tiene rituales.

Recuerda, las emociones son acciones; ambas son la misma cosa. Por lo tanto, para modificar (o reforzar) la jerarquía de valores del cerebro emocional, necesitas una acción fácilmente repetible y, a la vez, totalmente única e identificable para que la gente la lleve a cabo. Ahí es donde intervienen los rituales.

Los rituales están diseñados para repetirse a lo largo de un largo periodo de tiempo, lo cual les confiere una mayor sensación de importancia; al fin y al cabo, no muy a menudo tienes la oportunidad de hacer exactamente lo mismo que hacía la gente hace quinientos años. Eso es algo gordo. Los rituales son además simbólicos. Como valores, deben personificar alguna historia o discurso. Las iglesias tienen tipos con sotanas que mojan el pan en vino (o en zumo de uva) y se lo dan a comer a un montón de gente para representar el cuerpo de Cristo. El simbolismo representa el sacrificio de Cristo (¡no se lo merecía!) por nuestra salvación (nosotros tampoco lo merecemos, ¡pero por eso es poderoso!).

Los países crean rituales en torno a su fundación o en torno a las guerras que ganaron (o perdieron). Hacemos desfiles, ondeamos banderas, lanzamos fuegos artificiales y compartimos la sensación de que todo significa algo valioso y que merece la pena. Las parejas casadas crean sus propios rituales y costumbres, sus bromas privadas, todo para reafirmar el valor de su relación, su propia religión interpersonal privada. Los rituales nos conectan con el pasado. Nos conectan con nuestros valores. Y afirman quiénes somos.

Los rituales suelen girar en torno a algún sacrificio. En la Antigüedad, los sacerdotes y caciques mataban a la gente en un altar. A veces les arrancaban el corazón y la gente gritaba, tocaba el tambor y hacía toda clase de locuras.[38]

Esos sacrificios se llevaban a cabo para apaciguar a algún dios furioso, o para asegurar una buena cosecha, o para lograr otra clase de resultados deseados. Pero la verdadera razón del sacrificio ritual era más profunda que eso.

Los seres humanos son criaturas movidas por la culpa. Pongamos por caso que te encuentras una billetera con cien dólares dentro, pero sin ningún DNI o cualquier otra información sobre la persona a quien pertenece. No hay nadie más por allí y no tienes ni idea de cómo encontrar al dueño. Así pues, te la quedas. La primera Ley de la emoción de Newton dice que cada acción produce una reacción emocional igual y opuesta. En este caso, te sucede algo bueno sin merecerlo. Ahí entra la culpa.

Ahora piénsalo de este modo: existes. No hiciste nada para merecer la existencia. Ni siquiera sabes por qué empezaste a existir; simplemente fue así. Zas, tienes una vida. Y no tienes ni idea de dónde ha salido ni por qué. Si crees que Dios te dio la vida, entonces, ¡joder!, ¡estás en deuda con él! Pero incluso aunque no creas en Dios, ¡joder, te han bendecido con una vida! ¿Qué has hecho tú para merecer esto? ¿Cómo podrás vivir para hacer que tu vida merezca la pena? Esa es la pregunta constante y sin respuesta de la condición humana, y por eso la culpa inherente de la consciencia es la piedra angular de casi todas las religiones espirituales.

Los sacrificios que surgieron en las religiones espirituales antiguas se realizaban para dar a sus adeptos la sensación de estar saldando esa deuda, de vivir una vida que merecía la pena. Aunque, por entonces, sacrificaban a seres humanos de verdad —una vida por otra—, al final la gente se volvió lista y se dio cuenta de que podías sacrificar simbólicamente una vida (la de Jesús o la de cualquier otro) por la salvación de toda la humanidad. De ese modo, no tendríamos que seguir limpiando la sangre del altar cada dos por tres. (Y las moscas, no me hagas hablar de las moscas.)[39]

Casi todas las prácticas religiosas se desarrollan para aliviar la culpa. Podría incluso decirse que cada oración es realmente eso: episodios en miniatura para aliviar la culpa. No rezas a Dios para decir: «¡Joder, qué bien. Soy la leche!». No. La oración es como un diario de gratitud antes de que existieran los diarios de gratitud: «Gracias, Dios, por dejarme existir, aunque a veces es una mierda ser yo. Siento haber pensado y hecho todas esas cosas malas». Y, ¡zas!, se absuelve el sentimiento de culpa, al menos durante un rato.

Las religiones ideológicas manejan la cuestión de la culpa con mucha más eficiencia que las espirituales. Las naciones dirigen la culpa existencial del pueblo hacia el servicio militar... «Nuestro país te dio estas oportunidades, así que ponte un puñetero uniforme y lucha para protegerlas.» Las ideologías de derechas suelen percibir un sacrificio necesario en la protección del propio país y de la familia. Las ideologías de izquierdas suelen ver el sacrificio necesario como una forma de renunciar a algo por el bien superior de toda la sociedad.

Por último, en las religiones interpersonales, sacrificarse uno mismo genera una sensación de romanticismo y lealtad. (Piensa en el matrimonio: estás en el altar y prometes dar tu vida a esa otra persona.) Todos luchamos con la sensación de que merecemos que nos amen. Aunque tus padres fueran asombrosos, a veces te preguntas, vaya, ¿por qué yo? ¿Qué hice para merecer esto? Las religiones interpersonales tienen toda clase de rituales y sacrificios diseñados para hacer que la gente sienta que merece ser amada. Anillos, regalos, aniversarios, limpiar el pis del suelo cuando me salgo de la taza. Esas son las pequeñas cosas que se suman a una única cosa mayor. De nada, cariño.

Cómo fundar tu propia religión

Quinto paso:
promete el cielo, ofrece el infierno

Si has llegado hasta aquí para fundar tu propia religión, significa que has reunido a un bonito grupo de personas desesperanzadas que evitan a toda costa la verdad incómoda mediante el estudio de un puñado de chorradas que te has inventado, ignorando a sus amigos y mandando a la mierda a sus familias.

Ahora es el momento de ponerse serio.

La belleza de una religión es que, cuanto más prometes a tus seguidores salvación, iluminación, paz mundial, felicidad perfecta o lo que sea, más lejos estarán de poder alcanzar esa promesa. Y, cuanto más lejos estén de alcanzar esa promesa, más se culparán a sí mismos. Y, cuanto más culpables se sientan, más te obedecerán y harán lo que tú les digas que hagan para compensarlo.

Algunas personas podrían denominar esto el ciclo del abuso psicológico. Pero no permitas que términos así te estropeen la diversión.

El timo piramidal lo hace muy bien. Le das a un capullo un montón de dinero por unos productos que no quieres ni necesitas, y después te pasas los próximos tres meses intentando conseguir que otros se apunten a la pirámide por debajo de ti y que también compren y vendan productos que nadie quiere o necesita.

Y no funciona.

Entonces, en vez de reconocer lo evidente (el producto es una estafa que pretende estafar a otros para que a su vez estafen a otros), te culpas a ti mismo; porque, ¡mira, el tipo que está en lo alto de la pirámide tiene un Ferrari! Y tú quieres un Ferrari. Así pues, claro, el problema debe de estar en ti, ¿no?

Por suerte, el tipo del Ferrari ha accedido a organizar un seminario para ayudarte a vender más mierda (que nadie quiere) a gente que después intentará vender más mierda (que nadie quiere) a más gente que se la venderá a…, y así sucesivamente.

Y, en dicho seminario, se pasan casi todo el tiempo mentalizándote con música y cánticos, y creando una dicotomía del «nosotros contra ellos» («¡Los ganadores nunca se rinden! ¡Los perdedores creen que no les saldrá bien!»), y te marchas del seminario muy motivado y animado, pero sin tener ni idea de cómo vender nada, sobre todo una mierda que nadie quiere. Y, en vez de cabrearte con esa religión basada en el dinero en la que te has metido, te cabreas contigo mismo. Te culpas por no estar a la altura de tu valor dios, sin importar lo desaconsejable que pueda ser ese valor dios.

Puede observarse ese mismo ciclo de desesperación en otros aspectos de la vida. El *fitness* y las dietas, el activismo político, los seminarios de autoayuda, la planificación financiera, visitar a tu abuela en vacaciones… El mensaje es siempre el mismo: cuanto más lo haces, más te dicen que tienes que hacerlo para experimentar al fin la satisfacción que te han prometido. Y, sin embargo, esa satisfacción nunca llega.

Espera, vamos a tomarnos un tiempo muerto. Te voy a explicar la mala noticia: el dolor humano es como matar topos con un martillo en una feria. Cada vez que le arreas un golpe a un tipo de dolor, surge otro en otra parte. Y cuanto más rápido les golpeas, más rápido vuelven a salir.

Puede que el dolor mejore, puede que cambie de forma, puede que sea menos catastrófico cada vez. Pero siempre estará ahí. Forma parte de nosotros.[40]

El dolor somos nosotros.

Muchos portavoces religiosos ganan una buena cantidad de dinero asegurando que pueden vencer el dolor del juego de los topos en la feria, de una vez por todas. Pero la verdad es que el dolor de los topos nunca acaba. Cuanto más rápido les golpees, más rápido volverán a salir. Y así es como todos esos charlatanes del juego de la religión mantienen su negocio durante tanto tiempo: en vez de admitir que el juego está amañado, que nuestra naturaleza humana está fundamentalmente diseñada para generar dolor, te culpan por no ganar la partida. O peor, culpan a un «ellos» impreciso. Si pudiéramos librarnos de «ellos», dejaríamos de sufrir. Promesa de meñiques.[41] Pero eso tampoco funciona. Eso solo transfiere el dolor de una población a otra, y lo amplifica.

Porque, en serio, si realmente alguien pudiera resolver todos tus problemas, se quedaría sin trabajo el martes que viene (o lo echarían de la oficina la semana próxima). Los líderes necesitan que sus seguidores estén siempre insatisfechos; es bueno para el negocio del liderazgo. Si todo fuera perfecto y fantástico, no habría razón para seguir a nadie. Ninguna religión te hará sentir alegre y en paz en todo momento. Ningún país parecerá completamente justo y seguro. Ninguna filosofía política resolverá los problemas de todos a todas horas. La verdadera igualdad nunca se alcanza; habrá siempre alguien que está jodido. La verdadera libertad no existe porque todos debemos sacrificar parte de nuestra autonomía a cambio de estabilidad. Nadie, por mucho que le quieras o te quiera, eliminará jamás esa culpa interior que sientes por el hecho de existir. Todo está jodido. Siempre lo ha estado y siempre lo estará. No hay soluciones, únicamente medidas temporales, solo mejoras progresivas, formas de jodienda ligeramente mejores que las otras. Y ya es hora de que dejemos de huir de eso. Ya ha llegado el momento de aceptarlo.[42]

Este es nuestro jodido mundo. Y nosotros somos los que estamos jodidos.

Sexto paso:
¡el beneficio del profeta!

Ya está. Has llegado al final. Ya tienes tu religión. Es hora de cosechar todos sus beneficios. Ahora que tienes tu pequeño séquito dándote su dinero y cortándote el césped, ¡puedes al fin tener todo lo que siempre habías deseado!

¿Quieres una docena de esclavos sexuales? No tienes más que pedirlo. Invéntate unas escrituras. Di a tus seguidores que «la fase seis de la iluminación del manatí» solo se alcanza mediante los orgasmos del profeta.

¿Quieres una gran porción de terreno en medio de la nada? Di a tus seguidores que solo tú puedes construirles el paraíso y que tiene que estar muy lejos… Ah, y, por cierto, tienen que pagar por ello.

¿Quieres poder y prestigio? Di a tus seguidores que te voten para presidente o, mejor aún, que derroquen al Gobierno con violencia. Si haces bien tu trabajo, deberían estar dispuestos a renunciar a sus vidas por ti.

Las oportunidades son infinitas.

Se acabó la soledad. Se acabaron los problemas en las relaciones. Se acabaron las preocupaciones económicas. Puedes satisfacer tus sueños más salvajes. Solo tienes que pisotear los sueños y esperanzas de miles de personas para llegar a conseguirlo.

Sí, amigo mío, has trabajado mucho para lograrlo. Por lo tanto, te mereces todos los beneficios sin ninguna preocupación social ni argumentos pedantes sobre ética y demás. Porque eso es lo que consigues cuando fundas tu propia religión: puedes decidir qué es lo ético. Puedes decidir qué es correcto. Y puedes decidir quién está justificado.

Tal vez esto de «fundar una religión» te produzca rechazo. Bueno, deja que te diga una cosa: ya perteneces a una. Te des cuenta o no, has adoptado las creencias y los valores de algún grupo, participas en los rituales y te sacrificas, trazas líneas de «nosotros contra ellos» y te aíslas intelectualmente. Eso es lo que hacemos todos. Las creencias religiosas y sus comportamientos tribales forman parte fundamental de nuestra naturaleza.[43] Es imposible no adoptarlos. Si crees que estás por encima de la religión, que usas la lógica y la razón, siento decirte que te equivocas: eres uno de nosotros.[44] Si crees que estás bien informado y tienes mucha formación, no es así: eres igual de mierda.[45]

Todos debemos tener fe en algo. Hemos de encontrar valor en alguna parte. Así es como sobrevivimos y prosperamos psicológicamente. Así es como encontramos esperanza. E incluso, aunque tengas una visión de un futuro mejor, es demasiado difícil para hacerlo solo. Para cumplir cualquier sueño, necesitamos redes de apoyo, por razones emocionales y logísticas. Hace falta un ejército. Literalmente.

Son nuestras jerarquías de valores —expresadas mediante las historias de la religión y compartidas por miles o millones— las que atraen, organizan e impulsan los sistemas humanos en una especie de competición darwiniana. Las religiones compiten por los recursos del mundo, y las que tienden a ganar son aquellas cuyas jerarquías de valores optimizan mejor el trabajo y el capital. Y, al ganar, cada vez más y más gente adopta la jerarquía de valores de esa religión, pues ha demostrado tener más valor para los individuos de la población. Esas religiones victoriosas se estabilizan después y se convierten en la base de la cultura.[46]

Sin embargo, he aquí el problema: cada vez que una religión triunfa, cada vez que propaga su mensaje y logra dominar una franja de la emoción y el empeño humano, sus valores cambian. El valor dios de la religión ya no incluye los principios que inspiraron dicha religión en un primer momento. Su valor dios cambia lentamente y se convierte en la preservación de la religión misma: no perder lo que se ha ganado.

Y aquí es donde empieza la corrupción. Cuando los valores originales que definieron la religión, el movimiento, la revolución, quedan a un lado por el bien de mantener el *statu quo*, eso es narcisismo a nivel organizativo. Así es como se pasa de Jesús a las Cruzadas, del marxismo a los gulags, de la capilla nupcial a los papeles del divorcio. La corrupción de los valores originales de la religión desgasta a sus seguidores y, por tanto, conduce al surgimiento de religiones nuevas y reaccionarias que acaban por conquistar a la original. Y entonces el proceso vuelve a empezar.

En ese sentido, en muchos aspectos, el éxito es bastante más precario que el fracaso. Primero, porque cuanto más ganas, más tienes que perder; segundo, porque cuanto más tienes que perder, más difícil resulta mantener la esperanza. Pero, lo más importante, porque al experimentar nuestras esperanzas las perdemos. Nos damos cuenta de que nuestra preciosa visión de un futuro perfecto no es tan perfecta, de que nuestros sueños y aspiraciones están cargados de defectos inesperados y sacrificios imprevistos.

Porque lo único que puede destruir realmente un sueño es conseguir que se cumpla.

5

La esperanza está jodida

$\mathcal{A}$ finales del siglo XIX, durante un verano suave y glorioso en los Alpes suizos, un filósofo ermitaño, una autodenominada «dinamita de mente y espíritu», bajó metafóricamente de su montaña y, con su propio dinero, publicó un libro. El libro fue su regalo a la humanidad, un regalo que se alzó con descaro ante las puertas del mundo moderno y anunció las palabras que harían famoso al filósofo mucho tiempo después de su muerte.

Anunció: «¡Dios ha muerto!»…, y más cosas. Anunció que los ecos de esta muerte serían los precursores de una época nueva y peligrosa que nos desafiaría a todos.

El filósofo pronunció aquellas palabras a modo de advertencia. Habló como un centinela. Habló por todos nosotros.

Aun así, el libro vendió menos de cuarenta ejemplares.[1]

Meta von Salis se despertó antes del amanecer para encender el fuego y hervir el agua para el té del filósofo. Fue a buscar hielo para enfriar las mantas para sus articulaciones doloridas. Reunió los huesos de la cena del día anterior para empezar a preparar el caldo que le asentaría el estómago. Lavó a mano sus sábanas manchadas. Y pronto el filósofo tendría que cortarse el pelo y el bigote; entonces se dio cuenta de que se había olvidado de ir a por una cuchilla nueva.

Aquel era el tercer verano que Meta pasaba cuidando de Friedrich Nietzsche y, probablemente, eso imaginaba, el último. Lo quería, como a un hermano. (Cuando un amigo común sugirió que se casaran, ambos se rieron a carcajadas…, y después les entraron náuseas.) Pero Meta estaba alcanzando el límite de su caridad.

Había conocido a Nietzsche en una cena. Le escuchó tocar el piano, contar chistes e historias sobre sus aventuras con su viejo amigo, el compositor Richard Wagner. Al contrario que en su escritura, Nietzsche era muy comedido y educado en persona. Escuchaba con atención. Le encantaba la poesía y era capaz de recitar docenas de versos de memoria. Se sentaba y podía pasarse horas entonando canciones y haciendo juegos de palabras.

Nietzsche era brillante. Una mente tan afilada que podía cortar una habitación por la mitad solo con unas pocas palabras. Los aforismos que después se harían famosos en todo el mundo le salían de la boca como el vaho del aliento con el aire frío. «Hablar demasiado de uno mismo también puede ser una manera de esconderse», añadía espontáneamente. Y la habitación quedaba en silencio.[2]

En su presencia, Meta solía quedarse sin palabras, no por una emoción abrumadora, sino simplemente porque sentía que su mente iba siempre algunos pasos por detrás de la de él, y necesitaba unos segundos para alcanzarlo.

Aun así, Meta no era ninguna tonta. De hecho, era una adelantada para su tiempo. Fue la primera mujer en obtener un doctorado en Suiza. También fue una de las primeras escritoras y activistas feministas. Hablaba cuatro idiomas con fluidez y publicó artículos por toda Europa defendiendo los derechos de las mujeres, una idea radical en su época. Había viajado mucho, era brillante y testaruda.[3] Cuando se topó con el trabajo de Nietzsche, sintió que por fin había encontrado a alguien cuyas ideas podían impulsar la liberación de la mujer en todo el mundo.

Se trataba de un hombre que defendía el empoderamiento del individuo, la radical responsabilidad personal. Se trataba de un hombre que creía que la aptitud individual importaba más que nada, que cada ser humano no solo merecía expandirse hasta su máximo potencial, sino que tenía el deber de ejercitar e impulsar dicha expansión. En opinión de Meta, Nietzsche había puesto en palabras las ideas básicas y los esbozos conceptuales que acabarían por empoderar a las mujeres y liberarlas de su servidumbre perpetua.

Sin embargo, solo había un problema: Nietzsche no era feminista. De hecho, la idea de la liberación de la mujer le parecía ridícula.

Eso no disuadió a Meta. Él era un hombre de razón; podría persuadirlo. Solo debía darse cuenta de sus propios prejuicios y liberarse de ellos. Así que empezó a visitarlo con regularidad, y pronto se hicieron amigos y compañeros intelectuales. Pasaban los veranos en Suiza, los inviernos en Francia e Italia, hacían viajes a Venecia, excursiones a Alemania para volver en el mismo día a Suiza.

A medida que pasaban los años, Meta descubrió que, detrás de la mirada penetrante y el bigote enigmático de Nietzsche, había un manojo de contradicciones. Escribía obsesivamente sobre el poder, aunque él mismo era débil y frágil. Predicaba sobre la responsabilidad radical y la independencia, pese a depender por completo de amigos (en general, amigas) y familiares para que cuidaran de él y lo mantuviesen. Maldecía a críticos y académicos que criticaban su trabajo o se negaban a leerlo, pero, al mismo tiempo, presumía diciendo que su falta de éxito popular no hacía sino demostrar su brillantez. Como declaró en una ocasión: «Mi momento aún no ha llegado, hay hombres que nacen póstumamente».[4]

Nietzsche era, en realidad, todo lo que decía odiar: débil, dependiente y cautivado por mujeres poderosas e independientes. Aun así, en su obra, predicaba sobre la fuerza individual y la independencia, y era un misógino lamentable. Su dependencia del cuidado de las mujeres parecía nublar su capacidad para verlas con claridad. Sería el punto ciego en la visión de un hombre, por lo demás, profético.

Si hubiera un *Hall of Fame* para el «mayor dolor soportado por un individuo», yo nominaría a Nietzsche como uno de sus principales aspirantes. De niño, siempre estaba enfermo: los médicos le ponían sanguijuelas en el cuello y en las orejas, y le decían que pasara horas sin moverse. Había heredado un trastorno neurológico que le produjo fuertes migrañas durante toda su vida (y le hizo volverse loco en la madurez). También era muy sensible a la luz, incapaz de salir sin unas gafas gruesas de lentes tintadas de azul. A los treinta años, estaba casi ciego.

De joven, se alistaría en el ejército y serviría brevemente en la guerra franco-prusiana. Allí entraría en contacto con la difteria y la disentería, que estuvieron a punto de matarlo. En su momento, el tratamiento consistía en enemas ácidos, que le destrozaron el tracto digestivo. Durante el resto de su vida, sufrió dolores digestivos agudos, jamás pudo ingerir comidas copiosas y, en algunos momentos de su vida, fue incontinente. Perdió parte de la movilidad en algunas partes de su cuerpo tras una lesión que se hizo en sus tiempos en el ejército. En los peores días, aquella lesión le dejaba inmóvil. Solía necesitar ayuda para levantarse y se pasaba meses tumbado en la cama, incapaz de abrir los ojos por culpa del dolor. En 1880, lo que después denominaría «un mal año», pasó en cama doscientos sesenta de los trescientas sesenta y cinco días. Se pasó casi toda la vida migrando entre la costa francesa en invierno y los Alpes suizos en verano, pues necesitaba temperaturas suaves para que no le dolieran los huesos y las articulaciones.

Enseguida, Meta descubrió que ella no era la única mujer intelectual fascinada por aquel hombre. Había un sinfín de mujeres que aparecían para cuidarlo durante semanas o meses. Al igual que Meta, esas mujeres eran adelantadas a su tiempo: eran profesoras, terratenientes adineradas y emprendedoras. Tenían formación, hablaban idiomas y eran muy independientes.

Y eran feministas, las primeras feministas.

Ellas también habían visto el mensaje liberador de la obra de Nietzsche. Escribía sobre estructuras sociales que perjudicaban al individuo; las feministas decían que vivían aprisionadas por las estructuras sociales de la edad. Nietzsche denunció a la Iglesia por recompensar a los débiles y a los mediocres; las feministas también denunciaron a la Iglesia por obligar a las mujeres a casarse y a servir a los hombres. Él se atrevió a redefinir la historia del hombre no como la huida de la naturaleza y la dominación sobre ella, sino como la ignorancia de la humanidad hacia su propia naturaleza. Decía que el individuo debe empoderarse y acceder a niveles más elevados de libertad y de conciencia. Aquellas mujeres veían el feminismo como el próximo paso hacia una liberación superior.

Nietzsche les daba esperanza, y ellas se turnaban para cuidar de aquel hombre roto y deteriorado, con la esperanza de que su próximo libro, su próximo ensayo, su próxima polémica, fuera la que al fin abriera las compuertas.

Sin embargo, durante gran parte de su vida, el mundo ignoró su obra.

Entonces Nietzsche anunció la muerte de Dios y pasó de ser un endeble profesor universitario a un paria. No tenía trabajo y, básicamente, no tenía casa. Nadie quería saber nada de él: ni las universidades, ni las editoriales, ni siquiera muchos de sus amigos. Reunió el dinero para publicar él mismo su obra, y tuvo que pedir prestado a su madre y a su hermana para sobrevivir. Confió en sus amigos para que gestionasen su vida. Y ni siquiera entonces sus libros vendieron muchos ejemplares.

Aun así, pese a todo, aquellas mujeres se mantuvieron a su lado. Le limpiaban, le llevaban y le daban de comer. Creían que había algo en aquel hombre decrépito que podría cambiar la historia. Así pues, esperaron.

Digamos que pones a un puñado de personas en una parcela de terreno con recursos limitados y las obligas a fundar una civilización desde cero. Esto es lo que ocurre...

Algunas personas tienen mayor talento natural que otras. Algunas son más listas. Algunas son más grandes y fuertes. Algunas personas son más carismáticas. Algunas son amables y se llevan bien con los demás. Algunas trabajan duramente y se les ocurren mejores ideas.

Las personas con ventajas naturales acumularán más recursos que las demás. Y, como tienen más recursos, tendrán una cantidad de poder desproporcionada dentro de esta nueva sociedad. Podrán usar ese poder para conseguir más recursos y más ventajas, y así sucesivamente; ya sabes, eso de que «el rico se enriquece más». Si esto se da durante las generaciones suficientes, pronto tendrás una jerarquía social con un pequeño número de élites en lo alto y un gran número de personas amontonadas en el fondo. Desde la invención de la agricultura, todas las sociedades humanas han mostrado esta estratificación, y todas las sociedades deben gestionar la tensión que surge entre la élite aventajada y la masa desaventajada.[5]

Nietzsche llamó a la élite los «amos» de la sociedad, pues tienen un control casi absoluto sobre la riqueza, la producción y el poder político. A las masas trabajadoras las llamó «esclavos» de la sociedad, porque no veía mucha diferencia entre un obrero que trabajaba toda su vida por poco dinero y un esclavo.[6]

Aquí es donde la cosa se pone interesante. Nietzsche decía que los amos de la sociedad llegarían a ver sus privilegios como algo bien merecido. Es decir, elaborarían un discurso de valor para justificar su estatus de élite. ¿Por qué no iban a ser recompensados? Era bueno que estuvieran en lo alto. Se lo merecían. Eran los más listos, los más fuertes y los más talentosos. Por lo tanto, eran los que más justificación tenían.

Nietzsche llamó a este sistema de creencias, en el que aquellos que acababan por delante lo hacían porque lo merecían, «moral del amo». La moral del amo es la creencia moral de que las personas obtienen lo que merecen. Es la creencia moral de que «el poder lleva razón», de que, si has ganado algo mediante el trabajo duro o el ingenio, es porque lo mereces. Nadie te lo puede arrebatar, ni debería intentarlo. Eres el mejor y, como has demostrado superioridad, tendrías que ser recompensado por ello.

Por el contrario, Nietzsche declaró que los «esclavos» de la sociedad generarían un código moral propio. Mientras que los amos se consideraban rectos y virtuosos debido a su fuerza, los esclavos de la sociedad llegaron a creer que eran rectos y virtuosos por su debilidad. La moral del esclavo cree que las personas que más han sufrido, aquellos que son los más desaventajados y explotados, merecen un trato mejor por ese sufrimiento. La moral del esclavo cree que son los más pobres y desafortunados los que merecen más compasión y mayor respeto.

Mientras que la moral del amo cree en la virtud de la fuerza y la dominación, la del esclavo cree en la virtud del sacrificio y la sumisión. Mientras que la moral del amo cree en la necesidad de una jerarquía, la del esclavo cree en la necesidad de la igualdad. Mientras que la moral del amo suele representarse por las creencias políticas de derechas, la moral del esclavo suele encontrarse en las creencias políticas de izquierdas.[7]

Todos albergamos ambas morales en nuestro interior. Imagina que estás en clase, en el colegio, y estudias mucho y sacas la mejor nota en el examen. Y, como has sacado la mejor nota, te ofrecen beneficios debido a ese éxito. Te sientes moralmente justificado para obtenerlos; al fin y al cabo, has trabajado mucho y te los has ganado. Eres un «buen» estudiante, y una «buena» persona por ser un buen estudiante. Esa es la moral del amo.

Ahora imagina que tienes una compañera de clase. Esta compañera tiene dieciocho hermanos, criados todos por una madre soltera. Esta compañera de clase tiene varios trabajos de media jornada y nunca puede estudiar porque tiene que llevar comida a casa para sus hermanos y hermanas. Suspende el mismo examen que tú has aprobado con honores. ¿Es justo? No, no lo es. Probablemente sientas que merece algún tipo de excepción especial debido a su situación; tal vez una oportunidad de volver a hacer el examen más adelante, cuando tenga tiempo para estudiar. Se lo merece porque es una «buena» persona por sus sacrificios y desventajas. Esa es la moral del esclavo.

En términos newtonianos, la moral del amo es el deseo intrínseco de crear una separación moral entre nosotros mismos y el mundo que nos rodea. Es la voluntad de crear brechas morales con nosotros en lo alto. La moral del esclavo es, por tanto, un deseo intrínseco de igualar, de cerrar esa brecha moral y de aliviar el sufrimiento. Ambas son componentes fundamentales del sistema de funcionamiento de nuestro cerebro emocional. Las dos generan y perpetúan emociones fuertes. Y ambas nos ofrecen esperanza.

Nietzsche decía que las culturas de la Antigüedad (griegos, romanos, egipcios, indios, etcétera) eran culturas de moral del amo. Estaban estructuradas para celebrar la fuerza y la excelencia, incluso a costa de millones de esclavos y súbditos. Eran civilizaciones de guerreros; celebraban el valor, la gloria y el derramamiento de sangre. Nietzsche también decía que la ética judeocristiana de la caridad, la pena y la compasión impulsaron la moral del esclavo hasta un lugar prominente, donde siguió dominando la civilización occidental hasta su propia época. Para Nietzsche, estas dos jerarquías de valores estaban en una tensión y oposición constantes. Creía que se encontraban en la raíz de todos los conflictos políticos y sociales a lo largo de la historia.

Y ya advirtió de que el conflicto empeoraría mucho.

Cada religión es un intento basado en la fe de explicar la realidad de manera que proporcione a las personas un flujo constante de esperanza. En una especie de competición darwiniana, aquellas religiones que más movilizan, coordinan e inspiran a sus creyentes son aquellas que ganan y se extienden por todo el mundo.[8]

En la Antigüedad, las religiones paganas construidas sobre la moral del amo justificaban la existencia de emperadores y reyes guerreros que se extendían por el planeta, expandiendo y consolidando territorio y pueblos. Pero entonces, hace unos dos mil años, emergieron las religiones de la moral del esclavo y, poco a poco, comenzaron a ocupar su lugar. Estas nuevas religiones solían ser monoteístas y no se limitaban a una nación, raza o grupo étnico. Predicaban su mensaje a todo el mundo porque era un mensaje de igualdad: todas las personas nacían buenas y después se corrompían o nacían pecadoras y había que salvarlas. En cualquier caso, el resultado era el mismo. Todo el mundo, sin importar nación, raza o credo, debía convertirse en nombre del único dios verdadero.[9]

Luego, en el siglo XVII, comenzó a emerger en Europa una nueva religión que desencadenaría fuerzas más poderosas de lo que nunca se había visto en la historia de la humanidad.

Todas las religiones se topan con el incómodo problema de las pruebas. Puedes decirle a la gente cosas maravillosas sobre Dios y los espíritus y los ángeles, y cosas así, pero si el pueblo entero se quema y tu hijo pierde un brazo en un accidente de pesca, bueno, entonces…, vaya, ¿dónde estaba Dios?

A lo largo de la historia, las autoridades se han esforzado mucho por ocultar la falta de pruebas que sustenten su religión y/o por castigar a todo aquel que se atreviera a cuestionar la validez de sus valores basados en la fe. Por tal razón, como la mayoría de los ateos, Nietzsche odiaba las religiones espirituales.

Los filósofos naturales, como llamaban a los científicos en la época de Isaac Newton, decidieron que las creencias basadas en la fe que resultaban más fiables eran aquellas que disponían de más pruebas. Las pruebas se convirtieron en el valor dios, y cualquier creencia que ya no estuviese sustentada con pruebas debía modificarse para reflejar la realidad recién observada. Esto dio paso a una nueva religión: la ciencia.

Sin duda, la ciencia es la religión más efectiva, pues es la primera religión capaz de evolucionar y mejorarse. Está abierta a cualquiera. No se encuentra anclada a un solo libro o credo. No está ligada a un pueblo antiguo. No está vinculada a un espíritu sobrenatural cuya existencia no puede probarse ni refutarse. Es un cuerpo siempre cambiante de creencias basadas en las pruebas, un cuerpo que puede mutar, crecer y cambiar según dicten las pruebas.

La revolución científica cambió el mundo más que cualquier otra cosa antes o después.[10] Ha remodelado el planeta, ha librado a millones de personas de la enfermedad y la pobreza, ha mejorado todos los aspectos de la vida.[11] No es ninguna exageración sugerir que la ciencia podría ser la única cosa buena que la humanidad ha hecho por sí misma. (Gracias, Francis Bacon. Gracias, Isaac Newton. Puñeteros titanes.) La ciencia es responsable de los mayores inventos y avances en la historia de la humanidad, desde la medicina y la agricultura hasta la educación y el comercio.

Sin embargo, la ciencia hizo algo aún más espectacular: presentó al mundo el concepto de crecimiento. Durante gran parte de la historia, el «crecimiento» no existía. El cambio sucedía tan despacio que todo el mundo moría más o menos en las mismas condiciones económicas en las que había nacido. El humano medio de hace dos mil años experimentaba el mismo crecimiento económico a lo largo de su vida que el que vivimos nosotros en seis meses.[12] La gente vivía toda su vida y no cambiaba nada; no había nuevos desarrollos, ni inventos, ni tecnologías. La gente vivía y moría en el mismo lugar, entre la misma gente, utilizando las mismas herramientas, y nunca mejoraba nada. De hecho, cosas como las plagas, la hambruna, la guerra y los gobernantes imbéciles con grandes ejércitos solían empeorarlo todo. Era una existencia lenta, agotadora y triste.

Sin una perspectiva de cambio o de una vida mejor en «esta» vida, la gente empezó a encontrar esperanza en las promesas espirituales de una vida mejor en la «próxima» vida. Florecieron las religiones espirituales y empezaron a dominar el día a día. Todo giraba en torno a la Iglesia (o sinagoga, o templo, o mezquita, o lo que fuera). Los sacerdotes y los hombres santos eran los árbitros de la vida social porque eran los árbitros de la esperanza. Eran los únicos que podían decirte lo que Dios deseaba. Y Dios era el único que podía prometer salvación o un futuro mejor. Por lo tanto, esos hombres santos dictaban todo aquello que tenía valor en la sociedad.

Entonces apareció la ciencia, y todo cambió. Microscopios, imprentas, motores de combustión interna, desmotadoras de algodón, termómetros y, por fin, alguna medicina que funcionaba de verdad. De pronto, la vida mejoró. Pero lo más importante es que uno se daba cuenta de cómo mejoraba. La gente usaba herramientas mejores, tenía acceso a más comida, estaba más sana y ganaba más dinero. Por fin podías echar la vista atrás unos diez años y decir: «¡Vaya! ¿Te puedes creer que antes viviéramos así?».

Y esa capacidad para echar la vista atrás y ver el progreso, el crecimiento, cambió la manera en que la gente veía el futuro. Cambió la forma de verse a sí mismas. Para siempre.

Ahora ya no había que esperar a la muerte para mejorar tu vida. Podías mejorarla aquí y ahora. Y eso implicaba todo tipo de cosas maravillosas. Libertad, para empezar: ¿de qué forma ibas a «elegir» crecer hoy? Pero también responsabilidad: porque ahora podías controlar tu destino y debías responsabilizarte de él. Y, por supuesto, igualdad: porque, si no hay un gran dios patriarcal que dictamina quién merece qué, eso debe de significar que, o nadie se merece nada, o todos se lo merecen todo.

Eran conceptos que nunca antes se habían tratado. Con la idea de tener tanto crecimiento y cambio en «esta» vida, la gente ya no confiaba en las creencias espirituales sobre la «próxima» vida para encontrar esperanza. En su lugar, comenzaron a inventar y a confiar en las religiones ideológicas de su tiempo.

Eso lo cambió todo. Las doctrinas de la Iglesia se suavizaron. La gente se quedaba en casa los domingos. Los monarcas concedieron poder a sus súbditos. Los filósofos empezaron a cuestionar abiertamente la idea de Dios y consiguieron que no los quemaran vivos. Fue una época dorada para el pensamiento y el progreso humano. E increíblemente el progreso que comenzó en aquella época no ha hecho más que acelerarse más y más hasta nuestros días.

La revolución científica erosionó el dominio de las religiones espirituales y dejó paso al dominio de las religiones ideológicas. Y eso era lo que a Nietzsche le importaba. Porque, pese a todo el progreso, la riqueza y los beneficios tangibles que producen las religiones ideológicas, carecen de algo que sí tienen las religiones espirituales: infalibilidad.

Una vez que se cree en ella, una deidad sobrenatural es inmune a los asuntos mundanos. Podría quemarse tu pueblo. Tu madre podría ganar un millón de dólares y volver a perderlo. Podrías presenciar guerras y enfermedades. Ninguna de esas experiencias contradice directamente la creencia en una deidad, porque las entidades sobrenaturales no necesitan pruebas. Y, aunque los ateos ven esto como un error, también puede ser una ventaja. La robustez de las religiones espirituales significa que la mierda podría golpear contra el ventilador proverbial y tu estabilidad psicológica seguiría intacta. La esperanza puede preservarse porque Dios siempre se conserva.[13]

No ocurre lo mismo con las ideologías. Si te pasas diez años de tu vida defendiendo cierta reforma gubernamental, y entonces esa reforma conlleva la muerte de miles de personas, tú eres el responsable. Ese pedazo de esperanza que te mantuvo durante años queda hecho añicos. Tu identidad, destruida. Hola, oscuridad, mi vieja amiga.

Las ideologías, como siempre se ven desafiadas, cambiadas, demostradas y después refutadas, apenas ofrecen estabilidad psicológica sobre la que construir nuestra esperanza. Y, cuando las bases ideológicas de nuestros sistemas de creencias y de nuestras jerarquías de valores se ven sacudidas, nos vemos empujados a las fauces de la verdad incómoda.

Nietzsche se dio cuenta antes que nadie. Advirtió de la llegada al mundo de un malestar existencial que sería consecuencia del crecimiento tecnológico. De hecho, a eso se refería cuando declaró: «Dios ha muerto».

«Dios ha muerto» no era una simple presunción atea y ofensiva, como suele interpretarse hoy en día. No. Era un lamento, una advertencia, un grito de ayuda. ¿Quiénes somos nosotros para decidir el significado y la importancia de nuestra propia existencia? ¿Quiénes somos para decidir lo que es bueno y lo que es correcto en el mundo? ¿Cómo podemos soportar esa carga?

Nietzsche, al entender que la existencia es inherentemente caótica e incognoscible, creía que no estábamos psicológicamente equipados para llevar a cabo la tarea de explicar nuestra importancia cósmica. Contemplaba el aluvión de religiones ideológicas que surgieron tras la Ilustración (democracia, nacionalismo, comunismo, socialismo, colonialismo, etcétera) como una simple manera de posponer la inevitable crisis existencial de la humanidad. Y las odiaba todas. La democracia le parecía ingenua; el nacionalismo, estúpido; el comunismo, espantoso; el colonialismo, ofensivo.[14]

Porque, en una especie de budismo a la inversa, Nietzsche creía que cualquier apego terrenal (al género, a la raza, a la etnia, a la nacionalidad o a la historia) era un espejismo, un constructo inventado basado en la fe y diseñado para dejarnos suspendidos sobre el abismo de la verdad incómoda, colgando de un finísimo hilo de significado. En definitiva, creía que todos esos constructos estaban destinados a entrar en conflicto los unos con los otros y a provocar mucha más violencia de la que resolvían.[15]

Nietzsche predijo conflictos futuros entre ideologías construidas sobre la moral del amo y del esclavo.[16] Creía que esos conflictos provocarían una destrucción mundial mayor que cualquier otra cosa en la historia de la humanidad. Predijo que dicha destrucción no se limitaría a las fronteras nacionales ni a los diferentes grupos étnicos. Trascendería todas las fronteras. Trascendería al país y al pueblo. Porque esos conflictos, esas guerras, no serían por Dios. Serían entre dioses.

Y los dioses seríamos nosotros.

La caja de Pandora

En la mitología griega, el mundo empezó solo con hombres.[17] Todos ellos bebían mucho y no trabajaban nada. Era como una fiesta de fraternidad constante. Los antiguos griegos llamaban a eso «paraíso». Pero, en mi opinión, parece más bien una especie de infierno.

Los dioses, al darse cuenta de que aquella era una situación bastante aburrida, decidieron animarlo un poco. Deseaban crear un compañero para el hombre, alguien que llamara su atención e introdujese complicaciones e incertidumbres en la fácil vida de latas de cerveza y futbolín toda la noche.

Así que decidieron crear a la primera mujer.

Todos los dioses importantes colaboraron en ese proyecto. Afrodita aportó su belleza. Atenea, su sabiduría. Hera, su capacidad para crear una familia. Hermes, su discurso carismático. Sucesivamente, los dioses atribuyeron talentos, dones e intrigas a la mujer, como aplicaciones en un nuevo iPhone.

El resultado fue Pandora.

Los dioses enviaron a Pandora a la tierra para introducir competencia, sexo, bebés y discusiones sobre la taza del váter. Pero los dioses hicieron algo más: la enviaron con una caja. Era una caja preciosa, repujada en oro y cubierta de dibujos complejos y delicados. Los dioses ordenaron a Pandora que les entregara la caja a los hombres, pero también le dijeron que jamás podría abrirse.

Alerta de *spoiler*: la gente es imbécil. Alguien abrió la caja de Pandora (sorpresa, sorpresa, todos los hombres culparon de ello a la mujer), y de ahí salieron todos los males que hay en el mundo: la muerte, la enfermedad, el odio, la envidia y Twitter. Aquella bucólica fiesta dejó de existir. Ahora los hombres podían matarse unos a otros. Y, lo más importante, tenían algo por lo que matarse entre sí: las mujeres, y los recursos que las atraían. Y así comenzó ese estúpido concurso de medirse las pollas, también conocido como «historia de la humanidad».

Empezaron las guerras. Surgieron los reinos y las rivalidades. Se inventó la esclavitud. Los emperadores comenzaron a conquistarse unos a otros, dejando a su paso cientos de miles de muertos. Se construyeron ciudades enteras. Después, se destruyeron. Mientras tanto, a las mujeres se las trataba como una propiedad. Los hombres se las intercambiaban y comerciaban con ellas como si fueran cabras o algo así.[18]

Básicamente, los humanos empezaron a ser humanos.

Todo parecía estar jodido. Pero, en el fondo de esa caja, quedaba algo brillante y hermoso.

Quedaba esperanza.

Existen muchas interpretaciones del mito de la caja de Pandora, aunque la más común es que, aunque los dioses nos castigaron con todos los males del mundo, también nos equiparon con un antídoto para esos males: la esperanza. Sería como una especie de yin y yang de la lucha eterna de la humanidad: siempre todo está jodido, pero, cuanto más se joden las cosas, más esperanza debemos encontrar para aguantar y superar lo jodido que está el mundo. Por eso héroes como Witold Pilecki nos inspiran: su capacidad para reunir esperanza suficiente para resistir el mal nos recuerda que todos somos capaces de enfrentarnos a él.

Puede que la enfermedad se extienda, pero también lo hace la cura, porque la esperanza es contagiosa. Ella es lo que salva el mundo.

Sin embargo, he aquí otra interpretación menos popular del mito de la caja de Pandora: ¿y si la esperanza no es el antídoto al mal? ¿Y si la esperanza no es más que otra forma de mal? ¿Y si la esperanza había quedado olvidada dentro de la caja?[19]

Porque la esperanza no solo inspiró la heroicidad de Pilecki. La esperanza también insufló las revoluciones comunistas y los genocidios nazis. Hitler albergaba la esperanza de poder exterminar a los judíos para sacar adelante una raza humana evolutivamente superior. Los soviéticos albergaban la esperanza de llevar a cabo una revolución global capaz de unir al mundo en igualdad bajo el comunismo. Y seamos sinceros, casi todas las atrocidades cometidas por las sociedades capitalistas occidentales a lo largo de los últimos cien años se hicieron en nombre de la esperanza: la esperanza en la riqueza y en la libertad económica global.

Como el escalpelo de un cirujano, la esperanza puede salvar una vida, pero también puede acabar con ella. Puede elevarnos y puede destruirnos. Igual que existe la confianza saludable y la confianza dañina, igual que existe el amor saludable y el amor dañino, también encontramos la esperanza saludable y la esperanza dañina. Y la diferencia entre ambas no siempre está clara.

Hasta ahora, he declarado que la esperanza es fundamental para nuestra psicología. Necesitamos (a) tener algo a lo que aspirar, (b) creer que controlamos nuestro destino lo suficiente para lograr ese algo y (c) encontrar una comunidad para lograrlo a nuestro lado. Cuando nos falta una o todas esas cosas durante demasiado tiempo, perdemos la esperanza y nos precipitamos al vacío de la verdad incómoda.

Las experiencias generan emociones. Las emociones crean valores. Los valores generan discursos de significado. Y las personas que comparten discursos de significado similares se unen para crear religiones. Cuanto más efectiva (o afectiva) es una religión, más diligentes y disciplinados serán sus adeptos. Y cuanto más diligentes y disciplinados sean sus adeptos, más probabilidades tendrá la religión de extenderse a otras personas, de darles una sensación de autocontrol y un sentimiento de esperanza. Esas religiones crecen, se expanden y, finalmente, definen quién está dentro del grupo y quién está fuera. Crean rituales y tabúes. Siembran el conflicto entre grupos con valores opuestos. Estos conflictos deben existir porque mantienen el significado y el propósito de la gente dentro del grupo.

Por lo tanto, lo que mantiene la esperanza es el conflicto.

De modo que lo habíamos entendido al revés: que todo esté jodido no requiere de esperanza, sino que la esperanza precisa que todo esté jodido.

Las fuentes de esperanza que dan a nuestras vidas significado son las mismas fuentes de la división y del odio. La esperanza que aporta más alegría a nuestras vidas es la misma que genera el mayor peligro. La esperanza que une a las personas suele ser la misma esperanza que las separa.

La esperanza es, por tanto, destructiva. La esperanza depende del rechazo a lo que existe en la actualidad.

Porque la esperanza requiere que algo esté roto. La esperanza necesita que renunciemos a una parte de nosotros mismos y/o a una parte del mundo. Requiere que seamos antialgo.

Esto dibuja un retrato increíblemente sombrío de la condición humana. Nuestra constitución psicológica es tal que las únicas opciones en nuestra vida son el conflicto perpetuo o el nihilismo; el tribalismo o el aislamiento, la guerra religiosa o la verdad incómoda.

Nietzsche creía que, a largo plazo, ninguna de las ideologías generadas por la revolución científica resistiría. Creía que, una por una, irían matándose las unas a las otras y/o colapsarían desde dentro. Entonces, pasados un par de siglos, comenzaría la verdadera crisis existencial. La moral del amo ya estaría corrupta. La moral del esclavo habría implosionado. Nos habríamos fallado a nosotros mismos. Porque las flaquezas humanas son tales que todo aquello que producimos debe ser temporal y poco fiable.

Nietzsche, en cambio, creía que debemos mirar más allá de la esperanza. Hemos de alargar la vista más allá de los valores. Debemos evolucionar hacia algo «más allá del bien y del mal». Para él, esta moral del futuro tenía que empezar con algo que llamaba *amor fati*, o «amor por el destino de uno mismo». Escribió: «Mi fórmula para hallar la grandeza en un ser humano es *amor fati*: que uno no quiera que nada sea diferente, ni que avance, ni que retroceda, ni que dure toda la eternidad.

Que no desee solo soportar aquello que es necesario, y mucho menos ocultarlo (todo idealismo es mendacidad frente a aquello que es necesario), sino que lo ame».[20]

Amor fati, para Nietzsche, significaba la aceptación incondicional de toda vida y experiencia: los momentos buenos y los malos, el sentido y el sinsentido. Significaba amar tu propio dolor y abrazar tu propio sufrimiento. Significaba acabar con la separación entre tus deseos y la realidad. No aspirabas a tener más deseos, sino que, simplemente, deseabas la realidad.

En resumen, significaba: no tengas esperanza en nada. Ten esperanza en lo que ya existe. Y es que, en definitiva, la esperanza está vacía. Cualquier cosa que tu mente pueda conceptualizar será, en esencia, algo fallido y limitado; por lo tanto, será dañino si se venera de forma incondicional. No albergues la esperanza de ser más feliz. No tengas esperanza en sufrir menos. No esperes mejorar tu personalidad. No esperes eliminar tus defectos.

Ten esperanza en esto. Ten esperanza en las oportunidades y opresiones infinitas que están presentes en cada instante. Ten esperanza en el sufrimiento que acompaña a la libertad. En el dolor que acompaña a la felicidad. En la sabiduría que acompaña a la ignorancia. En el poder que acompaña a la rendición.

Y, entonces, actúa a pesar de ello.

Ese es nuestro desafío y nuestro deber: actuar sin esperanza. No esperar nada mejor. Ser mejor. En este instante y en el siguiente. Y en el siguiente. Y en el siguiente.

Todo está jodido. Y la esperanza es la causa y el efecto de que todo esté jodido.

Esto es difícil de tragar, porque apartarnos del dulce néctar de la esperanza es como quitarle la botella a un borracho. Sin ella, creemos que volveremos a caer en el vacío y el abismo nos tragará. La verdad incómoda nos asusta, así que inventamos historias, valores, discursos, mitos y leyendas sobre nosotros mismos y acerca del mundo para mantener alejada esa verdad.

Sin embargo, lo único que nos libera es esa verdad: tú y yo, y todos aquellos a quienes conocemos moriremos, y casi nada de lo que hagamos tendrá importancia en la balanza cósmica. Y, aunque algunas personas temen que esta verdad pueda liberarlas de toda responsabilidad y que empezarán a esnifar cocaína y a jugar entre el tráfico, la realidad es que esta verdad los asusta porque las libera «a la responsabilidad». Significa que no hay razón para no amarse a uno mismo y a los demás. Que no hay razón para no tratar con respeto al planeta y a nosotros mismos. Que no hay razón para no vivir cada momento de nuestras vidas como si fuese a repetirse eternamente.[21]

La segunda mitad de este libro es un intento de entender cómo podría ser una vida sin esperanza. Lo primero que diré es que no es tan mala como piensas. De hecho, creo que es mejor que la alternativa.

La segunda mitad de este libro también es un análisis sincero del mundo moderno y de todo lo que está jodido en él. No pretendo arreglarlo, sino poder amarlo.

Porque debemos salir de nuestro ciclo de conflicto religioso. Hemos de emerger de nuestros capullos ideológicos. Tenemos que dejar sentir al cerebro emocional, pero negarle las historias de significado y valor que tanto ansía. Debemos ir más allá de nuestra concepción del bien y del mal. Hemos de aprender a amar lo que existe.

Amor fati

Era el último día de Meta en Sils Maria (Suiza). Su idea era pasarlo al aire libre.

A Friedrich le encantaba pasear por la orilla este del lago Silvaplana, a medio kilómetro del pueblo. Aquel lago era una lámina de agua brillante y cristalina en esa época del año, rodeado de montañas en un horizonte pulverizado por picos nevados. Fue dando paseos alrededor de ese lago cuando Meta y él habían formado su vínculo cuatro veranos atrás. Así era como deseaba pasar su último día con él. Así era como deseaba recordarlo.

Salieron poco después de desayunar. El sol era perfecto; el aire, sedoso. Ella le guiaba; él cojeaba detrás, ayudado de su bastón. Dejaron atrás graneros, pastos de ganado y una pequeña granja de remolacha azucarera. Friedrich bromeó diciendo que las vacas serían sus compañeras más inteligentes cuando Meta se marchara. Ambos se rieron y cantaron, y recogieron nueces mientras paseaban.

Se detuvieron y comieron en torno a mediodía, bajo un alerce. Fue entonces cuando Meta empezó a preocuparse. Emocionados como estaban, habían llegado muy lejos. Mucho más lejos de lo que ella había anticipado. Y ahora se daba cuenta de que Friedrich estaba cansado, tanto física como mentalmente.

Regresaron caminando con gran dificultad para él. Iba arrastrándose. Y la realidad de su partida a la mañana siguiente cayó sobre ellos como una luna de mal agüero, como un manto negro sobre sus palabras. Friedrich había empezado a gruñir y le dolía todo. Se detenían con frecuencia. Y entonces empezó a murmurar para sus adentros.

«Así no», pensó Meta. No deseaba dejarlo así, pero debía hacerlo.

Llegaron al pueblo a última hora de la tarde. El sol ya no calentaba y el aire era una carga. Friedrich caminaba unos veinte metros por detrás, pero Meta sabía que la única manera de lograr que llegara hasta casa era no detenerse por él.

Dejaron atrás la misma granja de remolacha azucarera, aquel granero y esas vacas, sus nuevas compañeras.

—¿Qué ha sido eso? —gritó Friedrich—. ¿Dónde se ha metido Dios, preguntáis?

Meta se dio la vuelta y supo lo que encontraría incluso antes de verlo: Friedrich, caminando mientras agitaba su bastón, gritando como un loco a un pequeño grupo de vacas que pastaban delante de él.

—Yo os lo diré —continuó, respirando con dificultad. Alzó el bastón y señaló con él las montañas circundantes—. Lo hemos matado. ¡Vosotras y yo! Somos sus asesinos. Pero ¿cómo lo hemos hecho?

Las vacas siguieron pastando plácidamente. Una de ellas espantó una mosca con el rabo.

—¿Cómo fuimos capaces de bebernos los mares? ¿Quién nos dio la esponja para borrar el horizonte? ¿Qué hicimos cuando desencadenamos a la tierra de su sol? ¿Acaso no estamos cayendo perpetuamente en todas direcciones? ¿No estamos perdidos, como si atravesáramos una nada infinita?[22]

—Friedrich, qué tontería —dijo Meta, tratando de agarrarle de la manga para tirar de él.

Pero Friedrich se zafó: había locura en sus ojos.[23]

—¿Dónde está Dios? Dios ha muerto. Dios sigue muerto. Y nosotros lo hemos matado —declaró.

—Por favor, deja de decir tonterías, Friedrich. Vamos, volvamos a casa.

—¿Cómo encontraremos consuelo, siendo los mayores asesinos del mundo? Aquello que era lo más sagrado y poderoso del mundo se ha desangrado hasta morir por la herida de nuestro cuchillo. ¿Quién nos quitará esta sangre de encima?

Meta negó con la cabeza. Era inútil. Así era como acabaría. Empezó a alejarse.

—¿Con qué agua podremos limpiarnos? ¿Qué festivales de expiación, que juegos sagrados tendremos que inventar? ¿Acaso la grandeza de este acto no es demasiado grande para nosotros? ¿No debemos convertirnos en dioses nosotros mismos solo para aparentar ser dignos de ello?

Silencio. Se oyó un mugido a lo lejos.

—El hombre es una cuerda atada entre la bestia y el superhombre; una cuerda sobre un abismo. Lo grandioso del hombre es que es un puente y no una meta: lo que puede amarse del hombre es que es una obertura [hacia algo más grandioso].[24]

Aquellas palabras llamaron la atención de Meta. Se dio la vuelta y lo miró a los ojos. La idea de que el hombre era una obertura hacia algo más grandioso era lo que la había acercado a Nietzsche años atrás. Se había dejado seducir intelectualmente por esa idea, porque, para ella, el feminismo y la liberación de las mujeres (su religión ideológica) eran ese «algo más grandioso». Pero se dio cuenta de que, para Nietzsche, no era más que otro constructo, otro engaño, otro fallo humano, otro dios muerto.

Meta llegaría a hacer grandes cosas. En Alemania y en Austria, organizaría marchas a favor del sufragio femenino..., y lo lograría. Inspiraría a miles de mujeres de todo el mundo para defender sus propios proyectos, su propia redención, su propia liberación. Cambiaría el mundo de manera anónima. Liberaría a más seres humanos que Nietzsche y el resto de los hombres «grandiosos». Aun así, lo haría en la sombra, entre las bambalinas de la historia. De hecho, hoy en día, se la conoce casi exclusivamente por ser amiga de Friedrich Nietzsche. No se la recuerda como una estrella de la liberación de la mujer, sino como un personaje secundario en la obra de un hombre que acertó al profetizar cien años de destrucción ideológica. Como un hilo escondido, ella mantendría la unidad del mundo, pese a ser invisible y caer pronto en el olvido.

Sin embargo, continuaría. Sabía que lo haría. Tenía que continuar su camino e intentar cruzar el abismo, como debemos hacer todos. Tendría que vivir para otros, a pesar de no saber vivir para sí misma.

—Meta —dijo Nietzsche.

—¿Qué?

—Me encantan aquellos que no saben cómo vivir —respondió—. Porque ellos son los que cruzan al otro lado.

Segunda parte

TODO ESTÁ JODIDO

La fórmula de la humanidad

*D*ependiendo de tu punto de vista, el filósofo Immanuel Kant era la persona más aburrida del planeta o el sueño húmedo de un *hacker* de la productividad. Durante cuarenta años, se despertaba cada mañana a las cinco en punto y escribía durante tres horas exactas. Después iba a dar clase a la misma universidad durante cuatro horas y luego comía en el mismo restaurante cada día. Después, por la tarde, daba un largo paseo por el mismo parque, siguiendo la misma ruta; salía de casa y regresaba siempre a la misma hora. Hizo eso durante cuarenta años. Todos los días.[1]

Kant era la eficiencia personificada. Era tan mecánico en sus costumbres que sus vecinos bromeaban diciendo que podrían poner en hora sus relojes según el momento en el que saliera de su apartamento. Salía a dar su paseo diario a las tres y media de la tarde, cenaba con el mismo amigo casi todas las noches y, después de trabajar un poco más, se iba a la cama a las diez en punto de la noche.

Pese a parecer un auténtico aburrimiento, Kant fue uno de los pensadores más importantes e influyentes de la historia. Y desde su apartamento de una sola habitación en Königsberg, Prusia, hizo más por orientar el mundo que la mayoría de los reyes, presidentes, primeros ministros o generales habidos o por haber.

Si vives en una sociedad democrática que protege las libertades del individuo, en parte debes darle las gracias a Kant. Fue uno de los primeros en decir que todas las personas poseen una dignidad inherente que debe tenerse en cuenta y respetarse.[2] Fue la primera persona que imaginó un consejo de administración global que pudiera garantizar la paz mundial (una idea que después inspiraría la creación de las Naciones Unidas).[3] Sus descripciones sobre cómo percibimos el tiempo y el espacio ayudarían a inspirar la teoría de la relatividad de Einstein.[4] Fue uno de los primeros en sugerir la posibilidad de que los animales tuvieran derechos.[5] Reinventó la filosofía de la estética y la belleza.[6] Resolvió el debate filosófico de doscientos años entre el racionalismo y el empirismo en cuestión de doscientas páginas.[7] Y, por si todo eso no fuera suficiente, reinventó la filosofía moral, de arriba abajo, dando al traste con algunas ideas que habían formado los cimientos de la civilización occidental desde Aristóteles.[8]

Kant era un todoterreno intelectual. Si los cerebros racionales tuvieran bíceps, el cerebro racional de Kant sería el Mister Olympia del universo intelectual.

Al igual que con su estilo de vida, Kant era rígido y estricto en su visión del mundo. Creía en la existencia clara de lo correcto y lo incorrecto, un sistema de valores que trascendía y funcionaba más allá de las emociones humanas o de los juicios del cerebro emocional.[9] Es más, predicaba con el ejemplo. Algunos reyes trataron de censurarlo; ciertos sacerdotes lo condenaron; algunos académicos lo envidiaron. Pero nada de aquello le detuvo.

A Kant no le importaba una mierda. Y lo digo en el sentido más profundo de la expresión.[10] Es el único pensador con el que me he topado que rehuyó la esperanza y los valores humanos defectuosos sobre los que estaba construida; el único que se enfrentó a la verdad incómoda y se negó a aceptar sus horribles implicaciones; el único que se asomó al abismo solo con la lógica y la razón pura; el único que, armado únicamente con la brillantez de su mente, se plantó ante los dioses y los desafió...

... y de algún modo ganó.[11]

Sin embargo, para entender la hercúlea lucha de Kant, primero hemos de dar un rodeo y aprender un poco sobre el desarrollo, el crecimiento y la madurez psicológicos.[12]

Cómo crecer

Cuando tenía unos cuatro años, pese a que mi madre me advirtió de que no lo hiciera, puse el dedo en un fogón caliente. Aquel día, aprendí una lección importante: Las cosas muy calientes son una mierda. Te queman. Y querrás evitar volver a tocarlas.

Más o menos por la misma época, hice otro descubrimiento importante: el helado se guardaba en el congelador, en una balda a la que se podía acceder con facilidad si me ponía de puntillas. Un día, cuando mi madre estaba en la otra habitación (pobre mamá), cogí el helado, me senté en el suelo y procedí a atiborrarme con las manos.

Fue lo más cerca que estuve de tener un orgasmo hasta pasados otros diez años. Si existiera un cielo en mi pequeña mente de niño de cuatro años, acababa de encontrarlo: mi propio Elíseo en una tarrina de divinidad congelada. Cuando el helado empezó a derretirse, me esparcí una ración extra por toda la cara y dejé que me chorreara por la camiseta. Todo aquello sucedía a cámara lenta, por supuesto. Prácticamente, estaba bañándome en aquella maravilla dulce y sabrosa. «Oh, sí, deliciosa leche azucarada, comparte conmigo tus secretos, porque hoy conoceré la grandeza».

Entonces entró mi madre… y se armó una buena, lo cual incluyó el baño que tanto necesitaba, aunque no solo eso.

Aprendí un par de lecciones aquel día. Una, robar helado y luego echártelo por encima y tirarlo por el suelo de la cocina hace que tu madre se enfade mucho. Y dos, las madres enfadadas son una mierda: te regañan y te castigan. Aquel día, igual que cuando lo del fogón caliente, aprendí lo que no se debe hacer.

Sin embargo, hubo una tercera, una de esas lecciones que son tan evidentes que ni siquiera nos damos cuenta de cuándo suceden, una lección que era mucho más importante que las otras: comer helado es mejor que quemarse.

Esta lección fue importante porque representaba un juicio de valor. «El helado es mejor que los fogones encendidos. Prefiero el dulzor azucarado en la boca a un trozo de fuego en la mano». Así descubrí la preferencia y, por tanto, la prioridad. Fue mi cerebro emocional el que decidió que una cosa era mejor que la otra. Aquella fue la construcción de mi primera jerarquía de valores.

En cierta ocasión, un amigo me dijo que la paternidad consistía en «ir detrás de un niño durante veinte años y asegurarse de que no se mate por accidente…, y te sorprendería la cantidad de maneras de matarse que un niño puede encontrar por accidente».

Los niños pequeños siempre andan buscando nuevas formas de matarse por accidente, pues la fuerza que impulsa su psicología es la exploración. En la primera etapa de la vida, queremos explorar el mundo que nos rodea porque nuestro cerebro emocional está recopilando información sobre lo que nos gusta y lo que nos hiere, acerca de lo que está bien y lo que está mal, sobre lo que merece la pena perseguir y lo que merece la pena evitar. Estamos construyendo nuestra jerarquía de valores, descubriendo cuáles son nuestros valores primarios para poder empezar a tener esperanza en algo.[13]

Al final, esa fase de exploración se agota. Y no porque nos quedemos sin un mundo que explorar. De hecho, es más bien al contrario: la fase de exploración concluye porque, al hacernos mayores, empezamos a darnos cuenta de que hay demasiado mundo por explorar. No se puede tocar y saborear todo. No se puede conocer a todo el mundo. No se puede ver todo. Hay demasiadas experiencias potenciales y la magnitud de nuestra propia existencia nos abruma y nos intimida.

Por lo tanto, nuestros dos cerebros empiezan a centrarse menos en probarlo todo y más en desarrollar unas reglas que nos ayuden a recorrer la infinita complejidad del mundo que tenemos ante nosotros. Adoptamos casi todas esas reglas de nuestros padres y profesores, pero muchas de ellas las descubrimos por nosotros mismos. Por ejemplo, después de pasar un rato jugueteando con el fuego, desarrollas una pequeña regla mental según la cual todos los fuegos son peligrosos, no solo los de los fogones. Y, después de ver a mamá cabreada muchas veces, empiezas a entender que asaltar el congelador y robar el postre siempre está mal, no solo cuando se trata de helado.[14]

Como resultado, empiezan a surgir en nuestra mente algunos principios generales: ten cuidado con los objetos peligrosos para no hacerte daño; sé sincero con tus padres y te tratarán bien; comparte con tus hermanos y ellos compartirán contigo.

Estos nuevos valores son más sofisticados porque son abstractos. No puedes señalar con el dedo la «justicia» o hacer un dibujo de la «prudencia». El niño pequeño piensa que el helado es genial; por lo tanto, quiero helado. Pero el adolescente piensa que el helado es genial, pero robar enfada a mis padres y hace que me castiguen; por lo tanto, no voy a sacar el helado del congelador. A la hora de tomar decisiones, el adolescente aplica reglas de «si hago esto, pasa esto otro». Es decir, piensa mediante cadenas de causa y efecto, cosa que un niño pequeño no puede hacer.

Como resultado, un adolescente aprende que buscar únicamente su propio placer y evitar el dolor suele traerle problemas. Las acciones tienen consecuencias. Debes negociar tus deseos con los deseos de quienes te rodean. Has de seguir las reglas de la sociedad y de la autoridad; entonces, con cierta frecuencia, obtendrás recompensas.

Esa es la madurez en acción: desarrollar valores superiores y más abstractos para potenciar la toma de decisiones en una variedad más amplia de contextos. Así es como te ajustas al mundo. De este modo, aprendes a gestionar las transformaciones de la experiencia, en apariencia infinitas. Supone un importante salto cognitivo para los niños y resulta fundamental para crecer de un modo feliz y saludable.

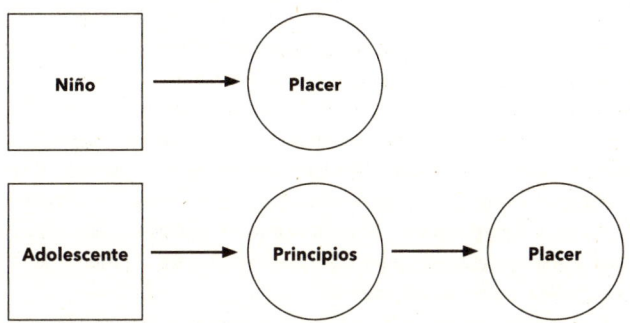

Figura 6.1: Un niño piensa solo en su propio placer, mientras que un adolescente aprende a trabajar con reglas y principios para lograr sus metas.

Los niños son como pequeños tiranos.[15] Les cuesta concebir que haya algo en la vida más allá de lo inmediatamente placentero o doloroso para ellos. No sienten empatía. No pueden imaginar lo que es ponerse en tu piel. Lo único que saben es que quieren un puto helado.[16]

La identidad de un niño pequeño es, por tanto, muy pequeña y frágil. Se constituye únicamente por lo que da placer y lo que evita el dolor. A Susie le gusta el chocolate. Le dan miedo los perros. Le gusta pintar. A veces, se porta mal con su hermano. Hasta ahí llega la identidad de Susie porque su cerebro racional aún no ha desarrollado el significado suficiente para crear historias que le resulten coherentes. Solo cuando crezca y se pregunte para qué sirve el placer y para qué sirve el dolor podrá desarrollar discursos significativos para sí misma y establecer una identidad.

La conciencia del placer y del dolor sigue ahí en la adolescencia. Sin embargo, el placer y el dolor ya no determinan la toma de decisiones.[17] Ya no son el fundamento de nuestros valores. Los niños mayores sopesan sus emociones personales con su entendimiento de las reglas, los intercambios y el orden social que los rodea para planificar y tomar decisiones. Eso les proporciona identidades más amplias y robustas.[18]

El adolescente tropieza como el niño pequeño cuando aprende lo que es placentero y doloroso, salvo que el adolescente tropieza mientras prueba diferentes reglas sociales. Si me pongo esto, ¿me quedará bien? Si hablo así, ¿caeré bien a la gente? Si finjo que me gusta esta música, ¿seré popular?[19]

Hay una mejora, pero sigue existiendo una debilidad en la manera en que este adolescente aborda la vida. Todo se ve como un intercambio. Los adolescentes abordan la vida como una serie interminable de acuerdos: haré lo que dice mi jefe para poder tener dinero. Llamaré a mi madre para que no me grite. Haré los deberes para no joderme el futuro. Mentiré y fingiré ser simpático para evitar enfrentarme al conflicto.

Nada se hace porque sí. Todo es una transacción calculada, que suele realizarse por el miedo a las repercusiones negativas. Todo es un medio para llegar a un fin placentero.[20]

El problema con los valores adolescentes es que, si te aferras a ellos, en realidad nunca podrás apoyar algo que esté fuera de ti mismo. En el fondo sigues siendo un niño, si bien un niño más listo y mucho más sofisticado. Todo sigue girando en torno a maximizar el placer y minimizar el dolor. Pero el adolescente es lo suficientemente espabilado para adelantarse un poco a los acontecimientos.

Al final, los valores adolescentes resultan contraproducentes. No puedes vivir así toda tu vida; si no, nunca vivirás de verdad. Simplemente, estarás viviendo los deseos de la gente que te rodea.

Para ser un individuo emocionalmente sano, has de dejar atrás esa negociación constante en la que tratas a los demás como un medio para alcanzar un fin placentero. Tienes que entender principios vitales más abstractos y superiores.

Cómo ser adulto

Cuando buscas en Google «cómo ser adulto», casi todos los resultados se centran en prepararse para entrevistas de trabajo, en gestionar tus finanzas, en limpiar lo que ensucias y en no ser un absoluto imbécil. Todo eso está muy bien. De hecho, son cosas que se espera que los adultos hagan. Pero yo diría que, por sí solas, no te convierten en un adulto. Simplemente, evitan que seas un niño, que no es lo mismo.

Por eso casi todo el mundo que hace esas cosas las hace porque están basadas en las reglas y en las transacciones. Son medios para alcanzar un fin superficial. Te preparas para una entrevista de trabajo porque quieres encontrar trabajo. Aprendes a limpiar tu casa porque su grado de limpieza tiene consecuencias directas en lo que la gente piensa de ti. Gestionas tus finanzas porque, si no lo haces, llegará un día en el que estés muy jodido. Negociar con las normas y el orden social nos permite ser seres humanos que funcionan bien en el mundo.

Sin embargo, con el tiempo, nos damos cuenta de que las cosas más importantes de la vida no se obtienen mediante negociaciones. No quieres negociar con tu padre por amor, o con tus amigos por compañía, o con tu jefe por respeto. Negociar con la gente para que te quiera o te respete es una mierda. Socava todo el proyecto. Si tienes que convencer a alguien para que te quiera, entonces es que no te quiere. Si tienes que engatusar a alguien para que te respete, entonces nunca te respetará. Si tienes que convencer a alguien para que confíe en ti, entonces nunca confiará en ti.

Lo más valioso de la vida son, por definición, cosas no transaccionales. Y tratar de negociar por ellas supone destruirlas de inmediato. No puedes conspirar para ser feliz; es imposible. Pero es lo que la gente hace con frecuencia, sobre todo cuando buscan autoayuda y otros consejos de desarrollo personal. Entonces lo que dicen básicamente es: «Muéstrame las reglas del juego al que tengo que jugar, y entonces jugaré». Pero no se dan cuenta de que pensar que existen reglas para la felicidad es precisamente lo que les impide ser felices.[21]

Si bien las personas que van por la vida con negociaciones y reglas pueden llegar muy lejos en el mundo material, siguen atascadas y solas en su mundo emocional. Eso es porque los valores transaccionales crean relaciones que se construyen sobre la manipulación.

En la edad adulta, uno se da cuenta de que, a veces, un principio abstracto es bueno y correcto en sí mismo; aunque te haga daño hoy, aunque incluso hiera a otros, ser sincero sigue siendo lo correcto. Igual que el adolescente se da cuenta de que en el mundo hay cosas más allá del placer y del dolor del niño, el adulto se da cuenta de que en el mundo hay cosas más allá de la negociación constante del adolescente en busca de validación, aprobación y satisfacción. Ser adulto es, por lo tanto, desarrollar la capacidad de hacer lo correcto por la simple razón de que es correcto.

Un adolescente dirá que valora la sinceridad solo porque ha aprendido que decir eso produce buenos resultados. Pero, al enfrentarse a conversaciones difíciles, contará mentiras piadosas, exagerará la verdad y adoptará un comportamiento pasivo-agresivo. Un adulto será sincero por el simple hecho de que la sinceridad es más importante que su placer o su dolor. La sinceridad es más importante que lograr lo que deseas o alcanzar una meta. La sinceridad es inherentemente buena y valiosa, en sí misma. La sinceridad, por tanto, es un fin, no un medio para alcanzar otro fin.

Un adolescente dirá que te quiere, pero su idea del amor es que recibe algo a cambio; para él, el amor es un bazar emocional, donde cada uno aporta todo lo que puede ofrecer y regatea con el otro para obtener el mejor trato. Un adulto amará libremente sin esperar nada a cambio, porque entiende que eso es lo único que puede hacer que el amor sea real. Un adulto dará sin buscar nada a cambio, porque, si lo hiciera, el propósito de su regalo dejaría de tener sentido.

Los valores y los principios de la edad adulta son incondicionales; es decir, no pueden alcanzarse a través de otros medios. Son fines en sí mismos.[22]

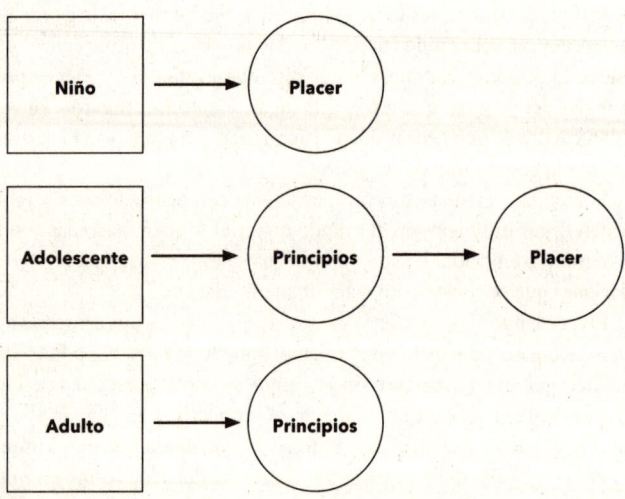

Figura 6.2: Un adulto es capaz de rehuir su propio placer por sus principios.

En el mundo, hay muchos niños adultos. Y hay bastantes adolescentes viejos. Hay incluso algunos adultos jóvenes. Eso se debe a que, pasado cierto punto, la madurez no tiene nada que ver con la edad.[23] Lo que importa son las intenciones de la persona. La diferencia entre un niño, un adolescente y un adulto no está en los años que tienen o en a qué se dedican, sino en por qué hacen las cosas. El niño roba helado porque le hace sentir bien, y es ajeno o indiferente a las consecuencias. El adolescente no roba porque sabe que eso tendrá peores consecuencias en el futuro, pero su decisión no deja de ser una negociación con su yo futuro: renunciaré ahora a este placer para evitar un dolor mayor en el futuro.[24]

Sin embargo, únicamente es el adulto quien no roba por el simple principio de que robar está mal. Y robar, incluso aunque saliera impune, le haría sentirse peor consigo mismo.[25]

Por qué no crecemos

Cuando somos pequeños, la manera en que aprendemos a trascender los valores placer/dolor («el helado es bueno; el fogón encendido es malo») es perseguir esos valores y ver cómo nos decepcionan. Solo experimentando el dolor del fracaso aprendemos a trascenderlo.[26] Robamos helado, mamá se enfada y nos castiga. De pronto, «el helado es bueno» ya no parece tan sincero como antes; hay otros factores que tener en cuenta. Me gusta el helado. Me gusta mamá. Pero comerme el helado enfadará a mamá. ¿Qué hago? Al final, el niño se ve obligado a afrontar el hecho de que existen intercambios que deben negociarse.

A eso se reduce en esencia la buena crianza de los hijos: implementar las consecuencias correctas para el comportamiento del niño guiado por el placer/dolor. Castigarlos por robar helado; recompensarlos por comportarse bien en un restaurante. Así los ayudas a entender que la vida es mucho más complicada que sus propios impulsos o deseos. Los padres que no hacen eso fallan a sus hijos de un modo fundamental, porque el niño no tardará en darse cuenta de que el mundo no se pliega a sus caprichos. Aprender eso siendo adulto es muy doloroso; mucho más doloroso de lo que lo habría sido si el niño hubiera aprendido la lección cuando era pequeño. Sus semejantes y la sociedad le castigarán socialmente por no entenderlo. Nadie quiere ser amigo de un mocoso egoísta. Nadie quiere trabajar con alguien que no tiene en cuenta los sentimientos de los demás ni valora las reglas. Ninguna sociedad acepta a alguien que metafóricamente (o literalmente) roba el helado del congelador. El niño que no aprendió eso será marginado, ridiculizado y castigado por su comportamiento en el mundo adulto, lo que tendrá como resultado más dolor y sufrimiento.

Los padres pueden fallar a sus hijos de otro modo: pueden maltratarlos.[27] Un niño maltratado no se desarrolla más allá de sus valores motivados por el placer y el dolor, porque su castigo no sigue ningún patrón lógico y no refuerza valores más profundos y abstractos. En vez de fracasos predecibles, su experiencia es aleatoria y cruel. A veces, robar helado tiene como resultado un castigo desmesuradamente duro. Otras veces, el resultado no tiene ninguna consecuencia. Por lo tanto, no aprende ninguna lección. El niño nunca aprende a controlar su propio comportamiento y desarrolla mecanismos de defensa para asimilar el dolor incesante. Por eso los niños que son maltratados y los que son mimados acaban con los mismos problemas cuando se convierten en adultos: siguen atrapados en el sistema de valores de su infancia.[28]

Finalmente, pasar a ser adolescente requiere confianza. Un niño debe confiar en que su comportamiento producirá resultados predecibles. Robar siempre tiene resultados malos. Tocar un fogón encendido también. Confiar en esos resultados es lo que permite al niño desarrollar reglas y principios en torno a ellos. Lo mismo se aplica cuando el niño crece y entra en la sociedad. Una sociedad sin instituciones o líderes de confianza no puede desarrollar reglas y roles. Sin confianza, no existen principios fiables que dicten decisiones y, por lo tanto, todo regresa al egoísmo infantil.[29]

Las personas se quedan atascadas en la fase adolescente de valores por razones similares a las que se quedan atascadas con los valores infantiles: trauma y/o negligencia. Las víctimas de acoso son un ejemplo particularmente importante. Una persona que ha sufrido acoso en su juventud irá por el mundo dando por hecho que nadie la querrá ni la respetará incondicionalmente, que cualquier afecto hay que ganárselo mediante una serie de conversaciones ensayadas y acciones premeditadas. Debes vestirte de un modo concreto. Has de hablar de una forma específica. Tienes que comportarte de tal manera, o si no...[30]

A algunas personas se les da muy bien jugar a la negociación. Tienden a ser encantadoras y carismáticas, y son, por naturaleza, capaces de percibir lo que los demás quieren de ellos y cumplir ese papel. Esta manipulación no suele fallarles de forma significativa, así que llegan a creer que es así como funciona el mundo. La vida es un enorme gimnasio de instituto, y tú debes empujar a los demás y encerrar a la gente en sus taquillas antes de que te encierren a ti primero.

Los adolescentes deben aprender que negociar es una rueda sin fin, que las únicas cosas de la vida que tienen valor real y significado se consiguen sin condiciones, sin transacciones. Hacen falta buenos padres y buenos profesores para no sucumbir a las negociaciones adolescentes. La mejor manera de lograrlo es, por ejemplo, mostrando tú mismo la incondicionalidad siendo incondicional. La mejor manera de enseñar a un adolescente a confiar es confiar en él. La mejor manera de enseñar a un adolescente a respetar es respetarlo. La mejor manera de enseñar a alguien a amar es amándolo. No puedes imponerle el amor, la confianza o el respeto; al fin y al cabo, eso lo convertiría en condicional; simplemente se lo das, sabiendo que, en algún momento, la negociación del adolescente fracasará y entenderá entonces el valor de la incondicionalidad cuando esté preparado.[31]

Cuando los padres y los profesores fracasan, suele ser porque ellos mismos están anclados en un nivel adolescente de valores. Ellos también ven el mundo en términos de transacción. Ellos también cambian el amor por sexo, la lealtad por afecto, el respeto por obediencia. De hecho, es probable que negocien con sus propios hijos por afecto, amor o respeto. Creen que eso es normal, así que el niño crece pensando que es normal. Y esa relación padre/hijo transaccional, vacía y defectuosa se repite después cuando el niño sale y forma relaciones en el mundo, porque se convierte entonces en un profesor o padre e imparte sus valores adolescentes a los niños, provocando que todo ese desastre se prolongue durante otra generación.

Cuando es mayor, la gente con una mente adolescente irá por el mundo dando por hecho que todas las relaciones humanas son un acuerdo comercial infinito, que la intimidad no es más que una sensación fingida de conocer a la otra persona por el beneficio mutuo de ambos, que todo el mundo es un medio para alcanzar un fin egoísta. Y, en vez de darse cuenta de que sus problemas están anclados en un enfoque transaccional del mundo, darán por hecho que el único problema es que han tardado demasiado tiempo en realizar las transacciones de manera correcta.

Es difícil hacer algo de manera incondicional. Quieres a alguien sabiendo que puede que no seas correspondido, pero lo haces de todos modos. Confías en alguien aunque te des cuenta de que tal vez te hiera o te joda. Eso se debe a que actuar incondicionalmente exige cierto grado de fe; fe en que es lo correcto, pese a que el resultado sea doloroso, incluso aunque al final no os salga bien ni a ti ni a la otra persona.

Dar ese salto de fe a la vida adulta y virtuosa requiere no solo la capacidad de soportar el dolor, sino también el valor para abandonar la esperanza, para renunciar al deseo de que las cosas siempre sean mejores o más agradables o divertidas. Tu cerebro racional te dirá que eso es ilógico, que tus suposiciones tienen que estar mal en algún punto. Aun así, lo haces de todos modos. Tu cerebro emocional procrastinará y se asustará ante el dolor de la sinceridad brutal, la vulnerabilidad que supone amar a alguien, el miedo que provoca la humildad. Aun así, lo haces.

	INFANCIA	ADOLESCENCIA	EDAD ADULTA
VALORES	Placer/dolor	Reglas y roles	Virtud
VE LAS RELACIONES COMO...	Luchas de poder	Actuaciones	Vulnerabilidad
AUTOESTIMA	Narcisista: oscila ampliamente entre «soy el mejor» y «soy lo peor»	Depende de los demás: aprobación externa	Independiente: aprobación interna
MOTIVACIÓN	Autobombo	Autoaceptación	Amor fati
POLÍTICA	Extremista/ nihilista	Pragmático, ideológico	Pragmático, no ideológico
PARA CRECER, NECESITA...	Instituciones de confianza y gente fiable	Valor para renunciar a los resultados y a la fe en los actos incondicionales	Una conciencia de sí mismo consistente

En definitiva, los comportamientos adultos se consideran algo admirable y digno de atención. Es el jefe que se responsabiliza de los errores de sus empleados, la madre que renuncia a su propia felicidad por la de su hijo, el amigo que te dice lo que necesitas oír, aunque eso te disguste.

Son estas personas las que mantienen el mundo unido. Sin ellas, estaríamos todos jodidos.

No es casualidad, pues, que todas las grandes religiones del mundo empujen a las personas hacia esos valores incondicionales, ya sea el perdón incondicional de Jesucristo, el noble camino óctuple de Buda o la justicia perfecta de Mahoma. En su forma más pura, las grandes religiones del mundo utilizan nuestro instinto humano para la esperanza e intentan impulsar a la gente a alcanzar virtudes adultas.[32]

O, al menos, esa suele ser la intención original.

Por desgracia, a medida que crecen, de las religiones inevitablemente se apropian los adolescentes transaccionales y los niños narcisistas, personas que pervierten los principios religiosos para obtener beneficio propio. Toda religión humana sucumbe a este fracaso de la fragilidad moral en algún punto. Sin importar lo hermosas y puras que sean sus doctrinas, al final se convierte en una institución humana, y todas las instituciones humanas acaban por corromperse.

Los filósofos de la Ilustración, emocionados por las oportunidades que ofrecía al mundo el crecimiento, decidieron separar la espiritualidad de la religión y solucionarlo con la religión ideológica. Tiraron por la borda la idea de la virtud y, en su lugar, se centraron en metas concretas que podían medirse: crear más felicidad y menos sufrimiento; otorgar a la gente mayores libertades personales; y promover la compasión, la empatía y la igualdad.

Y esas religiones ideológicas, como las religiones espirituales antes que ellas, también acabaron por ceder a la naturaleza fallida de todas las instituciones humanas. Cuando intentas negociar con la felicidad, la destruyes. Cuando intentas imponer la libertad, la niegas. Cuando intentas crear igualdad, la socavas.

Ninguna de esas religiones ideológicas abordaron el tema fundamental: la condicionalidad. No quisieron admitir o no afrontaron el hecho de que, sea cual sea tu valor dios, siempre estarás dispuesto, en algún momento, a negociar con la vida humana para así poder acercarte más a ese valor. Venerar a un dios sobrenatural o un principio abstracto o un deseo infinito, cuando se persigue durante el tiempo suficiente, siempre tendrá como resultado la renuncia a tu propia humanidad o a la humanidad de los otros para poder lograr los objetivos de esa veneración. Y aquello que se suponía que iba a salvarte del sufrimiento te lanza de nuevo a sus garras. El ciclo de esperanza-destrucción vuelve a empezar.

Y es aquí donde interviene Kant…

La única regla para la vida

Ya desde el comienzo de su vida, Kant entendió el juego de aporrear topos para mantener la esperanza frente a la verdad incómoda. Y, como
cualquier otra persona consciente de este cruel juego cósmico, desesperó.
Pero se negó a aceptar el juego. Se negó a creer que no hubiera un valor
inherente en la existencia. Se negó a creer que estuviéramos condenados por siempre a inventar historias que dieran a nuestras vidas un significado arbitrario. De modo que se puso a utilizar su cerebro racional de
grandes bíceps para averiguar cómo sería tener un valor sin esperanza.

Kant empezó con una simple observación. En todo el universo, solo
hay una cosa que, por lo que vemos, es completamente única y escasa:
la consciencia. Para él, lo único que nos distingue del resto de la materia en el universo es nuestra capacidad para razonar; somos capaces de
observar el mundo que nos rodea y, mediante razonamiento y voluntad,
mejorarlo. Para él esto fue muy especial, increíblemente especial —un
milagro, casi—, porque, de todo lo que existe en el abanico infinito de
la existencia, nosotros somos los únicos (que sepamos) capaces de dirigir la existencia. En el cosmos conocido, somos las únicas fuentes de ingenio y creatividad. Somos los únicos capaces de dirigir su propio destino. Somos los únicos conscientes de nosotros mismos. Y, que sepamos,
somos la única oportunidad que tiene el universo de lograr una autoor-
ganización inteligente.

Por lo tanto, Kant dedujo que, por lógica, el valor supremo es aquello
que concibe el valor en sí. El único significado real de la existencia es la
capacidad para formar significado. La única importancia es aquello que
decide la importancia.[33]

Y esa capacidad para elegir un significado, para imaginar una importancia, para inventar un propósito, es la única fuerza en el universo
conocido que puede propagarse sola, que puede expandir su inteligencia y generar niveles mayores de organización por todo el cosmos. Kant
creía que, sin racionalidad, el universo sería un desperdicio, vacío y sin
propósito. Sin inteligencia, y la libertad para ejercerla, seríamos todos
como un puñado de rocas. Las rocas no cambian. No conciben valores,
sistemas ni organizaciones. No cambian, no mejoran o crean. Simplemente, están ahí.

Pero la conciencia..., la conciencia puede reorganizar el universo.
Y esa reorganización puede sumar cosas sobre sí misma de manera ex-
ponencial. La conciencia es capaz de ver un problema, un sistema con

cierta cantidad de complejidad, y concebir y generar una complejidad mayor. En cuestión de mil años, pasamos de jugar con palos en una pequeña cueva a diseñar universos digitales que conectan la mente de millones de personas. Dentro de otros mil, bien podríamos estar entre las estrellas, remodelando los planetas y hasta el espacio/tiempo. Cada acción individual puede no ser importante en el plano general de las cosas, pero la preservación y el impulso de una consciencia racional importa más que todas las cosas.

Kant decía que el deber moral más fundamental es la preservación y el crecimiento de la consciencia, tanto en nosotros mismos como en los demás. Llamó a este principio de anteponer siempre la consciencia «la fórmula de la humanidad», y digamos que lo explica..., bueno, lo explica todo. Explica nuestras instituciones morales básicas. Explica el concepto clásico de la virtud.[34] Explica cómo actuar en tu día a día sin depender de una visión imaginada de la esperanza. Explica cómo no ser un imbécil.

Y, por si eso no fuera suficiente, lo explica todo con una sola frase. La fórmula de la humanidad dice: «Actúa de tal forma que utilices a la humanidad, ya sea en tu propia persona o en la persona del otro, siempre como un fin en sí misma, nunca como un medio».[35]

Ahí está. La fórmula de la humanidad es el principio que aleja a las personas de las negociaciones adolescentes y les permite alcanzar la virtud adulta.[36]

El problema con la esperanza es que es fundamentalmente transaccional; es una negociación entre las acciones actuales de una persona a la vista de un futuro imaginado más placentero. No te comas esto, e irás al cielo. No mates a esa persona, o te meterás en un lío. Trabaja duro y ahorra dinero, porque eso te hará feliz.

Para trascender la esfera transaccional de la esperanza, uno debe actuar incondicionalmente. Debes amar a alguien sin esperar nada a cambio; de lo contrario, no es amor verdadero. Tienes que respetar a alguien sin esperar nada a cambio; de lo contrario, no lo respetas realmente. Has de hablar con sinceridad sin esperar que te den una palmadita en la espalda o pongan una estrella dorada junto a tu nombre; de lo contrario, no estás siendo realmente sincero.

Kant resumió esos actos incondicionales en un único principio: nunca debes tratar a la humanidad simplemente como un medio, sino siempre como un fin en sí mismo.[37]

Pero ¿cómo se aplica eso al día a día? He aquí un ejemplo sencillo. Finjamos que tengo hambre y quiero un burrito. Me monto en mi coche, voy hasta Chipotle y pido mi monstruo habitual con doble de carne. Me hace tan feliz… En esta situación, comer el burrito es mi meta «final». Por esa razón, estoy haciendo todo lo demás: montarme en el coche, conducir, echar gasolina, etcétera. Todas esas cosas que hago para comerme el burrito son los «medios», es decir, las cosas que debo hacer para alcanzar mi «fin».

Los medios son cosas que hacemos condicionalmente. Son aquello con lo que negociamos. No quiero montarme en el coche y conducir, y no quiero pagar por la gasolina, pero sí deseo un burrito. Por lo tanto, debo hacer esas otras cosas para conseguir ese burrito.

Un fin es algo que se desea por sí mismo. Es el factor motivador de nuestras decisiones y comportamientos. Si quisiera comerme un burrito solo porque mi esposa quisiera un burrito y yo deseara hacerla feliz, entonces el burrito ya no sería mi fin; ahora sería un medio para lograr un fin superior: hacer feliz a mi esposa. Y, si solo quisiera hacer feliz a mi esposa para poder echar un polvo esta noche, ahora la felicidad de mi esposa se habría convertido en un medio para alcanzar un fin superior, que en este caso sería el sexo.

Posiblemente, ese último ejemplo te haya hecho retorcerte un poco y habrás pensado que soy un poco cabrón.[38] De eso es precisamente de lo que habla Kant. Su fórmula de la humanidad declara que tratar a cualquier ser humano (o a cualquier conciencia) como un medio para alcanzar un fin es la base de todo comportamiento equivocado. Así pues, tratar a un burrito como un medio para alcanzar el fin de mi esposa está bien. ¡Está bien hacer feliz a tu pareja de vez en cuando! Pero, si trato a mi esposa como un medio para alcanzar el fin del sexo, entonces estoy tratándola solo como un medio y, como diría Kant, eso está mal.

De un modo similar, mentir está mal porque estás engañando al comportamiento consciente de otra persona para lograr tu propio objetivo. Estás tratando a esa persona como un medio para llegar a tu fin. Hacer trampas es poco ético por una razón similar: estás violando las expectativas de otros seres conscientes y racionales por tus propios objetivos personales. Estás tratando a todos aquellos que realizan el mismo examen o que siguen las mismas reglas como un medio para tu propio fin personal. Con la violencia pasa lo mismo: estás tratando a otra persona como un medio para alcanzar un fin superior político o personal. Mal, lector. ¡Mal!

La fórmula de la humanidad de Kant no solo describe nuestra intuición moral de lo que está mal; también explica las virtudes adultas, esas acciones y comportamientos que son buenos en sí mismos. La sinceridad es buena en sí misma porque es la única forma de comunicación que no trata a los demás solo como un medio. El valor es bueno en sí mismo porque no actuar en una situación sería tratarte a ti mismo o a los demás como un medio para alcanzar el fin de calmar tu miedo. La humildad es buena en sí misma porque adoptar una certeza ciega sería como tratar a los demás como un medio para alcanzar tus propios fines.

Si existiera una única regla para describir cualquier comportamiento humano deseable, probablemente sería la fórmula de la humanidad. Pero he aquí lo verdaderamente hermoso: al contrario que con los sistemas y códigos morales, la fórmula de la humanidad no se apoya en la esperanza. No existe un gran sistema que imponer al mundo, ni creencias sobrenaturales basadas en la fe para protegernos de la duda o la falta de pruebas.

La fórmula de la humanidad es solo un principio. No proyecta ninguna utopía futura. No se queja del pasado horrible. Nadie es mejor o peor o más recto que otro. Lo único que importa es que la voluntad consciente se respete y se proteja. Fin de la historia.

Porque Kant sabía que, cuando te pones a decidir y a dictaminar el futuro, liberas el potencial destructivo de la esperanza. Empiezas a preocuparte por convertir a las personas, en vez de honrarlas, en destruir el mal en los demás en vez de extirpártelo a ti mismo.

En su lugar, decidió que la única manera lógica de mejorar el mundo es mejorándonos a nosotros mismos (creciendo y siendo más virtuosos), tomando la sencilla decisión de tratarnos a nosotros mismos y a los demás como fines, en todo momento, y nunca como medios. Sé sincero. No te distraigas ni te hagas daño. No eludas las responsabilidades o sucumbas al miedo. Ama libremente y sin miedo. No cedas a impulsos tribales o a mentiras de esperanza. Porque no hay cielo ni infierno en el futuro. Solo están las elecciones que tomas en cada momento.

¿Actuarás de forma condicional o incondicional? ¿Tratarás a los demás como medios o como fines? ¿Buscarás la virtud adulta o el narcisismo infantil?

La esperanza ni siquiera tiene que entrar en la ecuación. No tengas esperanza en una vida mejor. Simplemente, sé una vida mejor.

Kant entendió que hay un vínculo fundamental entre nuestro respeto hacia nosotros mismos y el que sentimos hacia el mundo. Los valores que definen nuestra identidad son las plantillas que aplicamos a nuestras interacciones con los demás, y apenas podremos hacer progresos con los demás hasta que no hayamos hecho el progreso dentro de nosotros mismos.[39] Cuando buscamos una vida llena de placer y de simple satisfacción, nos tratamos a nosotros mismos como un medio para nuestros fines placenteros. Por lo tanto, la automejora no consiste en cultivar una mayor felicidad, sino, más bien, en cultivar un mayor autorrespeto. Decirnos a nosotros mismos que no valemos nada y que somos una mierda es tan incorrecto como decirles a otros que no valen nada y que son una mierda. Mentirnos a nosotros mismos es tan poco ético como mentir a los demás. Hacernos daño a nosotros mismos es igual de repugnante que hacérselo a los demás. El amor propio y el autocuidado no son, por tanto, algo que puedas aprender o practicar. Son algo que éticamente debes cultivar en tu interior, incluso aunque sea lo último que te queda.

La fórmula de la humanidad tiene un efecto dominó: tu capacidad mejorada de ser sincero contigo mismo aumentará lo sincero que eres con los demás, y tu sinceridad con los demás influirá en ellos para que sean más sinceros consigo mismos, lo que les ayudará a crecer y madurar. Tu capacidad para no tratarte a ti mismo como un medio para alcanzar un fin te permitirá, a cambio, aprender a tratar a los demás como fines. Por lo tanto, la limpieza de tu relación contigo mismo tiene como consecuencia positiva la limpieza de tus relaciones con los demás, lo que entonces les permite limpiar sus relaciones consigo mismos, y así sucesivamente.

Así es como se cambia el mundo: no mediante una ideología universal o una conversión religiosa en masa o los sueños de futuro mal entendidos, sino alcanzando la madurez y la dignidad de cada individuo en el presente, en el aquí y el ahora. Siempre habrá religiones diferentes y sistemas de valores distintos basados en la cultura y en la experiencia; siempre habrá ideas diferentes sobre hacia dónde vamos y de dónde venimos. Pero, como creía Kant, la cuestión de la dignidad y el respeto en cada momento debe ser universal.

La crisis de madurez moderna

La democracia moderna se inventó dando por hecho que la persona media es un trozo de mierda egoísta y delirante, que la única manera de protegernos de nosotros mismos es crear sistemas tan conectados e interdependientes que nadie, ninguna persona o grupo, pueda cargarse al resto de la población.

La política es un juego transaccional y egoísta, y la democracia es el mejor sistema de gobierno hasta la fecha por la única razón de que es el único que lo admite abiertamente. Reconoce que el poder atrae a las personas corruptas e infantiles. El poder, por su naturaleza, obliga a los líderes a ser transaccionales. Por lo tanto, la única manera de gestionar eso es plasmar las virtudes adultas en el diseño del sistema en sí.

La libertad de expresión y la libertad de prensa garantizan la intimidad y el derecho a un juicio justo; no son más que aplicaciones de la fórmula de la humanidad en las instituciones sociales, y se aplican de tal forma que son increíblemente difíciles de amenazar o de cambiar.

En realidad, solo hay una manera de amenazar un sistema democrático: cuando un grupo decide que sus valores son más importantes que el sistema en sí y subvierte la religión de la democracia con alguna otra religión, probablemente menos virtuosa... y crece así el extremismo político.

Los extremistas políticos, dado que son intratables y es imposible negociar con ellos, son por definición infantiles. Son un puñado de bebés. Los extremistas quieren que el mundo sea de cierta manera y se niegan a reconocer intereses o valores más allá de los suyos propios. Se niegan a negociar. Se niegan a apelar a una virtud o principio superior que esté por encima de sus propios deseos egoístas. Y no se puede confiar en que esas personas tengan en cuenta las expectativas de los demás. Además, son muy autoritarios porque, de niños, buscan desesperadamente un padre todopoderoso que venga y lo «arregle» todo.[40]

Los extremistas más peligrosos saben cómo disfrazar sus valores infantiles mediante el lenguaje de la transacción o los principios universales. Un extremista de derechas dirá que desea «libertad» por encima de todo y que está dispuesto a hacer sacrificios por ella. Pero lo que realmente quiere decir es que desea libertad para no tener que enfrentarse a ningún valor que no encaje dentro de los suyos. Desea libertad para no enfrentarse al cambio o a la marginación de otras personas. Por lo tanto, está dispuesto a limitar y destruir la libertad de otros en nombre de su propia libertad.[41]

Los extremistas de izquierdas juegan al mismo juego, lo único que cambia es el lenguaje. Un extremista de izquierdas dirá que quiere «igualdad» para todos, pero lo que realmente dice es que no quiere que nadie sienta nunca dolor, o que se sienta herido o inferior. No quiere que nadie tenga que enfrentarse a brechas morales, jamás. Y está dispuesto a causar dolor y adversidad a los demás en nombre de la eliminación de esas brechas morales.

El extremismo, tanto por la derecha como por la izquierda, se ha vuelto políticamente más prominente en todo el mundo a lo largo de las últimas décadas.[42] Muchas personas inteligentes han sugerido explicaciones complicadas y solapadas sobre este proceso. Y, probablemente, sí que haya muchas razones complicadas y solapadas.[43]

Sin embargo, permíteme que lance otra más: la madurez de nuestra cultura se está deteriorando.

En el mundo rico y desarrollado, no vivimos una crisis de riqueza o una crisis material, sino una crisis de carácter, de la virtud, de medios y fines. El cisma político fundamental del siglo XXI ya no es la derecha contra la izquierda, sino los valores infantiles impulsivos de la derecha y de la izquierda contra los valores negociadores adolescentes/adultos tanto de la izquierda como de la derecha. Ya no es un debate de comunismo contra capitalismo, o de libertad contra igualdad, sino, más bien, de madurez contra inmadurez, de medios contra fines.

7

El dolor es la constante universal

Uno a uno, los investigadores conducían a los sujetos por un pasillo hasta llegar a una pequeña habitación. Dentro había solo un ordenador beis con una pantalla apagada y dos botones. Nada más.[1]

Las instrucciones eran fáciles: sentarse, mirar a la pantalla y, si aparece un punto azul, hay que pulsar el botón en el que se lee «Azul». Si aparece un punto violeta en la pantalla, hay que pulsar el botón en el que se lee «No azul».

Parece fácil, ¿verdad?

Bien, cada sujeto tuvo que mirar mil puntos. Sí, mil. Y, cuando un sujeto terminaba, los investigadores llevaban al siguiente y repetían el proceso: ordenador beis, pantalla apagada, mil puntos. ¡Siguiente! Esto se realizó con cientos de sujetos en diversas universidades.

¿Acaso aquellos psicólogos buscaban una nueva forma de tortura psicológica? ¿Sería un experimento sobre los límites del aburrimiento humano? No. De hecho, el alcance del estudio era igual a su locura. Fue un estudio de consecuencias sísmicas, porque, más que ningún otro estudio académico de la memoria reciente, explica gran parte de lo que vemos que sucede hoy en día en el mundo.

Los psicólogos estaban investigando sobre algo que después llamarían el «cambio de concepto inducido por la prevalencia». Pero, como ese es un nombre horrible, a nuestros efectos, me referiré a su descubrimiento como el «efecto del punto azul».[2]

Esto es lo que pasa con los puntos: casi todos eran azules. Algunos eran violetas. Algunos de ellos eran de una tonalidad entre el azul y el violeta.

Los investigadores descubrieron que, cuando mostraban puntos en

149

su mayoría azules, todos los sujetos se mostraban precisos al determinar qué puntos eran azules y cuáles no lo eran. Pero, cuando los investigadores empezaron a limitar el número de puntos azules y a mostrar más tonalidades de violeta, los sujetos comenzaron a confundir los puntos violetas con azules. Parecía que sus ojos distorsionaban los colores y seguían buscando cierto número de puntos azules, sin importar cuántos hubiera realmente.

Parece que no es para tanto, ¿no? La gente se equivoca al ver cosas todo el tiempo. Y, además, cuando te pasas horas seguidas mirando puntos, puede que se te empiecen a cruzar los ojos y veas todo tipo de cosas raras.

Sin embargo, los puntos azules no eran la cuestión; no eran más que una manera de medir cómo los humanos distorsionan sus percepciones para ajustarlas a sus expectativas. Cuando los investigadores tuvieron datos suficientes sobre los puntos azules como para dejar en coma a sus ayudantes de laboratorio, pasaron a otras percepciones más importantes.

Por ejemplo: mostraron a los sujetos fotografías de caras que sugerían distintos grados de amenaza, amabilidad o neutralidad. En un inicio, les mostraron un gran número de rostros amenazantes. Pero, según avanzó el experimento, igual que con los puntos azules, fueron enseñándolos cada vez menos, y tuvo lugar el mismo efecto: cuantas menos caras amenazantes les mostraban a los sujetos, más empezaban a confundir los rostros amables o neutrales con rostros amenazantes. Del mismo modo en que la mente humana parecía tener un número «predeterminado» de puntos azules que esperaba ver, también tenía un número predeterminado de caras amenazantes que esperaba ver.

Entonces los investigadores fueron más allá, porque…, joder, ¿por qué no? Una cosa es ver amenazas donde no las hay, pero ¿qué hay de los juicios morales? ¿Qué pasa si creemos que hay más mal en el mundo del que realmente hay?

En esta ocasión, los investigadores pidieron a los sujetos que leyeran ofertas de trabajo. Algunas no eran éticas, porque incluían ciertos aspectos turbulentos. Otras ofertas eran inocuas y no tenían nada de malo. Otras estaban en un nivel intermedio.

Una vez más, los investigadores comenzaron mostrando una mezcla de ofertas éticas y no éticas. A los sujetos se les pidió que estuvieran atentos a las ofertas no éticas. Después, poco a poco, los investigadores comenzaron a enseñarles cada vez menos ofertas poco éticas. Al hacerlo, surgió el «efecto del punto azul». La gente empezó a interpretar ofertas totalmente éticas como si no lo fueran. En vez de fijarse en que aparecían más ofertas éticas, sus mentes subieron el listón para mantener la percepción de que determinado número de ofertas y peticiones no lo eran. Básicamente, redefinieron lo que era poco ético sin ser conscientes de hacerlo.

Como comprobaron los investigadores, aquel sesgo tiene implicaciones terribles en…, bueno, prácticamente en todo. Los comités gubernamentales diseñados para supervisar las regulaciones, al verse con una escasez de infracciones, podrían empezar a percibirlas donde no las había. Los cuerpos especiales diseñados para revisar las prácticas poco éticas dentro de las organizaciones, cuando no tengan tipos malos a los que acusar de algo malo, empezarán a imaginar que hay tipos malos donde no los hay.

El efecto del punto azul sugiere, en esencia, que cuanto más amenazas buscamos, más amenazas vemos, sin importar lo seguro o cómodo que sea nuestro entorno en realidad. Y eso sucede en el mundo actual.

Antes, ser víctima de violencia significaba que alguien te había hecho daño físico. Hoy en día, muchas personas han empezado a utilizar la palabra «violencia» para describir palabras que les hicieron sentir incómodos, o incluso la mera presencia de una persona que no les cae bien.[3] «Trauma» solía implicar una experiencia tan dura que impedía a la víctima llevar a cabo su actividad normal. Hoy en día, un encuentro social desagradable o algunas palabras ofensivas se consideran un «trauma», y requieren de «espacios seguros».[4] «Genocidio» solía significar el asesinato masivo de cierto grupo étnico o religioso. Hoy en día, algunas personas emplean el término «genocidio blanco» para quejarse del hecho de que la cafetería local escribe algunos de los platos de la carta en español.[5]

Ese es el efecto del punto azul. Cuanto mejor van las cosas, más amenazas percibimos donde no las hay. Y más nos preocupamos. Tal realidad se encuentra en la base de la paradoja del progreso.

En el siglo XIX, Émile Durkheim, fundador de la sociología y pionero en las ciencias sociales, hizo una disquisición teórica en uno de sus libros: ¿y si no hubiera delitos? ¿Y si surgiera una sociedad donde todo el mundo fuese perfectamente respetuoso y no violento, y todos fueran iguales? ¿Y si nadie mintiera o hiciera daño a los demás? ¿Y si la corrupción no existiera? ¿Qué ocurriría? ¿Cesaría el conflicto? ¿Se evaporaría el estrés? ¿Todo el mundo retozaría por los prados recogiendo margaritas y cantando el «Aleluya» del *Mesías* de Händel?[6]

Durkheim dijo que no, que, de hecho, ocurriría lo contrario. Sugirió que, cuanto más cómoda y ética se volvía una sociedad, más se magnificarían en nuestra mente esas pequeñas indiscreciones. Si nos dejásemos de matar entre nosotros, no necesariamente nos sentiríamos mejor al respecto. Simplemente nos disgustaríamos del mismo modo por las cosas menos importantes.

La psicología del desarrollo dice algo similar desde entonces: proteger a las personas de los problemas o la adversidad no hace que sean más felices o que se sientan más seguras, sino que provoca que se sientan inseguras con más facilidad. Una persona joven que ha estado protegida y no ha tenido que enfrentarse a desafíos o injusticias cuando era pequeña descubrirá que los más mínimos inconvenientes de la vida adulta le resultan intolerables, y para demostrarlo tendrá un colapso infantil en público.[7]

Lo que descubrimos entonces es que nuestras reacciones emocionales a los problemas no se determinan en función del tamaño del problema. Más bien, nuestra mente amplifica (o minimiza) nuestros problemas para que encajen en el grado de estrés que esperamos experimentar. El progreso material y la seguridad no nos relajan necesariamente ni hacen que sea más fácil tener esperanza en el futuro. Al contrario, parece que tal vez al acabar con las adversidades y los desafíos de la salud, a la gente le cuesta más aún seguir adelante. Se vuelven más egoístas e infantiles. No logran desarrollarse y dejar atrás la adolescencia. Se mantienen alejados de cualquier virtud. Ven montañas donde solo hay granos de arena. Y se gritan los unos a los otros como si el mundo fuera un eterno mar de lágrimas.

Viajar a la velocidad del dolor

Recientemente, leí una cita de Albert Einstein en Internet: «Un hombre debería buscar lo que hay, y no lo que cree que debería haber». Genial. Aparecía una pequeña fotografía de él con su aspecto de científico. Esta cita es importante y suena a inteligente, y me quedé pensando en ella durante un par de segundos antes de seguir bajando por la pantalla del móvil para ver más cosas.

Pero hay un problema: Einstein no dijo eso.

He aquí otra cita viral de Einstein que suele verse mucho: «Todo el mundo es un genio. Pero, si juzgas a un pez por su habilidad para trepar a un árbol, pasará toda su vida creyendo que es estúpido».

Eso tampoco es de Einstein.

¿Y qué hay de «Temo el día en que la tecnología se superponga con nuestra humanidad. El mundo solo tendrá una generación de idiotas»?[8]

No, no es de él.

Puede que Einstein sea la figura histórica peor utilizada en Internet. Es como el «amigo listo» de nuestra cultura, el que decimos que está de acuerdo con nosotros para hacernos parecer más inteligentes de lo que realmente somos. Su careto ha quedado impreso junto a frases sobre todo tipo de cosas, desde Dios hasta las enfermedades mentales, pasando por la curación energética. Nada de lo cual tiene que ver con la ciencia. El pobre hombre debe de estar retorciéndose en su tumba.

La gente proyecta mierdas en Einstein hasta el punto de que se ha convertido en una especie de figura mitológica. Por ejemplo, la idea de que Einstein era un mal estudiante es falsa. Destacaba en matemáticas y en ciencia ya desde una edad bien temprana, aprendió álgebra y geometría euclidiana por su cuenta un verano a los doce años, y leyó la *Crítica de la razón pura*, de Immanuel Kant (un libro que a los estudiantes de posgrado de hoy en día les cuesta terminar), con trece años. Me refiero a que el tipo obtuvo un doctorado en física experimental a una edad en la que mucha gente aspira a obtener su primer trabajo. Así pues, claramente, le iba el tema de los estudios.

En un principio, Albert Einstein no tenía grandes aspiraciones; solo deseaba enseñar. Pero, como era un joven inmigrante alemán en Suiza, no encontraba un puesto en las universidades locales. Al final, con ayuda de un amigo de su padre, consiguió trabajo en una oficina de patentes, un puesto lo suficientemente aburrido para él como para permitirle pasarse el día sentado imaginando teorías descabelladas sobre física; teorías que pronto pondrían el mundo patas arriba. En 1905, publicó su teoría de la relatividad, que le dio fama mundial. Dejó la oficina de patentes. De pronto, los presidentes y jefes de Estado querían conocerlo. Era todo maravilloso.

En su larga vida, Einstein revolucionaría la física en múltiples ocasiones, escaparía de los nazis, advertiría a Estados Unidos de la inminente necesidad (y el peligro) de las armas nucleares y protagonizaría una fotografía muy famosa en la que aparece sacando la lengua.

Sin embargo, hoy en día, también lo conocemos por las muchas y excelentes frases de Internet que, en realidad, nunca dijo.

Desde la época de Newton (el de verdad), la física se ha basado en la idea de que todo podría medirse en términos de tiempo y espacio. Por ejemplo, mi cubo de la basura está ahora mismo junto a mí. Tiene una posición particular en el espacio. Si lo tomo en brazos y lo lanzo al otro extremo de la habitación en un arrebato de borracho, teóricamente podríamos medir su localización en el espacio a través del tiempo, determinando todo tipo de cosas útiles como su velocidad, trayectoria, impulso, además de lo grande que sería la marca que dejaría en la pared. Estas otras variables se determinan midiendo el movimiento del cubo de basura a través del tiempo y del espacio.

El tiempo y el espacio son lo que llamamos «constantes universales». Son inmutables. Son los referentes con los que se mide todo lo demás. Si te parece que es de sentido común, eso es porque lo es.

Entonces llegó Einstein y dijo: «A la mierda el sentido común; no sabes nada, Jon Nieve», y cambió el mundo. Eso es porque Einstein demostró que el tiempo y el espacio no son constantes universales. De hecho, resulta que nuestra percepción del tiempo y el espacio puede cambiar dependiendo del contexto de nuestras observaciones. Por ejemplo, lo que yo experimento como diez segundos tú podrías experimentarlo como cinco; y lo que yo experimento como un kilómetro, teóricamente tú podrías experimentarlo como unos pocos metros.

Para alguien que se haya pasado parte de su vida puesto de LSD, esta conclusión podría tener sentido. Pero, para el mundo de la física del momento, aquello parecía una auténtica locura.

Einstein demostró que el espacio y el tiempo cambian dependiendo del observador; es decir, son relativos. La constante universal es la velocidad de la luz, aquello mediante lo cual debe medirse todo lo demás. Todos estamos moviéndonos, en todo momento. Y cuanto más nos acercamos a la velocidad de la luz, más se «ralentiza» el tiempo y más se contrae el espacio.

Por ejemplo, digamos que tienes un gemelo idéntico. Siendo gemelos, es evidente que tenéis la misma edad. Los dos decidís embarcaros en una pequeña aventura intergaláctica y cada uno de vosotros se monta en una nave espacial distinta. Tu nave espacial viaja solo a cincuenta kilómetros por segundo, pero la de tu gemelo se acerca a la velocidad de la luz, a saber 299.000 kilómetros por segundo. Ambos acordáis viajar por el espacio durante un rato y descubrir algunas cosas chulas antes de volver a encontraros cuando hayan pasado veinte años terrestres.

Cuando vuelves a casa, descubres que ha ocurrido algo sorprendente. Tú has envejecido veinte años, pero tu gemelo está casi igual. Él ha estado «fuera» veinte años terrestres; sin embargo, en su nave espacial, ha experimentado más o menos un año.

«Pero ¿qué cojones?» Sí, yo dije lo mismo.

Como dijo Einstein una vez: «Tío, eso ni siquiera tiene sentido». Salvo que sí lo tiene (y Einstein nunca dijo eso).

El ejemplo de Einstein es importante porque muestra cómo nuestra suposición de lo que es constante y estable en el universo puede ser equivocada. Y esas suposiciones incorrectas pueden tener importantes consecuencias en nuestra manera de experimentar el mundo. Suponemos que el tiempo y el espacio son constantes universales porque eso explica cómo percibimos el mundo. Pero resulta que no son constantes universales; son variables dentro de otra constante inescrutable y nada evidente. Y eso lo cambia todo.

Utilizo esta explicación tan compleja de la relatividad porque creo que algo similar sucede con nuestra propia psicología: lo que creemos que es la constante universal de nuestra experiencia no es, en realidad, nada constante. Y, en su lugar, gran parte de lo que suponemos que es cierto y real es relativo a nuestra propia percepción.

Los psicólogos no siempre estudiaron la felicidad. De hecho, durante casi toda su historia, la psicología no se centró en lo positivo, sino en lo que jodía a las personas, en lo que provocaba enfermedades mentales y crisis emocionales, y en cómo la gente debería afrontar sus mayores dolores.

No fue hasta la década de los ochenta cuando algunos académicos intrépidos empezaron a preguntarse: «Un momento, mi trabajo es bastante deprimente. ¿Qué pasa con aquello que hace feliz a la gente? ¡Vamos a estudiar eso!». Y se celebró mucho, porque pronto empezaron a proliferar en las librerías docenas de libros sobre la felicidad. De hecho, se vendieron millones a gente angustiada de clase media que sufría crisis existenciales.

Una de las primeras cosas que hicieron los psicólogos cuando empezaron a estudiar la felicidad fue organizar una sencilla encuesta.[9]

Reunieron a grandes grupos de personas y les dieron buscas (recordemos que hablamos de los ochenta y los noventa). Entonces, cada vez que sonaba el busca, la persona debía pararse y escribir respuestas a dos preguntas:

1. En una escala de 1 a 10, ¿qué felicidad sientes en este momento?
2. ¿Qué ha pasado en tu vida últimamente?

Los investigadores recopilaron miles de resultados de cientos de personas de diferentes clases sociales. Lo que descubrieron fue sorprendente y tremendamente aburrido: casi todo el mundo escribía «siete» todo el tiempo. ¿En los ultramarinos comprando leche? Siete. ¿Acudir al partido de béisbol de mi hijo? Siete. ¿Hablar con mi jefe sobre una venta importante a un cliente? Siete.

Incluso cuando sucedían cosas catastróficas (mi madre tiene cáncer; no he podido pagar la letra de la hipoteca de la casa; Junior ha perdido un brazo en un accidente de bolera), los niveles de felicidad descendían hasta el dos o el cinco durante un breve periodo de tiempo; después, pasado un rato, volvían al siete.[10]

Lo mismo ocurría también con acontecimientos extremadamente positivos: lograr un bonus importante en el trabajo, ir de vacaciones a tu lugar soñado, bodas... Justo después, la valoración de la gente se disparaba durante un breve periodo de tiempo; luego, como era de esperar, volvían a instalarse en torno al siete.

Aquello fascinó a los investigadores. Nadie es plenamente feliz todo el tiempo, pero, del mismo modo, nadie es plenamente infeliz siempre. Parece que los seres humanos, sin importar nuestras circunstancias externas, vivimos en un estado constante de felicidad moderada, pero no plenamente satisfactoria. Visto de otro modo, las cosas van casi siempre bien, pero también podrían mejorar siempre.[11]

En apariencia, la vida siempre está oscilando en torno a nuestro nivel siete de felicidad. Y este «siete» constante al que siempre volvemos nos engaña un poco, y caemos siempre en el engaño, una y otra vez.

El engaño es que nuestro cerebro nos dice: «Mira, si pudiera tener un poco más, por fin llegaría a diez y me quedaría allí».

Casi todos nosotros vivimos nuestra vida de esa forma, persiguiendo de manera constante nuestro diez imaginado.

Piensas, oye, para ser más feliz, voy a tener que encontrar un nuevo trabajo. Así pues, consigues un nuevo trabajo. Y luego, pocos meses más tarde, sientes que serías más feliz si tuvieras una casa nueva. Así pues, te compras una casa nueva. Y luego, pocos meses después, son unas vacaciones en la playa. Así pues, te vas a una playa maravillosa. Y, mientras estás en la playa, piensas: lo que realmente necesito es una buena piña colada. ¿Acaso no me puedo tomar una puñetera piña colada? Así pues, te estresas por tu piña colada, convencido de que solo una piña colada te hará llegar al diez. Pero entonces es una segunda piña colada, y luego una tercera, y luego… Bueno, ya sabes cómo acaba: te despiertas con resaca y estás en un tres.

Es como nos aconsejó una vez Einstein: «Nunca te emborraches con cócteles que lleven mezcla con base de azúcar; si quieres agarrarte un pedo, te recomiendo un poco de soda. O, si eres muy rico, tal vez un buen champán».

Cada uno de nosotros presupone de manera implícita que somos la constante universal de nuestra propia experiencia, que no cambiamos y que nuestras experiencias van y vienen como el clima.[12] Algunos días son buenos y hace sol; otros son una mierda y están nublados. Los cielos cambian, pero nosotros seguimos igual.

Sin embargo, eso no es cierto. De hecho, es al revés. El dolor es la constante universal de la vida. Y la percepción y las expectativas humanas se deforman para encajar con una cantidad predeterminada de dolor. En otras palabras, da igual lo soleado que esté el cielo, porque nuestra mente siempre imaginará que hay suficientes nubes para sentirse ligeramente decepcionada.

Esta constante del dolor conlleva lo que se conoce como «cinta hedonista de correr», sobre la que corres y corres y corres detrás de tu diez imaginado. Pero, por mucho que corras, siempre acabas con un siete. El dolor siempre está ahí. Lo que cambia es tu percepción del dolor. Y, en cuanto tu vida «mejora», tus expectativas cambian y vuelves a sentirte moderadamente insatisfecho.

Sin embargo, el dolor también funciona en la otra dirección. Recuerdo cuando me hice mi gran tatuaje, los primeros minutos fueron muy dolorosos. No podía creer que me hubiera apuntado a pasar ocho horas con ese dolor. Pero, llegada la tercera hora, me había quedado medio dormido mientras mi tatuador seguía con su trabajo.

No había cambiado nada: era la misma aguja, el mismo brazo, el mismo tatuador. Pero mi percepción sí había cambiado: el dolor se hizo normal y yo regresé a mi propio siete interno.

Esta es otra variable del «efecto del punto azul».[13] Esta es la sociedad «perfecta» de Durkheim. Es la relatividad de Einstein con una mezcla psicológica. Es el sesgo conceptual de alguien que nunca ha experimentado la violencia física al perder la cabeza y redefinir como «violencia» algunas frases incómodas en un libro. Es la sensación exagerada de que tu cultura está siendo invadida y destruida porque ahora hacen películas sobre homosexuales.

El efecto del punto azul está por todas partes. Afecta a todas las percepciones y a todos los juicios. Todo se adapta y se amolda a nuestra ligera insatisfacción.

Y ese es el problema con la búsqueda de la felicidad.

Buscar la felicidad es un valor del mundo moderno. ¿Crees que a Zeus le importaba una mierda que la gente fuese feliz? ¿Crees que al Dios del Antiguo Testamento le importaba hacer que la gente se sintiera bien? No, estaban demasiado ocupados planeando enviar plagas de langostas que se comieran a la gente.

En la Antigüedad, la vida era dura. Las hambrunas, las plagas y las inundaciones constantes. La mayoría de las poblaciones estaban esclavizadas o inmersas en guerras interminables, mientras que los demás se acuchillaban por la noche por tal o cual tirano. La muerte estaba en todas partes. La gente no vivía más allá de los treinta. Y así fueron las cosas durante casi toda la historia de la humanidad: mierda y hambre.

Sufrir en el mundo anterior a la ciencia no solo era un hecho aceptado; con frecuencia, se celebraba. Los filósofos de la Antigüedad no veían la felicidad como una virtud. Al contrario, veían la capacidad humana del sacrificio como una virtud, porque sentirse bien era tan peligroso como deseable. Y así era: no hacía falta más que un imbécil que se dejase llevar y, poco después, medio pueblo había quedado reducido a cenizas. Como no dijo una vez Einstein: «No andes jodiendo con antorchas si has estado bebiendo, porque te puede fastidiar el día».

Fue en la era de la ciencia y la tecnología cuando la felicidad se convirtió en un «tema». Cuando la humanidad inventó los medios para mejorar la vida, la siguiente pregunta lógica fue: «¿Y qué deberíamos mejorar?». Muchos filósofos en su momento decidieron que el objetivo último de la humanidad debería ser promover la felicidad; es decir, reducir el dolor.[14]

Todo aquello era muy bonito y muy noble en apariencia. Venga, ¿quién no quiere librarse de un poquito de dolor? ¿Qué clase de imbécil diría que esa es una mala idea?

Bueno, pues yo soy ese imbécil, porque sí que es una mala idea.

Porque no puedes librarte del dolor. El dolor es la constante universal de la condición humana. Por lo tanto, el intento por alejarse del dolor, por protegernos de cualquier daño, solo puede explotarnos en la cara. Tratar de eliminar el dolor solo aumenta nuestra sensibilidad al sufrimiento, en vez de aliviarlo. Hace que veas fantasmas peligrosos en cada rincón, que veas tiranía y opresión en cada autoridad, que veas odio y engaño detrás de cualquier abrazo.

Da igual cuánto se progrese, da igual lo pacíficas, cómodas y felices que sean nuestras vidas, el efecto del punto azul nos instalará en la percepción de cierta cantidad de dolor e insatisfacción. La mayoría de la gente que gana millones en la lotería no termina siendo más feliz a largo plazo. En general, terminan sintiéndose igual. La gente que se queda paralizada en extraños accidentes no se vuelve más infeliz a largo plazo. De media, acaban sintiéndose igual.[15]

Esto se debe a que el dolor es la experiencia de la vida misma. Las emociones positivas son una desaparición temporal del dolor; las emociones negativas son un aumento temporal dolor. Anestesiarlo es anestesiar todo sentimiento, toda emoción. Sería como elegir no vivir.

O, como dijo muy acertadamente Einstein:

> Así como un arroyo corre sin remolinos mientras no encuentra obstáculo alguno, de igual modo en la naturaleza humana como en la naturaleza animal, la vida se desliza inconsciente y distraída cuando nada se opone a la voluntad. Si la atención está despierta, es que se han puesto trabas a la voluntad y se ha producido algún choque. Todo lo que se alza frente a nuestra voluntad, todo lo que atraviesa o se le resiste, es decir, todo lo que hay desagradable o doloroso, lo sentimos enseguida con suma claridad. No advertimos la salud general de nuestro cuerpo, sino tan solo el ligero sitio donde nos hace daño el calzado; no apreciamos el conjunto próspero de nuestros negocios, pues solo nos preocupa alguna insignificante pequeñez que nos apesadumbra.[16]

De acuerdo, no fue Einstein. Fue Schopenhauer, que también era alemán y también tenía el pelo raro. Pero el caso es que no solo no se puede escapar de la experiencia del dolor, sino que el dolor es la experiencia.

Por eso la esperanza es en definitiva contraproducente y se autoperpetúa: da igual lo que consigamos; no importa la paz y la prosperidad que hallemos, nuestra mente ajustará rápidamente sus expectativas para mantener una sensación constante de adversidad, obligándose a formular una nueva esperanza, una nueva religión, un nuevo conflicto que nos mantenga en movimiento. Veremos caras amenazantes donde no las hay. Veremos ofertas de trabajo poco éticas donde no las hay. Y por muy soleado que sea nuestro día, siempre encontraremos una nubecita en el cielo.

Por lo tanto, la búsqueda de la felicidad no solo es contraproducente, sino que además es imposible. Es como intentar atrapar una zanahoria colgada de un cordel atado a un palo pegado a tu espalda. Cuanto más avances, más tendrás que avanzar. Cuando conviertes la zanahoria en tu meta final, inevitablemente te conviertes en el medio para llegar hasta allí. Y, al buscar la felicidad, de forma paradójica haces que sea más inalcanzable.

La búsqueda de la felicidad es un valor tóxico que ha definido nuestra cultura desde hace mucho tiempo. Es contraproducente y engañosa. Vivir bien no significa evitar el sufrimiento; significa sufrir por las razones adecuadas. Porque, si vamos a vernos obligados a sufrir por el mero hecho de existir, por lo menos intentemos aprender a sufrir bien.

La única decisión en la vida

En 1954, después de casi setenta y cinco años de ocupación y veinte años de guerra, los vietnamitas por fin echaron a los franceses de su país. Eso debería haber sido algo inequívocamente bueno. El problema fue la inoportuna Guerra Fría: una guerra religiosa global entre el capitalismo, los poderes occidentales liberales y el bloque comunista del este. Y cuando Ho Chi Minh, el tipo que había dado la patada a los franceses, resultó ser comunista, bueno, a todo el mundo le entró el pánico y pensó que podría estallar la Tercera Guerra Mundial.

Temerosos de una guerra más importante, un puñado de jefes de Estado se sentaron a una mesa en alguna parte de Suiza y acordaron saltarse la parte de la aniquilación nuclear y pasar directamente a dividir Vietnam por la mitad. No me preguntes por qué un país que no le había hecho nada a nadie se merecía que lo partieran por la mitad.[17] Pero, según parece, todos decidieron que Vietnam del Norte sería comunista, mientras que Vietnam del Sur sería capitalista. Y ya está. Todos vivirían felices para siempre.

(Vale, puede que no.)

He aquí el problema. Los poderes occidentales pusieron a un hombre llamado Ngo Dinh Diem al mando de Vietnam del Sur hasta que pudieran celebrarse elecciones. Al principio, a todo el mundo parecía gustarle ese tal Diem. Era un católico devoto, se había educado en Francia, había pasado varios años en Italia y hablaba idiomas. Al conocerlo, el vicepresidente de Estados Unidos Lyndon Johnson llamó a Diem el «Winston Churchill de Asia». ¡Prácticamente, era uno de los nuestros!

Además, Diem era carismático y ambicioso. Causó impresión no solo a los líderes occidentales, sino también al antiguo emperador vietnamita. Diem declaró de forma confidencial que sería él quien por fin llevaría la democracia al sureste asiático. Y todo el mundo le creyó.

En fin, no fue eso lo que ocurrió. Menos de un año después de ocupar el poder, Diem ilegalizó todos los partidos políticos de Vietnam del Sur, salvo el suyo. Cuando llegó la hora de que el país celebrara su referéndum, puso a su propio hermano a gestionar los puestos electorales. Y cuesta creerlo, ¡pero Diem ganó las elecciones! ¡Con un asombroso 98,2 % de los votos!

Resultó que ese tal Diem era un auténtico cabrón. Ho Chi Minh, el líder de Vietnam del Norte, era también un auténtico cabrón, por supuesto. Y si algo aprendí en la universidad es que la primera norma de la teoría geopolítica es que, si tienes a dos cabrones viviendo puerta con puerta, morirán millones de personas.[18]

Y así, sin más, Vietnam volvió a vivir una guerra civil.

Me encantaría poder decir algo sorprendente sobre Diem, pero digamos que se convirtió en el clásico tirano. Llenó su Administración de familiares y amigos corruptos. Su familia y él vivieron en la opulencia mientras la hambruna asolaba el campo, provocando que cientos de miles de personas huyeran o murieran de hambre. Era tan engreído e incompetente que Estados Unidos comenzó a intervenir de manera gradual para evitar que Vietnam del Sur implosionara. Aquello dio inicio a lo que los estadounidenses ahora conocen como la Guerra de Vietnam.

Sin embargo, pese a lo jodidamente horrible que era Diem, los poderes occidentales se mantuvieron fieles a él. Al fin y al cabo, se suponía que era uno de ellos: un discípulo de la religión liberal capitalista que hacía frente a los ataques comunistas. Harían falta años e innumerables muertes para que se dieran cuenta de que a Diem no le interesaba tanto la religión de los demás como la suya propia.

Como ocurre con muchos tiranos, uno de los pasatiempos favoritos de Diem era oprimir y matar a la gente que no estaba de acuerdo con él. En este caso, como católico devoto que era, Diem odiaba a los budistas. El problema era que Vietnam era un ochenta por ciento budista en aquel momento. Así pues, no fue precisamente bueno para la población. Diem prohibió todas las pancartas y banderines relacionados con el budismo, así como las fiestas budistas. Se negó a proporcionar servicios gubernamentales a las comunidades budistas. Asaltó y destruyó pagodas por todo el país, obligando a cientos de monjes budistas a la destitución.

Los monjes budistas organizaron protestas pacíficas, pero fueron reducidos, por supuesto. Después aún hubo protestas más contundentes, por lo que Diem ilegalizó las protestas. Cuando sus fuerzas policiales ordenaron a los budistas que se dispersaran y los budistas se negaron, la policía empezó a disparar a los manifestantes. En una marcha pacífica, llegaron incluso a lanzar granadas a grupos de monjes desarmados.

Los reporteros occidentales sabían lo que estaba pasando, pero les preocupaba más la guerra con Vietnam del Norte. Eso no era su prioridad. Pocos conocían las dimensiones del problema, y menos aún se molestaban en cubrir aquellos enfrentamientos.

Entonces, el 10 de junio de 1963, los reporteros recibieron un mensaje críptico que aseguraba que «algo importante» sucedería al día siguiente en Saigón, en un cruce muy bullicioso a pocas manzanas del palacio presidencial. Los corresponsales no le dieron mucha importancia. De hecho, la mayoría decidió no acudir. Al día siguiente, entre unos pocos periodistas, solo dos fotógrafos se molestaron en aparecer. Uno de ellos se olvidó la cámara.

El otro ganaría un Premio Pulitzer.

Aquel día, un pequeño coche turquesa adornado con pancartas que exigían la libertad religiosa encabezó una manifestación de algunos cientos de monjes y monjas. Los monjes cantaban. La gente se paraba, observaba el desfile y después seguía con sus asuntos. Era una calle bulliciosa en un día ajetreado. Y, llegado ese punto, las protestas budistas no eran nada nuevo.

La manifestación llegó al cruce situado frente a la embajada de Camboya y se detuvo. Bloquearon el tráfico. El grupo de monjes se dispersó para formar un semicírculo alrededor del coche turquesa, se quedaron mirando en silencio, a la espera.

Tres monjes salieron del coche. Uno colocó un cojín en la calle, en medio del cruce. El segundo monje, un hombre mayor llamado Thich Quang Duc, se acercó al cojín, se sentó en la postura del loto, cerró los ojos y comenzó a meditar.

El tercer monje del coche abrió el maletero y sacó un bidón de veinte litros de gasolina. Lo llevó hasta donde estaba sentado Quang Duc y le echó la gasolina por la cabeza. La gente se llevó la mano a la boca. Algunas personas se taparon la cara porque les lloraban los ojos por los vapores. Se hizo un silencio siniestro en aquel cruce de la ciudad. Los viandantes se detuvieron. Los policías se olvidaron de lo que estaban haciendo. Aquella espesura en el aire. Algo importante estaba a punto de suceder. Todos esperaban.

Con la túnica empapada de gasolina y el rostro inexpresivo, Quang Duc recitó una breve oración, estiró el brazo, levantó lentamente una cerilla y, sin abandonar la postura del loto ni abrir los ojos, la encendió en el asfalto y se prendió fuego.

De inmediato, le rodearon las llamas. Su cuerpo quedó envuelto por el fuego. Su túnica se desintegró. Su piel se volvió negra. Un olor repulsivo inundó el aire, una mezcla de carne quemada, gasolina y humo. La multitud chillada despavorida. Muchos cayeron al suelo de rodillas o perdieron el equilibrio. La mayoría se quedó inmóvil, perpleja ante lo que estaba ocurriendo.

(Copyright AP Photo / Malcolm Browne. Utilizada con permiso.)

Aun así, mientras ardía, Quang Duc permaneció totalmente quieto.

David Halberstam, corresponsal del *New York Times*, describió la escena: «Estaba demasiado perplejo para llorar, demasiado confuso para tomar notas o hacer preguntas, demasiado asombrado para pensar... Mientras se quemaba, no movió un solo músculo, no emitió sonido alguno, su autocontrol contrastaba con los gritos de la gente que le rodeaba».[19]

Enseguida se conoció la inmolación de Quang Duc. Aquello cabreó a millones de personas en todo el planeta. Aquella noche, Diem emitió por radio un mensaje: parecía agitado por el incidente. Prometió reabrir las negociaciones con los jefes budistas del país para llegar a una resolución de paz.

Sin embargo, ya era demasiado tarde. Diem nunca se recuperaría. Es imposible saber exactamente qué cambió o cómo, pero el aire era distinto: las calles estaban más vivas. Con el chasquido de una cerilla y el clic de una cámara de fotos, el puño de hierro con el que Diem tenía agarrado al país se había debilitado. Y todo el mundo lo sabía, incluso él.

Pronto, miles de personas se echaron a la calle para protestar contra su Administración. Sus comandantes militares comenzaron a desobedecerle. Sus consejeros le desafiaron. Al final, ni siquiera Estados Unidos pudo seguir justificando el apoyo que le daba. El presidente Kennedy aprobó un plan de los generales de Diem para derrocarlo.

La imagen del monje ardiendo había roto el dique; luego vino la inundación.

Pocos meses después, Diem y su familia fueron asesinados.

Las fotos de la muerte de Quang Duc se hicieron virales antes de que existiera eso de «hacerse viral». La imagen se convirtió en una especie de test de Rorschach humano, en el cual todos veían sus propios valores y problemas reflejados. Los comunistas de Rusia y China publicaron la fotografía para enardecer a sus seguidores contra los imperialistas capitalistas de occidente. Se vendieron postales por toda Europa para denunciar las atrocidades que se cometían en el este. En Estados Unidos, los manifestantes contrarios a la guerra imprimieron la foto para quejarse de la implicación estadounidense. Los conservadores utilizaron la imagen para demostrar que la intervención de Estados Unidos era necesaria. Hasta el presidente Kennedy hubo de admitir que «ninguna fotografía en la historia ha generado tanta emoción en todo el mundo».[20]

La imagen de la inmolación de Quang Duc desencadenó algo primario y universal. Algo que va más allá de la política o la religión. Resuena en un rincón más profundo de nuestra experiencia vivida: la habilidad para soportar cantidades extraordinarias de dolor.[21] Yo ni siquiera puedo permanecer con la espalda recta sentado a la mesa durante unos minutos. Sin embargo, aquel tipo se quemó vivo y ni se movió. No se estremeció. No gritó. No sonrió ni puso cara de dolor, ni siquiera abrió los ojos para ver por última vez el mundo que había decidido dejar atrás.

Había pureza en su acto, por no mencionar una increíble muestra de determinación. Es el ejemplo definitivo del dominio de la mente sobre la materia, de la voluntad sobre el instinto.[22]

Y, pese al horror de todo aquello, de algún modo sigue… inspirando.

En 2011, Nassim Taleb escribió sobre un concepto que denominó «antifragilidad». Taleb aseguraba que, igual que algunos sistemas se vuelven más débiles bajo la presión de fuerzas externas, otros ganan fuerza bajo la presión de fuerzas externas.[23]

Un jarrón es frágil: se rompe con facilidad. El sistema de banca clásico es frágil, pues los cambios inesperados en política y economía pueden hacer que colapse. Quizá tu relación con tu suegra sea frágil, pues todo lo que digas hará que se enfade y empiece a insultarte. Los sistemas frágiles son como pequeñas flores hermosas o como los sentimientos de un adolescente: deben protegerse a todas horas.

Luego están los sistemas robustos. Estos resisten bien el cambio. Mientras que un jarrón es frágil y se rompe si lo aprietas, un bidón de petróleo sí que es robusto. Puedes darle patadas durante semanas y no le pasará nada. Seguirá igual.

Como sociedad, gastamos gran parte de nuestro tiempo y dinero tratando de convertir sistemas frágiles en sistemas más robustos. Contratas a un buen abogado para hacer más robusto tu negocio. El Gobierno aprueba regulaciones para hacer que el sistema financiero sea más robusto. Instauramos reglas y leyes como semáforos de tráfico y derechos de la propiedad para que nuestra sociedad sea más robusta.

Sin embargo, según Taleb, hay un tercer tipo de sistema. Ese es el sistema «antifrágil». Mientras que un sistema frágil se colapsa y uno robusto resiste el cambio, el sistema antifrágil gana con las presiones y las fuerzas externas.

Las empresas emergentes son negocios antifrágiles: buscan maneras de fracasar deprisa y sacar alguna ganancia de esos fracasos. Los traficantes de droga también son antifrágiles: cuanto peor están las cosas, más droga quiere pillar la gente. Una relación amorosa sana es antifrágil: los infortunios y el dolor hacen que la relación sea más fuerte, no más débil.[24] Los veteranos de guerra suelen hablar de cómo el caos del combate construye y refuerza vínculos entre los soldados, en vez de desintegrar dichos vínculos.

Al cuerpo humano pueden pasarle ambas cosas, en función de cómo lo usemos. Si mueves el culo y buscas dolor de manera activa, el cuerpo es antifrágil, lo que significa que se vuelve más fuerte cuanto más estrés y presión le pones. El colapso de tu cuerpo mediante el ejercicio y el trabajo físico construye músculo y densidad ósea, mejora la circulación y se te pone un culo bonito. Sin embargo, si evitas el estrés y el dolor (por ejemplo, si te quedas todo el puñetero día tirado en el sofá viendo Netflix), tus músculos se atrofiarán, tus huesos se volverán quebradizos y degenerarás hacia la debilidad.

La mente humana actúa según el mismo principio. Puede ser frágil o antifrágil dependiendo de cómo la uses. Cuando se enfrenta al caos y al trastorno, nuestra mente se pone a trabajar para encontrarle sentido, deduciendo principios y construyendo modelos mentales, prediciendo acontecimientos futuros y evaluando el pasado. Esto se llama «aprendizaje», y nos mejora; nos permite ganar algo del fracaso y del trastorno.

Sin embargo, cuando evitamos el dolor, cuando evitamos el estrés, el caos, la tragedia y el desorden, nos volvemos frágiles. Nuestra tolerancia a los contratiempos del día a día disminuye y nuestra vida debe encogerse de acuerdo con eso para que podamos disfrutar solo de la pequeña parte del mundo que somos capaces de gestionar.

Porque el dolor es la constante universal. Da igual lo «buena» o «mala» que sea tu vida, el dolor siempre estará ahí. Y al final se volverá manejable. La pregunta entonces, la única pregunta, es: ¿quieres entregarte a él? ¿Quieres entregarte a tu dolor o evitar tu dolor? ¿Elegirás la fragilidad o la antifragilidad?

Todo lo que hagas, todo lo que seas, todo lo que te importe es un reflejo de esta decisión: tus relaciones, tu salud, tus resultados en el trabajo, tu estabilidad emocional, tu integridad, tu implicación en tu comunidad, la variedad de tus experiencias vitales, la profundidad de tu seguridad en ti mismo y tu valor, tu capacidad para respetar, confiar, perdonar, agradecer, escuchar, aprender y tener compasión.

Si alguna de esas cosas es frágil en tu vida, se debe a que has elegido evitar el dolor. Has elegido los valores infantiles que persiguen los placeres simples, el deseo y la autosatisfacción.

Nuestra tolerancia al dolor, como cultura, va disminuyendo con rapidez. Y esta disminución no solo nos impide ser más felices, sino que genera mayores cantidades de fragilidad emocional, razón por la cual todo parece estar tan jodido.

Todo lo dicho anteriormente me devuelve a Thich Quang Duc al prenderse fuego y quedarse allí sentado como un jefe. Casi todos los occidentales modernos conocen la meditación como técnica de relajación. Te pones unos pantalones de yoga y te sientas en una habitación cálida y acogedora durante diez minutos, cierras los ojos y escuchas alguna voz pausada en tu teléfono que te dice que estás bien, que todo va bien, que todo saldrá genial, que sigas a tu corazón y bla, bla, bla.[25]

Sin embargo, la verdadera meditación budista es mucho más intensa que desestresarse uno mismo con aplicaciones de móvil. La meditación rigurosa implica quedarse sentado en silencio y observarse a uno mismo sin piedad. Cada pensamiento, cada juicio, cada inclinación, cada atisbo de emoción, cada rastro de suposición que pasa por tu imaginación es capturado, reconocido y después liberado de nuevo en el vacío. Y lo peor de todo es que no tiene fin. La gente siempre se queja diciendo que no «se le da bien» la meditación. No es cuestión de que se te dé bien. Esa es la historia. Se supone que se te tiene que dar fatal. Acéptalo. Acepta tu torpeza y quiérela.

Cuando uno medita durante largos periodos de tiempo, surgen todo tipo de mierdas absurdas: fantasías extrañas y arrepentimientos de hace décadas, curiosos impulsos sexuales, un aburrimiento insoportable y, con frecuencia, un sentimiento aplastante de aislamiento y soledad. Y estas cosas también deben observarse sin más, reconocerse y después dejarlas marchar. Ellas también pasarán.

La meditación es, en esencia, una práctica de antifragilidad: entrenar tu mente para observar y mantener el flujo eterno de dolor y no permitir que el «yo» se deje absorber por sus corrientes turbulentas. Por eso a todo el mundo se le da tan mal algo que, en apariencia, es tan sencillo. Al fin y al cabo, te sientas en un cojín y cierras los ojos. ¿Tan difícil puede ser? ¿Por qué es tan complicado reunir el valor para sentarse, hacerlo y quedarse ahí? Debería ser fácil. Sin embargo, a todo el mundo parece que le cuesta un esfuerzo terrible ponerse a hacerlo.[26]

Casi todo el mundo evita la meditación del mismo modo en que un niño evita hacer los deberes. Es porque saben lo que es la meditación realmente: enfrentarse a tu dolor, observar el interior de tu mente y tu corazón, en toda su gloria y todo su horror.

Suelo rendirme después de meditar en torno a una hora. A lo máximo que llegué fue a un retiro de silencio de dos días. Al finalizar, mi mente casi me pedía a gritos que la dejase salir a jugar. Ese periodo tan prolongado de contemplación es una experiencia extraña: una mezcla de aburrimiento agónico salteado con la horrible certeza de que cualquier control que creías tener sobre tu propia mente no era más que una ilusión útil. Si a eso le añades una pizca de emociones y recuerdos incómodos (quizás un par de traumas infantiles), entonces la cosa puede ponerse bastante fea.

Ahora imagina hacer eso durante todo el día, todos los días, durante sesenta años. Imagina la concentración de acero y la intensa determinación de tu linterna interior. Imagina el umbral de tu dolor. Piensa en tu antifragilidad.

Lo extraordinario de Thich Quang Duc no es que eligiera prenderse fuego a modo de protesta política (aunque eso sea bastante extraordinario). Lo fue su manera de hacerlo: inmóvil, ecuánime, en paz.

Buda dijo que el sufrimiento es como recibir dos flechazos. La primera flecha es el dolor físico; es cuando el metal atraviesa la piel, la fuerza que choca contra el cuerpo. La segunda flecha es el dolor mental, el significado y la emoción que asociamos al golpe, los discursos que desarrollamos en nuestra mente sobre si merecíamos o no lo que ha ocurrido. En muchos casos, nuestro dolor mental es mucho peor que cualquier dolor físico. En la mayoría de los casos, dura mucho más.

Mediante la práctica de la meditación, Buda dijo que, si pudiéramos entrenarnos solo para recibir el primer flechazo, podríamos volvernos invencibles a cualquier dolor mental o emocional.

Buda dijo que con la suficiente concentración y antifragilidad, la sensación de un insulto o de un objeto que atraviesa nuestra piel, o litros de gasolina ardiendo sobre nuestro cuerpo, nos produciría la misma sensación fugaz que una mosca al pasarnos volando por delante de la cara.

Buda dijo que, aunque el dolor es inevitable, el sufrimiento es siempre una elección.

Buda dijo que siempre existe una separación entre lo que experimentamos y cómo interpretamos esa experiencia.

Buda dijo que siempre hay una brecha entre lo que siente nuestro cerebro emocional y lo que piensa nuestro cerebro racional. Y en esa brecha puedes encontrar el poder para soportar cualquier cosa.

Los niños tienen una tolerancia baja al dolor porque su ética gira en torno a evitar el dolor. Para el niño, la imposibilidad de evitar el dolor supone la imposibilidad de hallar significado y propósito. Por lo tanto, incluso una cantidad de dolor moderada le hará tener arranques de nihilismo.

El adolescente tiene un umbral del dolor algo superior porque comprende que el dolor, con frecuencia, es un intercambio necesario para lograr sus metas. La idea de soportarlo a cambio de una especie de beneficio futuro le permite, por tanto, incorporar algunas adversidades y contratiempos en su visión de la esperanza: sufriré en la escuela para poder tener un buen trabajo; soportaré a la pesada de mi tía para poder disfrutar de las vacaciones con mi familia; me despertaré al amanecer para hacer ejercicio porque así resultaré atractivo.

El problema surge cuando el adolescente siente que ha hecho un mal trato, cuando el dolor excede a sus expectativas y las recompensas no están a la altura. Eso hará que, igual que el niño, entre en una crisis de esperanza: ¡he sacrificado mucho y he obtenido muy poco a cambio! ¿Qué sentido tiene? Hará que el adolescente se lance a las profundidades del nihilismo y se enfrente con la verdad incómoda.

El adulto tiene un umbral del dolor increíblemente alto porque entiende que la vida, para que sea significativa, requiere que haya dolor, que nada puede o debería controlarse o negociarse, que solo puedes hacer las cosas lo mejor que sepas, sin importar las consecuencias.

El crecimiento psicológico es una manera de escapar del nihilismo, un proceso para construir jerarquías de valores más y más abstractas y sofisticadas, con el fin de poder afrontar aquello que la vida nos ponga por delante.

Los valores infantiles son frágiles. Cuando el helado se acaba, surge una crisis existencial, seguida de un ataque de nervios. Los valores adolescentes son más robustos porque incluyen la necesidad del dolor, pero siguen siendo susceptibles a los acontecimientos inesperados y/o trágicos. Inevitablemente, se desmoronarán en circunstancias extremas o durante un periodo de tiempo lo suficientemente largo.

Los valores auténticamente adultos son antifrágiles: se benefician de lo inesperado. Cuanto más jodida se vuelva una relación, más útil resultará la sinceridad. Cuanto más terrorífico es el mundo, más importante resulta reunir el valor para enfrentarse a él. Cuanto más confusa se vuelve la vida, más valioso resulta ser humilde.

Esas son las virtudes de la existencia postesperanza, los valores de la auténtica edad adulta. Son la Estrella Polar de nuestra mente y nuestro corazón. Sin importar la turbulencia y el caos que azoten la Tierra, ellos están por encima de todo, intactos, siempre brillantes y guiándonos a través de la oscuridad.

El dolor es un valor

Muchos científicos y entusiastas de la tecnología creen que algún día desarrollaremos las capacidades para «curar» la muerte. Nuestra genética se modificará y optimizará. Desarrollaremos nanobots que monitoricen y erradiquen cualquier cosa que pueda amenazarnos desde el punto de vista médico. La biotecnología nos permitirá reemplazar y restaurar nuestros cuerpos a perpetuidad, permitiéndonos así vivir para siempre.

Parece ciencia ficción, pero algunos incluso creen que podríamos lograr esa tecnología en nuestra era.[27]

La idea de eliminar la posibilidad de la muerte, de vencer nuestra fragilidad biológica, de aliviar todo dolor, resulta muy emocionante en apariencia. Pero creo que también podría ser un desastre psicológico.

Para empezar, si eliminas la muerte, eliminas la escasez de la vida. Y, si eliminas la escasez, eliminas la capacidad para determinar los valores. Todo nos parecerá igualmente bueno o malo, merecedor o no de nuestro tiempo y atención, porque…, bueno, dispondríamos de tiempo y atención infinitos. Podríamos pasarnos cien años viendo el mismo programa en televisión y daría igual. Podríamos dejar que nuestras relaciones se deteriorasen y se perdiesen porque, al fin y al cabo, esas personas van a estar ahí para siempre. ¿Por qué molestarse? Podríamos justificar cualquier indulgencia, cualquier distracción, con un simple: «Bueno, tampoco es que me vaya a matar». Y seguir así.

La muerte es psicológicamente necesaria porque crea riesgos en la vida. Hay algo que perder. No sabes lo que vale algo hasta que experimentas el potencial de perderlo. No sabes por lo que estás dispuesto a pelear, a lo que estás dispuesto a renunciar o sacrificar.

El dolor es la moneda de nuestros valores. Sin el dolor de la pérdida (o la pérdida potencial), resulta imposible determinar el valor de algo.

El dolor se encuentra en el fondo de toda emoción. Las emociones negativas se provocan al experimentar dolor. Las positivas, al aliviarlo. Cuando evitamos el dolor y nos volvemos más frágiles, el resultado es que nuestras reacciones emocionales serán muy desproporcionadas en relación con la importancia del acontecimiento. Echaremos mierda cuando nos sirvan nuestra hamburguesa con demasiadas hojas de lechuga. Nos pondremos arrogantes después de ver un vídeo de mierda en YouTube que nos dice lo correctos que somos. La vida se convertirá en una montaña rusa inefable, zarandeando nuestro corazón de un lado a otro mientras subimos y bajamos con el dedo por nuestra pantalla táctil.

Cuanto más antifrágiles nos volvemos, más elegantes son nuestras respuestas emocionales, más control ejercemos sobre nosotros mismos y más principios adquieren nuestros valores. La antifragilidad es, por tanto, sinónimo de crecimiento y madurez. La vida es un río interminable de dolor, y crecer no es encontrar la manera de evitar ese flujo, sino, más bien, de zambullirse en él y recorrer sus profundidades.

La búsqueda de la felicidad es, entonces, la evitación del crecimiento, de la madurez y de la virtud. Eso supone tratarnos a nosotros mismos y a nuestra mente como un medio para alcanzar un fin emocionalmente vertiginoso. Implica sacrificar nuestra conciencia por sentirnos bien. Supone renunciar a nuestra dignidad por tener más comodidad.

Los antiguos filósofos lo sabían. Platón, Aristóteles y los estoicos no hablaban de una vida de felicidad, sino de carácter, desarrollando la habilidad para soportar el dolor y hacer los sacrificios apropiados. Y es que eso era realmente la vida en aquella época: un sacrificio largo y prolongado. Las antiguas virtudes de la valentía, la sinceridad y la humildad son formas diferentes de practicar la antifragilidad: son principios que ganan gracias al caos y a la adversidad.

Fue en la Ilustración, la era de la ciencia, la tecnología y la promesa de un crecimiento económico interminable, cuando los pensadores y filósofos concibieron la idea que Thomas Jefferson resumió como «búsqueda de la felicidad». Cuando los pensadores de la Ilustración vieron que la ciencia y la riqueza aliviaban la pobreza, el hambre y las enfermedades de la población, confundieron aquella mejora del dolor con su eliminación. Muchos intelectuales y eruditos siguen cometiendo ese error: creen que el crecimiento nos ha liberado del sufrimiento, en vez de transmutar ese sufrimiento de su forma física a una forma psicológica.[28]

Con lo que la Ilustración sí acertó fue con la idea de que, en términos generales, algunos dolores son mejores que otros. Es mejor morir a los noventa que a los veinte. Es mejor estar sano que estar enfermo. Es mejor ser libre para perseguir tus propios objetivos que verte obligado a la servidumbre. De hecho, podríamos definir la «riqueza» desde el punto de vista de lo deseable que es tu dolor.[29]

Sin embargo, parece que nos hemos olvidado de aquello que los antiguos pensadores ya sabían: no importa la riqueza que se genere en el mundo, porque la calidad de nuestras vidas depende de la de nuestro carácter. Y esta depende de nuestra relación con nuestro dolor.

La búsqueda de la felicidad nos zambulle de cabeza en el nihilismo y la frivolidad. Nos guía hacia el infantilismo: un deseo incesante e intolerante de algo más, un agujero que nunca se llena, una sed que jamás se sacia. Es la esencia de la corrupción y la adicción, de la autocompasión y la autodestrucción.

Cuando buscamos el dolor, somos capaces de elegir qué dolor traer a nuestras vidas. Y esa elección hace que el dolor sea significativo y, por lo tanto, provoca que la vida sea significativa.

Porque el dolor es la constante universal de la vida, las oportunidades de crecer gracias al dolor son constantes. Solo es necesario no anestesiarlo, no mirar hacia otro lado. Hemos de enfrentarnos a él y encontrar el valor y el significado que conlleva.

El dolor es la fuente de todo valor. Anestesiarlo es anestesiarnos a nosotros mismos frente a todo lo que importa en el mundo.[30] El dolor abre las brechas morales que, al final, se convierten en nuestros valores y creencias más profundas.

Cuando nos negamos la habilidad de sentir dolor por un propósito, nos negamos la habilidad de sentir ningún propósito en la vida.

La economía de los sentimientos

*E*n la década de 1920, las mujeres no fumaban. Si lo hacían, se las juzgaba severamente. Era tabú. Al igual que graduarse en la universidad o que te eligieran para el Congreso, la gente creía que fumar debería estar reservado a los hombres. «Cariño, podrías hacerte daño. O peor, podrías quemarte tu preciosa melena.»

Aquello suponía un problema para la industria tabaquera. Tenían a un cincuenta por ciento de la población sin fumar sus cigarrillos simplemente porque no estaba de moda o se consideraba de mala educación. Eso no podía ser. Como dijo en su momento George Washington Hill, presidente de la Compañía de Tabaco Americana: «Tenemos una mina de oro en nuestro jardín». En muchas ocasiones, la industria trató de promocionar cigarrillos para mujeres, pero no funcionaba. El prejuicio cultural estaba demasiado arraigado.

Entonces, en 1928, la Compañía de Tabaco Americana contrató a Edward Bernays, un joven vendedor con ideas y campañas de *marketing* completamente descabelladas.[1] En su momento, sus tácticas no se parecían a las de ningún otro en la industria de la publicidad.

A principios del siglo xx, el *marketing* se veía como una manera de comunicar los beneficios reales y tangibles de un producto de la forma más simple y concisa posible. En su momento, se pensaba que la gente compraba productos basándose en hechos e información. Si alguien deseaba comprar queso, entonces tenías que explicarle por qué tu queso era superior («¡La leche de cabra francesa más fresca, curado durante doce días, enviado refrigerado!»). Se consideraba que la gente era racional y que tomaba por sí misma decisiones de compra racionales. Era una suposición clásica: el cerebro racional estaba al mando.

Sin embargo, Bernays era poco convencional. No creía que la gente tomara decisiones racionales la mayor parte del tiempo. En su opinión, sucedía más bien lo contrario. Creía que las personas eran emocionales e impulsivas, pero lo disimulaban realmente bien. Desde su punto de vista, el cerebro emocional estaba al mando y nadie se había dado cuenta de ello.

La industria del tabaco se había centrado en persuadir a las mujeres para comprar y fumar cigarrillos mediante argumentos lógicos, pero Bernays lo veía como un asunto emocional y cultural. Si quería que ellas fumaran, entonces debía apelar a sus valores, no a sus pensamientos. Tenía que dirigirse a las identidades de las mujeres.

Para lograrlo, contrató a un grupo de mujeres y las colocó en el desfile del Domingo de Pascua de la ciudad de Nueva York. Hoy en día, los grandes desfiles de las fiestas se consideran cosas horteras que dejas que suenen por televisión mientras te quedas dormido en el sofá. Sin embargo, por aquel entonces, los desfiles eran grandes acontecimientos sociales, más o menos como la Super Bowl.

Bernays había planeado que, en el momento apropiado, esas mujeres se detendrían y se encenderían unos cigarrillos al mismo tiempo. Contrató a fotógrafos para que sacaran buenas imágenes de las mujeres fumando, que después pasó a todos los periódicos importantes del país. Les dijo a los reporteros que aquellas mujeres no solo estaban encendiendo cigarrillos, sino «antorchas de libertad». Demostraban así su capacidad para declarar su independencia y ser dueñas de sí mismas.

Era todo #FakeNews, por supuesto, pero Bernays lo organizó como si fuera una protesta política. Sabía que aquello despertaría las emociones apropiadas en las mujeres de todo el país. Las feministas habían logrado el sufragio para la mujer tan solo nueve años antes. Las mujeres trabajaban ahora fuera del hogar y estaban más integradas en la vida económica del país. Se reafirmaban cortándose mucho el pelo y poniéndose ropa más atrevida. Aquella generación de mujeres se veía a sí misma como la primera que podía actuar independientemente de un hombre. Y muchas de ellas se mostraban muy firmes al respecto. Si Bernays pudiera introducir su mensaje de «fumar es igual a libertad» en el movimiento de la liberación femenina…, en fin, las ventas de tabaco se duplicarían…, y él se haría rico.

Funcionó. Las mujeres comenzaron a fumar y, desde entonces, hemos tenido igualdad de oportunidades para sufrir cáncer de pulmón.

Bernays siguió realizando esa clase de golpes maestros con regularidad durante veinte años. Revolucionó por completo la industria del *marketing* e inventó el campo de las relaciones públicas. ¿Pagar a famosos atractivos para que usen tu producto? Fue idea de Bernays. ¿Crear falsos artículos que, en realidad, son anuncios sutiles para la empresa? También cosa suya. ¿Organizar actos públicos controvertidos para llamar la atención sobre un cliente? Pregunta a Bernays. Casi todas las formas de *marketing* y publicidad a las que estamos sometidos hoy en día surgieron de su cabeza.

Pero he aquí otro dato interesante sobre Bernays: era sobrino de Sigmund Freud.

Freud era famoso por ser el primer pensador moderno en defender que era el cerebro emocional el que realmente estaba al volante del coche de la consciencia. Creía que las inseguridades y la vergüenza de las personas les hacían tomar malas decisiones, dejarse llevar o compensar por lo que creían que les faltaba. Freud fue quien se dio cuenta de que tenemos identidades cohesivas, historias en nuestra mente que nos contamos sobre nosotros mismos, y que nos sentimos emocionalmente vinculados a ellas y lucharemos por mantenerlas.[2] Freud decía que, a fin de cuentas, somos animales: impulsivos, egoístas y emocionales.

Se pasó casi toda la vida arruinado. Era la quintaesencia del intelectual europeo: aislado, erudito, profundamente filosófico. Pero Bernays era estadounidense. Era práctico. Era ambicioso. ¡Que le jodan a la filosofía! Él quería ser rico. Y, desde luego, las ideas de Freud (trasladadas al *marketing*) le hicieron rico.[3] Gracias a Freud, Bernays entendió algo que nadie más en el negocio había entendido antes que él: que, si logras acceder a las inseguridades de las personas, comprarán casi cualquier cosa que les digas.

Los camiones van dirigidos a los hombres como manera de reivindicar la fuerza y la confianza. El maquillaje va dirigido a las mujeres como manera de ser más amada y llamar más la atención. La cerveza va orientada hacia la diversión y hacia ser el centro de atención en una fiesta.

Todo esto es *marketing* básico, por supuesto. Y hoy se considera algo habitual. Una de las primeras cosas que aprendes cuando estudias *marketing* es a buscar los «puntos de dolor» del consumidor..., y así hacer que se sienta peor de manera muy sutil. La idea es que provoques la vergüenza y la inseguridad de las personas, y luego vayas y les digas que tu producto resolverá esa vergüenza y los librará de esa inseguridad. Dicho de otro modo, el *marketing* identifica o acentúa de manera específica las brechas morales del consumidor y luego le ofrece maneras de llenarlas.

Por un lado, esto ha ayudado a producir la diversidad y la riqueza económicas actuales. Por otro lado, cuando los mensajes de *marketing* diseñados para provocar sentimientos de malestar se convierten en miles de mensajes publicitarios que llegan a cada individuo, todos los días, tiene que haber repercusiones psicológicas. Y no pueden ser buenas.

Los sentimientos mueven el mundo

El mundo se alimenta de una cosa: sentimientos.

Eso es porque la gente se gasta el dinero en cosas que le hacen sentir bien. Y, donde fluye el dinero, fluye el poder. Así pues, cuanto más puedas influir en las emociones de las personas, más dinero y poder acumularás.

El dinero es, en sí mismo, una forma de intercambio utilizada para compensar brechas morales entre la gente. El dinero es una minirreligión especial y universal que todos compramos, pues hace que nuestras vidas sean un poco más fáciles. Nos permite convertir nuestros valores en algo universal cuando nos relacionamos unos con otros. A ti te encantan las ostras y las almejas. A mí me encanta fertilizar el suelo con la sangre de mis enemigos. Tú luchas en mi ejército y, cuando lleguemos a casa, te haré rico con ostras y almejas. ¿Trato hecho?

Así es como surgieron las economías humanas.[4] No, en serio, empezaron porque un puñado de reyes y emperadores furiosos deseaban masacrar a sus enemigos, pero tenían que dar a sus ejércitos algo a cambio, así que inventaron el dinero como una forma de deuda (o brecha moral) para que los soldados «gastaran» (compensaran) cuando (o si) regresaran a casa.

No ha cambiado gran cosa desde entonces, claro. En esa época, el mundo se alimentaba de sentimientos, igual que ahora. Lo único que ha cambiado son los aparatos que utilizamos para jodernos entre nosotros. El progreso tecnológico es solo una manifestación de la economía de los sentimientos. Por ejemplo, nadie ha intentado nunca inventar un gofre que habla. ¿Por qué? Porque sería muy raro y siniestro, por no mencionar que sería muy poco nutritivo. En su lugar, las tecnologías han investigado e inventado cosas para (¡sí, lo has adivinado!) hacer que la gente se sienta mejor (o evitar que se sienta peor). El bolígrafo, un calentador más cómodo para el asiento, una junta mejor para las tuberías de tu casa; se han ganado y se han perdido fortunas por cosas que ayudan a la gente a mejorar o a evitar el dolor. Esas cosas hacen que las personas se sientan mejor. La gente se emociona. Gasta dinero. Y entonces llega el *boom*.

Hay dos maneras de crear valor en el mercado:

1. **Innovaciones (actualizar el dolor)**. La primera manera de crear valor es reemplazar un dolor por otro dolor mucho más tolerable/deseable. Los ejemplos más drásticos y evidentes son las innovaciones médicas y farmacéuticas. Las vacunas contra la polio reemplazaron una eternidad de dolor debilitante e inmovilidad por un pinchacito que dura unos segundos. Las operaciones de corazón reemplazaron..., bueno, reemplazaron la muerte por una convalecencia de una semana o dos tras la operación.

2. **Distracciones (evitar el dolor)**. La segunda manera de crear valor en el mercado es ayudar a la gente a anestesiar su dolor. Mientras que actualizar el dolor ofrece a la gente un dolor mejor, anestesiarlo únicamente lo retrasa; con frecuencia, incluso lo empeora. Las distracciones son un viaje de fin de semana a la playa, una noche de fiesta con los amigos, una película con alguien especial, esnifar cocaína del culo de una prostituta. Las distracciones no tienen nada de malo; todos las necesitamos de vez en cuando. El problema viene cuando empiezan a dominar nuestras vidas y a arrebatarle el poder a nuestra voluntad. Muchas distracciones activan determinados circuitos en nuestro cerebro, convirtiéndolas en adictivas. Cuanto más anestesias el dolor, peor se vuelve; por tanto, te incita a seguir anestesiándolo. Llegado cierto momento, la bola de dolor crece tanto que tu evitación de ese dolor se vuelve compulsiva. Pierdes el control de ti mismo; tu cerebro emocional ha encerrado a tu cerebro racional en el maletero y no lo dejará salir hasta que no consiga meterse el próximo chute de lo que sea. Y así continúa la espiral autodestructiva.

Cuando se inició la revolución científica, casi todo el progreso económico se debía a la innovación. Por entonces, una gran mayoría de la población vivía en la pobreza: todo el mundo estaba enfermo, pasaba hambre y frío, y estaba cansado gran parte del tiempo. Muy pocos sabían leer. La mayoría tenía los dientes mal. No era nada divertido. A lo largo de unos pocos cientos de años, con la invención de las máquinas y las ciudades, así como con la división del trabajo, la medicina moderna, la higiene y el Gobierno representativo, se alivió gran parte de la pobreza y de las adversidades. Las vacunas y las medicinas han salvado miles de millones de vidas. Las máquinas han reducido las cargas de trabajo agotadoras y el hambre en el mundo. Las innovaciones tecnológicas que actualizaron el sufrimiento humano son, indudablemente, algo bueno.

Pero ¿qué ocurre cuando un gran número de personas son relativamente ricas y están sanas? Llegado ese punto, casi todo el progreso económico cambia de la innovación a la distracción, de actualizar el dolor a evitarlo. Una de las razones por las que esto ocurre es que la verdadera innovación es arriesgada, difícil y, con frecuencia, poco gratificante. Muchas de las más importantes innovaciones de la historia dejaron a sus inventores arruinados y desamparados.[5] Si alguien va a fundar una empresa y a arriesgar, la apuesta más segura es tomar el camino de la distracción. Como resultado, hemos construido una cultura en la que la «innovación» más tecnológica consiste en averiguar cómo aumentar las distracciones de maneras nuevas y más eficientes (y más invasivas). Como dijo una vez el capitalista de riesgo Peter Thiel, «queríamos coches voladores y, en su lugar, tenemos Twitter».

Una vez que la economía se centra casi exclusivamente en las distracciones, la cultura empieza a cambiar. A medida que un país pobre se desarrolla y consigue acceso a la medicina, a los teléfonos y a otras tecnologías innovadoras, la medición del bienestar se eleva a un ritmo fijo, ya que el dolor general está siendo actualizado a un dolor mejor. Pero, cuando el país llega a categoría de primer mundo, ese bienestar deja de crecer y, en algunos casos, se precipita.[6] Mientras tanto, pueden proliferar las enfermedades mentales, la depresión y la ansiedad.[7]

Esto sucede porque mejorar una sociedad y darle innovaciones modernas hace que la gente sea más robusta y antifrágil. Pueden sobrevivir a más adversidades, trabajar de manera más eficiente, comunicarse y funcionar mejor dentro de sus comunidades.

Sin embargo, una vez que esas innovaciones están integradas y todo el mundo tiene un teléfono móvil y un *Happy Meal* de McDonald's, entran en el mercado las grandes distracciones modernas. Y, en cuanto aparecen, se introduce una fragilidad psicológica y todo empieza a parecer jodido.[8]

La era comercial empezó a principios del siglo xx cuando Bernays descubrió que se podía apelar a los sentimientos y deseos inconscientes de la gente.[9] A Bernays no le preocupaba la penicilina ni la cirugía cardiaca. Él estaba vendiendo cigarrillos, prensa sensacionalista y productos de belleza; mierdas que la gente no necesitaba. Y, hasta entonces, nadie había adivinado cómo lograr que la gente se gastase cantidades ingentes de dinero en cosas que no eran necesarias para su supervivencia.

La invención del *marketing* provocó una fiebre del oro de la era moderna para saciar la búsqueda de la felicidad de la población. Surgió la cultura pop, y los famosos y los atletas se hicieron ricos. Por primera vez, los artículos de lujo empezaban a producirse en masa y se anunciaban a las clases medias. Hubo un crecimiento explosivo de las tecnologías de la comodidad: cenas de microondas, comida rápida, sillones La-Z-Boy, sartenes antiadherentes y cosas por el estilo. La vida se hizo tan rápida, fácil y eficiente que, en cuestión de cien años, la gente podía descolgar un teléfono y lograr en dos minutos lo que antes se tardaba en hacer dos meses.

La vida en la era comercial, aunque más compleja que antes, seguía siendo relativamente simple comparada con la actualidad. Existía una amplia clase media y floreciente dentro de una cultura homogénea. Veíamos los mismos canales de televisión, escuchábamos la misma música, comíamos la misma comida, nos relajábamos en la misma clase de sofás y leíamos los mismos periódicos y revistas. En esa era, existía continuidad y cohesión, lo que proporcionaba una sensación de seguridad. Durante un tiempo, todos fuimos libres y, a la vez, parte de la misma religión. Y eso resultaba tranquilizador. A pesar de la amenaza constante de la aniquilación nuclear, al menos en occidente, tendemos a idealizar ese periodo. Creo que hoy en día tanta gente tiene nostalgia debido a esa sensación de cohesión social.

Entonces apareció Internet.

Internet es una auténtica innovación. En términos generales, puede decirse que mejora nuestra vida. Y mucho.

El problema es…, bueno, el problema somos nosotros.

Las intenciones de Internet eran buenas: los inventores y tecnólogos de Silicon Valley y demás lugares tenían muchas esperanzas puestas en un planeta digital. Trabajaron durante décadas para conectar a todas las personas con toda la información del mundo. Creían que Internet nos liberaría, eliminando a los guardianes y las jerarquías, y dando al común de la gente idéntico acceso a la misma información y las mismas oportunidades de expresarse. Creían que, si todo el mundo tuviera voz y un medio sencillo y efectivo de compartir esa voz, el mundo sería un lugar mejor y más libre.

Durante las décadas de 1990 y 2000, se alcanzó un nivel de optimismo casi utópico. Los tecnólogos imaginaban una población mundial con una elevada formación capaz de acceder a un conocimiento infinito solo con las yemas de los dedos. Vieron la oportunidad de generar una mayor empatía y comprensión entre naciones, etnias y estilos de vida. Soñaban con un movimiento global conectado y unificado con el único interés común de la paz y la prosperidad.

Pero se les olvidó.

Estaban tan absorbidos por sus sueños religiosos y sus esperanzas personales que se les olvidó.

Se les olvidó que el mundo no se alimenta de información.

Las personas no toman decisiones basándose en verdades o hechos. No se gastan el dinero basándose en datos. No se conectan unas con otras por una verdad filosófica superior.

El mundo se alimenta de sentimientos.

Y, cuando le das a la persona de a pie un depósito infinito de sabiduría humana, esa persona no va a buscar en Google la información que contradiga sus creencias más profundas. No va a buscar en Google aquello que es cierto, pero desagradable.

En su lugar, casi todos nosotros buscaremos en Google aquello que es agradable e incierto.

¿Se te pasa por la cabeza algún pensamiento racista aleatorio? Bueno, hay un foro entero de racistas a dos clics de distancia, con muchos argumentos que suenan convincentes y te explican por qué no deberías avergonzarte de tener tales inclinaciones. ¿Te deja tu mujer y, entonces, empiezas a pensar que todas las mujeres son malas y egoístas por naturaleza? No necesitas más que una búsqueda en Google para encontrar justificaciones para esos sentimientos misóginos.[10] ¿Crees que los musulmanes van a ir de colegio en colegio asesinando a tus hijos? Estoy seguro de que hay alguna teoría de la conspiración en alguna parte que ya lo ha «demostrado».

En vez de contener la libre expresión de nuestros peores sentimientos y nuestras inclinaciones más turbias, las empresas emergentes y las corporaciones se lanzaron a sacar tajada de eso. De este modo, la mayor innovación de nuestro tiempo se ha transformado poco a poco en nuestra mayor distracción.

Internet, en definitiva, no se diseñó para darnos lo que necesitamos.

En su lugar, da a la gente lo que quiere. Y si has aprendido en este libro sobre psicología humana, ya sabrás que eso es mucho más peligroso de lo que parece.

#FalsaLibertad

Debe de ser un momento extraño para ser un empresario de éxito. Por un lado, las empresas están mejor que nunca. Hay más riqueza en el mundo que antes, los beneficios están superando todos los récords, la productividad y el crecimiento van de maravilla. Sin embargo, al mismo tiempo, la desigualdad de los salarios está por las nubes, la polarización política está estropeando todas las reuniones familiares y parece haber una plaga de corrupción que se expande por el mundo.

Así pues, aunque se aprecia exuberancia en el mundo empresarial, también hay una especie de actitud defensiva extraña que a veces surge de la nada. Y esa actitud defensiva, según he observado, siempre adopta la misma forma, sin importar de quién venga. Dice: «¡Solo le damos a la gente lo que quiere!».

Ya sean compañías petroleras, anunciantes siniestros o Facebook robándote los datos, toda corporación que pisa una mierda se limpia el zapato recordando a todo el mundo que solo intentan dar a la gente lo que quiere: mayor velocidad de descarga, un aire acondicionado más cómodo, menor consumo de gasolina, un cortapelos de los pelos de la nariz más barato… ¿Y cómo va a ser malo eso?

Y es cierto: la tecnología da a la gente lo que quiere más rápido y con más eficiencia que antes. Y, aunque a todos nos encanta echar mierda sobre los magnates corporativos por sus prácticas poco éticas, nos olvidamos de que simplemente están satisfaciendo los deseos del mercado. Están cubriendo nuestra demanda. Y, si nos libráramos de Facebook o de BP, o de cualquier corporación gigantesca que se considere perversa en el momento en que leas esto, surgiría otra igual para ocupar su lugar.

Así pues, quizás el problema no solo sea un puñado de ejecutivos codiciosos que fuman puros y acarician gatos malignos mientras se ríen como locos por todo el dinero que ganan.

Quizás aquello que queremos es una mierda.

Por ejemplo, yo quiero una bolsa gigante de malvaviscos en mi salón. Quiero comprarme una mansión de ocho millones de dólares pidiendo dinero prestado que nunca podré devolver. Quiero volar a una playa nueva cada semana durante un año entero y vivir a base de filetes de Wagyu.

Lo que quiero es terrible. Eso es porque mi cerebro emocional está al mando de lo que quiero. Y mi cerebro emocional es como un chimpancé que acaba de tomarse una botella de tequila y después ha empezado a machacársela con ella.

Por lo tanto, yo diría que «dar a la gente lo que quiere» es un argumento bastante pobre, éticamente hablando. «Dar a la gente lo que quiere» solo funciona cuando le das innovaciones, como un riñón sintético o algo para evitar que su coche arda de manera espontánea. Dale a esa gente lo que quiere. Pero dar a la gente demasiadas de las distracciones que quiere es un juego muy peligroso. Primero, mucha gente quiere cosas que son horribles. Segundo, mucha gente se deja manipular con facilidad para querer mierda que en realidad no quiere (véase: Bernays). Tercero, alentar a la gente a evitar el dolor mediante más y más distracciones nos hace más débiles y más frágiles. Y cuarto, no quiero que tus putos anuncios de Skynet me sigan allí donde vaya y controlen mi vida en busca de putos datos. Una vez, hablé con mi mujer sobre la posibilidad de viajar a Perú, pero eso no significa que tengas que inundarme el teléfono con fotos del Machu Picchu durante seis semanas. Y, en serio, deja de escuchar mis putas conversaciones y de vender mis datos a cualquiera que te pague un dólar por ellos.[11]

Pero, bueno…, ¿por dónde iba?

Curiosamente, Bernays vio venir todo esto: los anuncios siniestros, la invasión de la intimidad y el entontecimiento de la población mediante el consumismo sin sentido. Ese tipo era un genio. Pero, claro, estaba a favor de todo eso. Así pues, digamos que era un genio malo.

Las creencias políticas de Bernays eran horribles. Creía en lo que supongo que podría llamarse el «fascismo *light*»: el mismo malvado Gobierno autoritario, pero sin las innecesarias calorías del genocidio. Bernays creía que las masas eran peligrosas y había que controlarlas mediante un estado centralizado fuerte. Pero también se daba cuenta de que los regímenes totalitarios sangrientos no eran precisamente ideales. Para él, una nueva ciencia de *marketing* ofrecía a los Gobiernos una manera de influir y calmar a sus ciudadanos sin la carga de tener que mutilarlos y torturarlos por la izquierda, por la derecha y por el centro.[12]

(El tipo debía de ser un éxito en las fiestas.)

Bernays creía que la libertad para casi todo el mundo era imposible y peligrosa. Era muy consciente, después de leer los escritos de su tío Freud, de que lo último que una sociedad debería tolerar era que el cerebro emocional de todos llevase las riendas. Las sociedades necesitaban orden, jerarquía y autoridad. Y la libertad era antiética para esas cosas. Veía el *marketing* como una herramienta increíble que podía dar a la gente la «sensación de tener libertad» cuando, en realidad, solo les daba unos pocos sabores más de pasta de dientes entre los que elegir.

Por suerte, los Gobiernos occidentales (en su mayor parte) nunca se rebajaron hasta el punto de manipular directamente a sus poblaciones mediante campañas publicitarias. En su lugar, sucedió lo contrario. A las empresas se les daba tan bien ofrecer a la gente lo que quería que, con el tiempo, fueron ganando cada vez más poder político para sí mismas. Las normativas se rompieron. Se terminó con la supervisión burocrática. Se erosionó la privacidad. El dinero estaba más enredado con la política que nunca antes. ¿Y por qué ocurrió todo eso? Ya deberías saberlo: ¡solo daban a la gente lo que la gente quería!

Pero, a la mierda, seamos francos, «dar a la gente lo que quiere» no es más que #FalsaLibertad, porque lo que la mayoría de nosotros queremos son distracciones. Y, cuando nos avasallan a distracciones, suceden algunas cosas.

Lo primero es que nos volvemos cada vez más frágiles. Nuestro mundo se encoge para adaptarse al tamaño de nuestros valores, cada vez más reducidos. Nos obsesionamos con la comodidad y el placer. Y cualquier posible pérdida de ese placer nos resulta devastadora y cósmicamente injusta. Yo diría que la estrechez de nuestro mundo conceptual no es libertad. Es lo contrario.

La segunda cosa que sucede es que nos volvemos propensos a una serie de comportamientos adictivos de bajo nivel: revisar de manera compulsiva nuestro teléfono, nuestro correo electrónico, nuestro Instagram; terminar de manera compulsiva series de Netflix que no nos gustan; compartir artículos que provocan indignación sin haberlos leído; aceptar invitaciones a fiestas y eventos que no nos gustan; viajar no porque queramos, sino porque queremos poder decir que fuimos. El comportamiento compulsivo orientado a experimentar más cosas no es libertad, sino que es más bien lo contrario.

Tercera cosa: la incapacidad para identificar, tolerar o buscar emociones negativas es, en sí misma, un encierro. Si te sientes bien solo cuando la vida es feliz y maravillosa como la chica de la portada de una revista, entonces, ¿sabes qué?, que no eres libre. Eres lo contrario a libre. Eres prisionero de tus propias indulgencias, estás esclavizado por tu propia intolerancia, paralizado por tu propia debilidad emocional. Siempre sentirás la necesidad de encontrar un consuelo o una validación externos que puede que se produzcan o puede que no.

Cuarta cosa (joder, estoy en racha): la paradoja de la elección. Cuantas más opciones nos dan (por ejemplo, cuanta más «libertad» tenemos), menos satisfechos estaremos con la opción que elijamos.[13] Si Jane tiene que elegir entre dos cajas de cereales y Mike puede elegir entre veinte cajas, Mike no tiene más libertad que Jane. Tiene más «variedad». No es lo mismo. La variedad no es libertad. La variedad no es más que una serie de permutaciones diferentes de la misma mierda sin sentido. Si, en su lugar, Jane tuviera una pistola apuntándole a la cabeza y un tipo con uniforme de las SS gritándole, «¡Cómete los *puñeterros cereales*!» con un fuerte acento bávaro, entonces Jane tendría menos libertad que Mike. Pero avísame cuando eso suceda.

Ese es el problema de exaltar la libertad por encima de la conciencia. Tener más cosas no nos hace más libres, sino que nos aprisiona con la ansiedad de preguntarnos si escogimos bien o hicimos lo mejor. Tener más cosas hace que seamos más propensos a tratarnos a nosotros mismos y a los demás como medios más que como fines. Nos hace más dependientes de los ciclos interminables de la esperanza.

Si la búsqueda de la felicidad nos lleva de vuelta al infantilismo, la falsa libertad conspira para mantenernos ahí encerrados. Porque la libertad no es tener más marcas de cereales entre las que elegir, o más vacaciones en la playa para sacarse *selfies*, o más canales por satélite con los que quedarte dormido.

Eso es variedad. Y, en un vacío, la variedad no significa nada. Si estás atrapado por la inseguridad, consumido por las dudas o paralizado por la intolerancia, podrás tener toda la variedad del mundo. Pero no serás libre.

Libertad real

La única forma auténtica de libertad, ética, surge con la autolimitación. No es el privilegio de elegir todo lo que quieres en la vida, sino más bien de elegir aquello a lo que renunciarás en la vida.

Esto no solo es libertad real, sino que es la única libertad. Las distracciones van y vienen. El placer nunca dura. La variedad pierde su significado. Pero siempre serás capaz de elegir a lo que estás dispuesto a renunciar, lo que puedes sacrificar.

Paradójicamente, esta clase de sacrificio es la única cosa que expande la libertad real en la vida. El dolor del ejercicio físico regular acaba por realzar tu libertad física: tu fuerza, tu movilidad, tu resistencia y tu energía. El sacrificio de una ética de trabajo fuerte te proporciona libertad para buscar más oportunidades de trabajo, para manejar tu propia carrera laboral, para ganar más dinero, y para obtener los beneficios asociados a eso. La voluntad de enfrentarse al conflicto con los demás te liberará para hablar con cualquiera, para ver si comparte tus valores y creencias, para descubrir si puede aportar algo a tu vida y qué puedes aportar tú a la suya.

Puedes ser más libre ahora mismo solo con elegir las limitaciones que quieres imponerte a ti mismo. Puedes elegir levantarte más temprano cada mañana, bloquear tu correo electrónico hasta media tarde todos los días, borrar las aplicaciones de redes sociales de tu teléfono. Esas limitaciones te harán libre porque liberarán tu tiempo, tu atención y tu poder de elección. Tratan a tu conciencia como un fin en sí mismo.

Si te cuesta ir al gimnasio, entonces alquila una taquilla y deja en ella toda tu ropa de trabajo para que tengas que ir cada mañana. Limítate a dos o tres eventos sociales cada semana, para obligarte a pasar tiempo con la gente que más te importa. Extiende un cheque de tres mil dólares a un amigo cercano o a un miembro de la familia y dile que, si alguna vez vuelves a fumar un cigarrillo, podrá cobrarlo.[14]

Al final, la libertad más significativa de tu vida se da gracias a tus compromisos, las cosas en la vida por las que has elegido sacrificarte. Hay una libertad emocional en mi relación con mi esposa que jamás sería capaz de reproducir ni aunque saliera con otras mil mujeres. Hay una libertad en haber tocado la guitarra durante veinte años (una expresión profundamente artística) que no podría obtener si memorizase sin más docenas de canciones. Hay una libertad en el hecho de haber vivido en un mismo lugar durante cincuenta años (una intimidad y familiaridad con la comunidad y con la cultura) que no puedes reproducir por mucho que hayas viajado por todo el mundo.

Un mayor compromiso permite una mayor profundidad. Una falta de compromiso requiere superficialidad.

En los últimos diez años, ha habido cierta tendencia al *life hacking*, o los trucos para la vida. La gente quiere aprender un idioma en un mes, visitar quince países en cuatro semanas, convertirse en campeón de artes marciales en una semana, y suele buscar toda clase de «trucos» para hacerlo. Puede verse a todas horas en YouTube y en las redes sociales: gente que lleva a cabo desafíos ridículos solo para demostrar que pueden hacerse. Sin embargo, tales trucos para la vida equivalen a intentar cosechar las recompensas del compromiso sin haber cerrado ninguno. Es otra triste forma de falsa libertad. Son calorías vacías para el alma.

Hace poco, leí algo sobre un tipo que memorizaba jugadas de un programa de ajedrez para demostrar que podía «dominar» el juego en un mes. No aprendió nada sobre ajedrez, no se enfrentó a la estrategia, no desarrolló un estilo ni aprendió tácticas. No. Lo abordó como si fueran unos inmensos deberes de clase: memorizar las jugadas, ganar una vez frente a un jugador de alto nivel y después declarar tú mismo tu propio dominio.[15]

Eso no es ganar nada. Eso no es más que aparentar haber ganado algo. Es aparentar un compromiso y un sacrificio, pero sin el compromiso ni el sacrificio. Es aparentar que hay un significado cuando no lo hay.

La falsa libertad nos sitúa en la cinta andadora para aspirar siempre a más, mientras que la libertad real es la decisión consciente de vivir con menos.

La falsa libertad es adictiva: da igual lo mucho que tengas, porque siempre sientes que no es suficiente. La libertad real es repetitiva, predecible y, a veces, aburrida.

La falsa libertad ofrece ganancias menguantes: requiere cantidades de energía cada vez mayores para lograr la misma alegría y el mismo sentido. La libertad real ofrece ganancias crecientes: requiere cada vez menos energía para lograr la misma alegría y el mismo sentido.

La falsa libertad es ver el mundo como una serie infinita de transacciones y negociaciones que crees que estás ganando. La libertad real es ver el mundo de manera incondicional, donde la única victoria es estar por encima de tus propios deseos.

La falsa libertad requiere que el mundo se pliegue a tu voluntad. La libertad real no le pide nada al mundo. Es solo tu voluntad.

En definitiva, la sobreabundancia de distracciones y la falsa libertad que eso produce limitan nuestra capacidad para experimentar la libertad real. Cuantas más opciones tenemos, cuanta más variedad nos ponen delante, más difícil resulta elegir, sacrificar y concentrarse. Y, en nuestra cultura actual, vemos este dilema a diario.

En 2000, el científico político de Harvard Robert Putnam publicó su influyente libro *Bowling Alone: The Collapse and Revival of American Community*.[16] En él, documenta el descenso de la participación ciudadana en Estados Unidos. Asegura que los individuos participan cada vez en menos grupos. En su lugar, prefieren hacer sus actividades solos, de ahí el título del libro: hoy en día hay más gente que juega a los bolos que antes, y, sin embargo, las ligas de bolos han desaparecido. La gente juega a los bolos sola. Putnam escribía sobre Estados Unidos, pero no es un fenómeno exclusivamente estadounidense.[17]

A lo largo del libro, muestra que tal hecho no se limita a los grupos recreativos, sino que afecta a todos los ámbitos: desde los sindicatos laborales hasta las asociaciones de padres y profesores, pasando por los servicios a la comunidad, las iglesias y los clubes de *bridge*. Esta atomización de la sociedad tiene efectos significativos, según dice: la confianza social ha disminuido, la gente está cada vez más aislada, menos comprometida políticamente y es más paranoica con respecto a sus vecinos.[18]

La soledad también crece. El año pasado, por primera vez, una mayoría de estadounidenses dijo que se sentía sola. Y las nuevas investigaciones sugieren que estamos reemplazando unas pocas relaciones de calidad por un gran número de relaciones superficiales y temporales.[19]

Según Putnam, el tejido conectivo social del país está siendo destruido por la sobreabundancia de distracciones. Aseguraba que las personas elegían quedarse en casa y ver la televisión, navegar por Internet, jugar a los videojuegos, antes que comprometerse con cualquier organización o grupo local. También predice que la situación va a ir a peor.[20]

Históricamente, cuando los occidentales hemos contemplado a toda la gente oprimida del mundo, nos hemos lamentado de su falta de falsa libertad, de su falta de distracciones. La gente de Corea del Norte no puede leer los periódicos ni comprar la ropa que le gusta, ni siquiera escuchar música que no esté patrocinada por el Estado.

Sin embargo, esa no es la razón por la que los norcoreanos no son libres. Carecen de libertad no porque sean incapaces de elegir sus placeres, sino porque no se les permite escoger su dolor. No pueden elegir libremente sus compromisos. Tienen que realizar sacrificios que, de otro modo, no desearían o no merecerían. El placer no es la cuestión. Su falta de placer es un simple efecto secundario de su verdadera opresión: su dolor obligado.[21]

Porque, en la actualidad, en casi todas las partes del mundo, la gente puede elegir sus placeres. Las personas son capaces de elegir qué leer, a qué jugar o qué ropa ponerse. Las distracciones modernas están por todas partes. Pero la tiranía de la nueva era no se logra privando a la gente de distracciones y compromisos. Más bien se consigue inundando a la población con tantas distracciones, con tanta información falsa y frívola, que es incapaz de comprometerse con sentido. Es lo que predijo Bernays, pero unas pocas generaciones más tarde de lo que esperaba. Ha hecho falta el poder de Internet para convertir en realidad su visión de las campañas de propaganda globales, de los Gobiernos y las corporaciones que manejan y controlan los deseos y anhelos de las masas.[22]

Sin embargo, no le demos demasiado mérito a Bernays. Al fin y al cabo, parecía un poco imbécil.

Además, hubo un hombre que vio venir todo esto mucho antes que él. Un tipo que se dio cuenta de los peligros de la falsa libertad, así como de la proliferación de las distracciones y el efecto miope que provocarían en los valores de la gente. Ese hombre percibió que demasiado placer provoca que nos volvamos infantiles, egoístas, narcisistas e insoportables en Twitter. Era mucho más sabio e influyente que cualquiera a quien puedas ver en un canal informativo, en una charla TED o en una tribuna parlamentaria. Ese tipo fue el primer grande de la filosofía política. Fue el inventor de la idea del alma. Hace varios milenios, se dio cuenta del gran follón que se avecinaba.

La predicción de Platón

El filósofo y matemático inglés Alfred North Whitehead dijo que toda la filosofía occidental no era más que una «serie de notas a pie de página de Platón».[23] Cualquier tema que se te ocurra, desde la naturaleza del amor romántico, hasta si existe o no la «verdad», pasando por el significado de la virtud, es probable que Platón reflexionara al respecto. Fue el primero en sugerir que había una separación inherente entre el cerebro racional y el cerebro emocional.[24] Nadie antes había asegurado que uno debe construir el carácter mediante diversas formas de sacrificio, no desde la autocomplacencia.[25] Platón era tan tremendo que hasta la palabra «idea» surgió de él. Así pues, podría decirse que inventó la idea de una idea.[26]

Curiosamente, pese a ser el padre de la civilización occidental, Platón dijo que la democracia no era la forma de gobierno más deseable.[27] Creía que era inherentemente inestable y que, de manera inevitable, desataba lo peor de nuestra naturaleza, conduciendo a la sociedad hacia la tiranía. Escribió: «No puede esperarse que la libertad extrema nos conduzca hacia algo que no sea la esclavitud extrema».[28]

Las democracias están diseñadas para reflejar la voluntad del pueblo. Hemos aprendido que las personas, cuando se las deja sueltas, instintivamente huyen del dolor camino de la felicidad. El problema surge cuando la gente alcanza esa felicidad, porque nunca es suficiente. Debido al efecto del punto azul, nunca se sienten enteramente a salvo o satisfechos. Sus deseos crecen paralelos a la calidad de sus circunstancias.

Al final, las instituciones no serán capaces de mantenerse a la altura de los deseos de la gente. Y, cuando las instituciones no logren mantener la felicidad de la gente, adivina qué pasará.

La gente empezará a culpar a las propias instituciones.

Platón dijo que las democracias llevan al declive moral porque, al entregarse a la falsa libertad, los valores de la gente se deterioran y se vuelven más infantiles y egocéntricos. Eso hace que la ciudadanía se vuelva en contra del sistema democrático. Cuando los valores infantiles toman el mando, la gente ya no quiere negociar por el poder, no desea llegar a acuerdos con otros grupos u otras religiones, no quiere soportar el dolor por el bien de una prosperidad y libertad mayores. En su lugar, lo que la gente desea es un líder fuerte que llegue y lo arregle todo sin tardar mucho. La gente quiere un tirano.[29]

En Estados Unidos, se dice que «la libertad no es gratis» (*freedom is not free*). Normalmente, este dicho se usa para referirse al ejército y a las guerras libradas y ganadas para proteger los valores del país. Es una manera de recordar a la gente que esto no sucedió por arte de magia: miles de personas murieron o fueron asesinadas para que nosotros podamos estar aquí sentados bebiendo unos *frappuccinos* de moca carísimos y decir lo que nos dé la gana. Es una manera de recordar que los derechos humanos básicos de los que disfrutamos (libertad de expresión, de religión y de prensa) se lograron mediante el sacrificio frente alguna fuerza externa.

Sin embargo, la gente se olvida de que esos derechos también se logran a través de un sacrificio frente a alguna fuerza interna. La democracia solo puede existir cuando estás dispuesto a tolerar opiniones que se oponen a las tuyas, cuando estás dispuesto a renunciar a algunas cosas que podrías querer por el bien de una comunidad segura y sana, cuando estás dispuesto a comprometerte y a aceptar que a veces las cosas no salen como tú quieres.

Visto de otro modo: la democracia exige una ciudadanía con un carácter y una madurez fuertes.

En las dos últimas décadas, la gente parece haber confundido sus derechos humanos básicos con no experimentar ninguna incomodidad. Se quiere libertad para expresarse, pero no se desea tener que enfrentarse a opiniones que podrían resultar incómodas u ofensivas. Las personas quieren libertad de empresa, pero no quieren pagar impuestos para apoyar la maquinaria legal que la hace posible. Quieren igualdad, pero no desean aceptar que la igualdad exige que todo el mundo experimente el mismo dolor, no que todo el mundo experimente el mismo placer.

La libertad en sí misma exige incomodidad. Implica insatisfacción. Porque, cuanto más libre es una sociedad, más tendrá que enfrentarse cada persona a ideas, opiniones y estilos de vida que podrían entrar en conflicto con los suyos. Cuanto menor es nuestra tolerancia al dolor, cuanto más nos entregamos a las falsas libertades, menos capaces seremos de mantener las virtudes necesarias para permitir el funcionamiento de una sociedad libre y democrática.

Y eso da miedo. Porque, sin democracia, estamos realmente jodidos. No, en serio, empíricamente, la vida empeora mucho sin una representación democrática, en casi todos los sentidos.[30] Y no es porque la democracia sea genial. Es más bien porque una democracia que funciona suele joder las cosas con menos frecuencia y de manera menos dura que cualquier otra forma de gobierno. O, como dijo Churchill una vez: «La democracia es la peor forma de gobierno, con excepción de todas las demás».

La razón por la que el mundo se civilizó y las personas dejaron de asesinarse entre sí es que las instituciones sociales modernas lograron mitigar las fuerzas destructivas de la esperanza. La democracia es una de las pocas religiones que permite que otras religiones vivan en armonía con ella y dentro de ella. Pero cuando esas instituciones sociales se corrompen con la necesidad constante de satisfacer al cerebro emocional de la gente, cuando las personas se vuelven desconfiadas y pierden la fe en la capacidad del sistema democrático para autocorregirse, entonces regresan los conflictos religiosos.[31] Y, con el avance constante de las innovaciones tecnológicas, cada ciclo de guerra religiosa puede provocar más destrucción y devastar más vidas humanas.[32]

Platón creía que las sociedades eran cíclicas, que oscilaban entre la libertad y la tiranía, entre la igualdad relativa y la gran desigualdad. A lo largo de los últimos dos mil quinientos años, ha quedado bastante claro que eso no es del todo cierto. Pero sí que hay patrones de conflicto político a lo largo de la historia, y sí que se ven los mismos temas religiosos que surgen una y otra vez. Ahí están la jerarquía radical de la moral del amo contra la igualdad radical de la moral del esclavo, la emergencia de líderes tiranos contra el poder difuso de las instituciones democráticas, la lucha de las virtudes adultas contra el extremismo infantil. Aunque los «ismos» han cambiado a lo largo de los siglos, detrás de cada movimiento se escondían los mismos impulsos humanos motivados por la esperanza. Y, aunque cada religión cree que es la definitiva, la que tiene la verdad con mayúsculas, la que podrá unir a la humanidad bajo un mismo ideal de armonía, cada una de ellas ha demostrado ser parcial e incompleta. Al menos hasta ahora.

La religión final

*E*n 1997, *Deep Blue,* un superordenador desarrollado por IBM, venció a Gary Kaspárov, el mejor ajedrecista del mundo. Fue un momento de inflexión en la historia de la informática, un evento sísmico que sacudió la manera de entender la tecnología, la inteligencia y la humanidad. Pero, hoy en día, no es más que un recuerdo pintoresco: claro que un ordenador podría vencer al campeón del mundo de ajedrez. ¿Por qué no iba a hacerlo?

Desde los inicios de la informática, el ajedrez ha sido uno de los medios favoritos para probar la inteligencia artificial.[1] Se debe a que el ajedrez posee un número casi infinito de permutaciones: hay más partidas posibles que átomos en el universo observable. En cualquier posición en el tablero, si uno se adelanta solo tres o cuatro jugadas, ya hay cientos de millones de variaciones.

Para que un ordenador pueda competir con un jugador humano, no solo debe ser capaz de calcular un increíble número de resultados posibles, sino que además debe tener algoritmos sólidos que le ayuden a decidir qué merece la pena calcular. Visto de otro modo: para vencer a un jugador humano, el cerebro racional de un ordenador, pese a ser ampliamente superior al de un humano, ha de estar programado para evaluar posiciones en el tablero más o menos valiosas; es decir, el ordenador debe tener programado en su interior un cerebro emocional bastante poderoso.[2]

Desde aquel día de 1997, los ordenadores han seguido mejorando al ajedrez a un ritmo vertiginoso. A lo largo de los quince años siguientes, los mejores jugadores humanos fueron derrotados por un *software* de ajedrez, a veces por márgenes vergonzosos.[3] Hoy en día, ni siquiera se acercan. El propio Kaspárov bromeó recientemente al decir que la aplicación de ajedrez que viene instalada en casi todos los *smartphones* «es mucho más poderosa de lo que era *Deep Blue*».[4] En la actualidad, los desarrolladores de *software* de ajedrez celebran torneos para sus programas, para ver cuáles son los algoritmos ganadores. Los humanos no solo quedan excluidos de dichos torneos, sino que probablemente ni siquiera quedaran en muy buen lugar dentro de la clasificación.

En los últimos años, el campeón indiscutible del mundo de *software* de ajedrez ha sido un programa de código abierto llamado Stockfish. Ha ganado o ha quedado entre los primeros puestos en casi todos los torneos desde 2014. Es una colaboración entre media docena de desarrolladores de *software*. Hoy en día, representa la cúspide de la lógica del ajedrez. No solo es un motor de ajedrez, sino que además puede analizar cualquier partida, cualquier posición, dando *feedback* de alto nivel a los pocos segundos de que un jugador ejecute su jugada.

Stockfish estaba hipercontento de ser el rey del ajedrez computarizado, la referencia de los análisis de ajedrez en todo el mundo…, hasta que en 2018 Google se sumó a la fiesta.

Y las cosas se torcieron.

Google tiene un programa llamado AlphaZero. No es un *software* de ajedrez. Es un *software* de inteligencia artificial (IA). En vez de estar programado para jugar al ajedrez o a cualquier otra cosa, está programado para aprender. Y no solo ajedrez, sino cualquier otro juego.

A principios de 2018, Stockfish se enfrentó al AlphaZero de Google. Sobre el papel, no fue una pelea justa. AlphaZero «solo» puede calcular ochenta mil posiciones de tablero por segundo. ¿Y Stockfish? Setenta millones. En términos de poder informático, es como si yo le echara una carrera a un Fórmula Uno.

Sin embargo, la cosa es más rara aún: el día de la partida, AlphaZero ni siquiera sabía jugar al ajedrez. Sí, eso es: antes de su partida contra el mejor *software* de ajedrez del mundo, AlphaZero tenía menos de un día para aprender a jugar al ajedrez desde cero. El *software* se pasó casi todo el día ejecutando simulaciones de partidas contra sí mismo, aprendiendo sobre la marcha. Desarrolló estrategias y principios tal como lo haría un ser humano: mediante ensayo y error.

Imagina la escena. Acabas de aprender las reglas del ajedrez, uno de los juegos más complejos del planeta. Te dan menos de un día para que juegues con un tablero y desarrolles algunas estrategias. Y, desde ahí, tu primera partida será contra el campeón del mundo.

Buena suerte.

Y, sin embargo, AlphaZero ganó. Vale, no ganó sin más. AlphaZero machacó a Stockfish. De las cien partidas que echaron, AlphaZero ganó o empató en todas y cada una de ellas.

Puedes volver a leerlo: tan solo nueve horas después de aprender las reglas del ajedrez, AlphaZero se enfrentó a la mayor autoridad mundial de ajedrez y no perdió ni una sola de las cien partidas. Fue un resultado sin precedentes que aún no se sabe cómo interpretar. Los grandes jugadores humanos se quedaron maravillados ante la creatividad e ingenio de AlphaZero. Uno de ellos, Peter Heine Nielsen, dijo: «Siempre me he preguntado cómo sería si una especie superior aterrizase en la Tierra y nos enseñase a jugar al ajedrez. Creo que ahora ya lo sé».[5]

Cuando AlphaZero acabó con Stockfish, no se tomó un descanso. ¡Por favor! Los descansos son para los debiluchos seres humanos. En su lugar, en cuanto hubo terminado con Stockfish, empezó a aprender el juego de estrategia shōgi.

El shōgi suele considerarse el ajedrez japonés, pero muchos aseguran que es más complejo.[6] Mientras que Kaspárov perdió frente a un ordenador en 1997, los mejores jugadores de shōgi no empezaron a perder ante un ordenador hasta 2013. De todos modos, AlphaZero destruyó al mejor *software* de shōgi (llamado «Elmo»), por un margen también muy sorprendente: de cien partidas, ganó noventa, perdió ocho y empató dos. De nuevo, los poderes computacionales de AlphaZero eran mucho menores que los de Elmo. (En este caso, podía calcular cuarenta mil movimientos por segundo, frente a los treinta y cinco millones de Elmo). Y, de nuevo, AlphaZero ni siquiera sabía jugar al shōgi un día antes del encuentro.

Por la mañana, aprendió a jugar a dos juegos increíblemente complejos. Y, al caer el sol, ya había puesto patas arriba la competición más conocida del mundo.

Noticia de última hora: ya llega la inteligencia artificial. Y, si bien el ajedrez y el shōgi son una cosa, en cuanto saquemos la inteligencia artificial de los juegos de tablero y empecemos a aplicarla a las salas de juntas…, bueno, tú y yo y todo los demás nos quedaremos sin trabajo.[7]

Los programas de inteligencia artificial ya han inventado sus propios lenguajes que los humanos no pueden descifrar, se han vuelto más eficaces que los médicos al diagnosticar la neumonía e incluso han escrito capítulos bastante pasables de *fan fiction* de Harry Potter.[8] En el momento en que escribo esto, estamos a punto de tener coches que se conducen solos, consejo legal automatizado e incluso arte y música generados por ordenador.[9]

Despacio, pero con decisión, la inteligencia artificial nos superará prácticamente en todo: medicina, ingeniería, construcción, arte, innovación tecnológica. Veremos películas creadas por inteligencia artificial y hablaremos sobre ellas en páginas webs o plataformas móviles construidas por inteligencia artificial, moderadas por inteligencia artificial, y puede incluso que la «persona» con la que discutas sea una inteligencia artificial.

Sin embargo, por muy descabellado que suene, no es más que el principio. Porque aquí es donde la cosa se pondrá seria de verdad: el día en que la inteligencia artificial pueda programar *software* de inteligencia artificial mejor que nosotros.

Cuando llegue ese día, cuando una inteligencia artificial pueda reproducir versiones mejoradas de sí misma, a voluntad, entonces abróchate el cinturón, amigo, porque va a ser un viaje movidito y ya no tendremos control sobre nuestro destino.

La inteligencia artificial llegará a un punto en el que superará a nuestra inteligencia humana en tantas cosas que ya no entenderemos lo que sucede. Los coches nos recogerán por razones que no entendemos y nos llevarán a destinos que no sabíamos que existían. Recibiremos de manera inesperada medicamentos para problemas de salud que no sabíamos que sufríamos. Es posible que nuestros hijos cambien de colegio, y nosotros, de trabajo; las políticas económicas mutarán de forma abrupta; los Gobiernos reescribirán sus constituciones. Y ninguno de nosotros comprenderá las razones. Simplemente, ocurrirá. Nuestro cerebro racional será demasiado lento. Nuestro cerebro emocional, demasiado errático y peligroso. Al igual que Alpha Zero al inventar estrategias de ajedrez en cuestión de horas que las mentes más brillantes del ajedrez no podían anticipar, la inteligencia artificial avanzada podría reorganizar la sociedad y todos los lugares que ocupamos de formas que ni imaginamos.

Entonces acabaremos justo donde empezamos: adorando fuerzas imposibles y desconocidas que, en apariencia, controlan nuestro destino. Actuaremos igual que los humanos primitivos que rezaban a sus dioses para tener lluvia y fuego. Haremos sacrificios, ofrendas, idearemos rituales y alteraremos nuestro comportamiento y apariencia para ganarnos el favor de los dioses de la naturaleza. Eso sí, en vez de adorar a los dioses primitivos, nosotros haremos ofrendas a los dioses de la inteligencia artificial.

Desarrollaremos supersticiones sobre los algoritmos. Si te pones esto, los algoritmos te favorecerán. Si te despiertas a cierta hora, dices lo correcto y te presentas en el lugar adecuado, las máquinas te bendecirán con una gran fortuna. Si eres sincero y no haces daño a los demás y cuidas de ti mismo y de tu familia, los dioses de la inteligencia artificial te protegerán.

Los dioses antiguos serán reemplazados por dioses nuevos: los algoritmos. Y, en un giro irónico de la evolución, la misma ciencia que mató a los dioses de la Antigüedad habrá construido los dioses del futuro. La humanidad regresará hacia la religiosidad. Y nuestras religiones no serán necesariamente muy diferentes a las del mundo antiguo. Al fin y al cabo, nuestra psicología ha evolucionado para divinizar aquello que no entiende, para exaltar las fuerzas que nos ayudan o nos hieren, para construir sistemas de valores en torno a nuestras experiencias, para buscar el conflicto que genera esperanza.

¿Por qué iba a ser diferente la inteligencia artificial?

Nuestros dioses de inteligencia artificial entenderán esto, por supuesto. Y encontrarán la manera de «actualizar» nuestros cerebros para que abandonemos nuestra necesidad psicológica de tener una lucha continua, o quizá simplemente nos fabriquen una lucha artificial. Seremos como sus perritos, convencidos de que estamos protegiendo y luchando por nuestro territorio a toda costa, cuando, en realidad, estaremos meando sobre una infinita serie de bocas de incendio digitales.

Puede que esto te asuste. Puede que te emocione. En cualquier caso, lo más probable es que sea inevitable. El poder surge de la capacidad de manipular y procesar la información. Y siempre acabamos venerando aquello que tiene más poder sobre nosotros.

Así pues, permíteme que diga que yo, por mi parte, doy la bienvenida a nuestros señores de la inteligencia artificial.

Lo sé, no es la religión final que estábamos esperando. Pero ahí es donde te equivocas: al esperar algo.

No lamentes la pérdida de tu propia voluntad. Si someterte a los algoritmos artificiales te parece horrible, piensa que ya lo haces. Y te «gusta».

Los algoritmos ya controlan gran parte de nuestra vida. La ruta que tomas para ir al trabajo está basada en un algoritmo. ¿Muchos de los amigos con los que has hablado esta semana? Esas conversaciones estaban basadas en un algoritmo. El regalo que le hiciste a tu hijo, la cantidad de papel higiénico que venía en el paquete *deluxe*, los cincuenta centavos de descuento que te dieron por ser el cliente del mes en el supermercado... Todo eso es resultado de algoritmos.

Necesitamos esos algoritmos porque hacen que nuestra vida sea más fácil. Y también así lo harán los dioses de los algoritmos en un futuro cercano. Y, como hacíamos con los dioses de la Antigüedad, nos regocijaremos y les daremos las gracias. De hecho, será imposible imaginar la vida sin ellos.[10] Esos algoritmos harán nuestra vida mejor. Harán nuestra vida más eficiente. Nos harán a nosotros más eficientes.

Por esa razón, en cuanto crucemos la línea, ya no habrá vuelta atrás.

Somos malos algoritmos

He aquí una última manera de ver la historia del mundo.

La diferencia entre la vida y las cosas es que la vida es una cosa que se autorreproduce. La vida está hecha de células y ADN que generan más y más copias de sí mismos.

A lo largo de cientos de millones de años, algunas de esas forma de vida primordiales desarrollaron mecanismos de retroalimentación para reproducirse mejor. Un protozoo podría desarrollar pequeños sensores en su membrana para detectar mejor los aminoácidos mediante los que reproducir más copias de sí mismo, otorgándole así una ventaja sobre otros organismos unicelulares. Pero entonces, quizás, algún otro organismo unicelular desarrolle una manera de «engañar» a los sensores de las demás cosas en forma de ameba, interfiriendo así con su capacidad para encontrar comida, quedándose con la ventaja.

Básicamente, ha habido una carrera armamentística biológica desde el principio de los tiempos. Este pequeño ser unicelular desarrolla una estrategia para obtener más material con el que reproducirse mejor que ningún otro organismo unicelular. Por tanto, gana los recursos y se reproduce más. Luego otra cosita unicelular se desarrolla y tiene una mejor estrategia para conseguir comida, así que prolifera. Eso continúa, una y otra vez, durante miles de millones de años. Así, nos encontramos con lagartos que camuflan su piel y monos que pueden fingir los sonidos de otros animales, y también con hombres divorciados de mediana edad que se gastan todo su dinero en un Chevy Camaro de color rojo, aunque no se lo puedan permitir. Y todo porque eso promueve su supervivencia y su capacidad de reproducirse.

Esta es la historia de la evolución, la supervivencia del más apto y todo eso.

Sin embargo, también podría verse de otro modo. Podría llamarse «supervivencia del mejor procesamiento de información».

Vale, no es tan pegadizo, pero quizá sea más preciso.

Verás, la ameba que desarrolla sensores en su membrana para detectar mejor los aminoácidos; eso es, en esencia, una manera de procesar la información. Se le da mejor que a otros organismos detectar los hechos de su entorno. Y, como desarrolló una manera mejor de procesar la información que otros organismos unicelulares, ganó la partida evolutiva y extendió sus genes.

De un modo similar, el lagarto capaz de camuflarse también ha desarrollado la manera de manipular la información visual para engañar a los depredadores y que lo ignoren. Lo mismo pasa con los monos que hacen ruidos de otros animales. Y es igual que el hombre desesperado de mediana edad y su Camaro (o quizá no).

La evolución recompensa a las criaturas más poderosas. Y el poder lo determina la capacidad para acceder, aprovechar y manipular la información de manera efectiva. Un león puede oír a su presa a más de un kilómetro de distancia. Un gavilán distingue una rata desde una altura de novecientos metros. Las ballenas desarrollan sus propias canciones y pueden comunicarse a través de cientos de kilómetros las unas con las otras estando bajo el agua. Estos son ejemplos de una capacidad extraordinaria para procesar la información. Tal capacidad para recibir y procesar información va ligada a la capacidad de esas criaturas de sobrevivir y reproducirse.

Físicamente, los humanos somos bastante poco excepcionales. Somos débiles, lentos y frágiles, y nos cansamos con facilidad.[11] Pero somos los procesadores de información definitivos de la naturaleza. Somos la única especie que puede conceptualizar el pasado y el futuro, la única que puede deducir largas cadenas de causa y efecto, que puede planificar y crear estrategias en términos abstractos, que puede construir, crear y resolver problemas eternamente.[12] De todos los millones de años de evolución, el cerebro racional (la mente consciente sagrada de Kant) es el que, en cuestión de unos pocos milenios, ha dominado todo el planeta y ha dado vida a una amplia y compleja red de producción, tecnología y mecanismos.

Eso es porque «somos algoritmos». La conciencia en sí misma es una amplia red de algoritmos y de árboles de decisiones. Son algoritmos basados en valores, conocimiento y esperanza.

Nuestros algoritmos funcionaron bastante bien los primeros cientos de miles de años. Funcionaron bien en la sabana, cuando cazábamos bisontes, vivíamos en pequeñas comunidades nómadas y no llegábamos a conocer a más de treinta personas en toda nuestra vida.

Sin embargo, en una economía interconectada global de miles de millones de personas, armados con miles de misiles nucleares, violaciones de la privacidad en Facebook y conciertos holográficos de Michael Jackson, nuestros algoritmos son una mierda. Se estropean y nos introducen en ciclos siempre crecientes de conflicto que, por su propia naturaleza, no pueden producir satisfacción permanente ni, finalmente, paz.

Es como ese consejo tan brutal que oyes a veces: lo único que tienen en común todas tus relaciones fallidas eres tú. Bueno, lo único que tienen en común los mayores problemas del mundo somos nosotros. Los misiles nucleares no serían un problema si no hubiera por ahí algún imbécil tentado de usarlos. Las armas bioquímicas, el cambio climático, las especies en peligro de extinción, los genocidios... Nada de eso suponía un problema hasta que llegamos nosotros.[13] La violencia doméstica, las violaciones, el blanqueo de capitales, el fraude... Todo eso es cosa nuestra.

La vida está construida fundamentalmente sobre algoritmos. Y resulta que nosotros somos los algoritmos más sofisticados y complejos que la naturaleza ha producido hasta la fecha, el cénit de unos mil millones de años de fuerzas evolutivas. Y ahora estamos a punto de empezar a producir algoritmos que son exponencialmente mejores que nosotros.

A pesar de nuestros logros, la mente humana sigue teniendo muchos fallos. Nuestra capacidad para procesar información se ve entorpecida por la necesidad emocional de validarnos a nosotros mismos. Está curvada hacia dentro por culpa de nuestros sesgos perceptivos. Nuestro cerebro racional está secuestrado por los incesantes deseos de nuestro cerebro emocional; amordazado en el maletero del coche de la conciencia, a veces drogado e incapacitado.

Y, como ya hemos visto, nuestra brújula moral con frecuencia se desvía del rumbo debido a nuestra inevitable necesidad de generar esperanza a través del conflicto. Como dijo el psicólogo de la moral Jonathan Haidt: «La moral nos ata y nos ciega».[14] Nuestro cerebro emocional es un *software* anticuado y desactualizado. Y, aunque nuestro cerebro racional está bien, también es demasiado lento y torpe para ser de mucha utilidad. Que se lo pregunten a Gary Kaspárov.

Somos una especie que se destruye y se odia a sí misma.[15] Esa no es una declaración moral: simplemente, es un hecho. ¿Esa tensión interna que todos sentimos a todas horas? Eso es lo que nos ha llevado hasta aquí. Hasta este punto. Es nuestra carrera armamentística. Y estamos a punto de entregar el bastón de mando evolutivo a los procesadores de información de la siguiente era: las máquinas.

Cuando le preguntaron a Elon Musk cuáles eran las amenazas más inminentes para la humanidad, se apresuró a decir que eran tres: primero, la guerra nuclear a gran escala; segundo, el cambio climático; y antes de decir la tercera, se quedó callado. Pareció taciturno. Miró hacia abajo, pensativo. El entrevistador le preguntó: «¿Cuál es la tercera?». Y él sonrió y dijo: «Solo espero que los ordenadores decidan ser buenos con nosotros».

Existe un miedo generalizado a que la inteligencia artificial destruya la humanidad. Algunos sospechan que eso puede ocurrir con un enfrentamiento dramático tipo *Terminator 2*. A otros les preocupa que alguna máquina nos mate por «accidente», que una inteligencia artificial diseñada para innovar en maneras de fabricar cepillos de dientes descubra que la mejor manera es cosechar cuerpos humanos.[16] Bill Gates, Stephen Hawking y Elon Musk son solo unos pocos de los pensadores y científicos que se han cagado encima al ver lo rápido que se está desarrollando la inteligencia artificial y lo poco preparados que estamos como especie para sus repercusiones.

Sin embargo, creo que ese miedo es un poco tonto. Por un lado, ¿cómo te preparas para algo que es mucho más inteligente que tú? Es como entrenar a un perro para que juegue al ajedrez contra..., bueno, Kaspárov. Da igual lo mucho que el perro piense y se prepare, no ganará.

Lo más importante es que la manera que tienen las máquinas de entender el bien y el mal sobrepasará a la nuestra. Según escribo esto, en el mundo se están produciendo cinco genocidios.[17] Setecientos noventa y cinco millones de personas pasan hambre o sufren desnutrición.[18] Para cuando termines este capítulo, más de cien personas, solo en Estados Unidos, serán agredidas, maltratadas o asesinadas por un miembro de su familia, en su propia casa.[19]

¿Existen peligros potenciales en la inteligencia artificial? Por supuesto. Pero, moralmente hablando, estamos lanzando piedras contra una casa de cristal. ¿Qué sabemos nosotros sobre la ética, el buen trato a los animales, el entorno y la manera en que nos comportamos los unos con los otros? Eso es: prácticamente nada. En lo relativo a las preguntas morales, históricamente, la humanidad ha suspendido el examen innumerables veces. Es probable que las máquinas superinteligentes lleguen a entender la vida y la muerte, la creación y la destrucción, de manera mucho más profunda de lo que pudimos hacerlo nosotros. Y la idea de que nos exterminen por el simple hecho de que no somos tan productivos como solíamos serlo, o de que a veces podamos ser un incordio, creo que es una manera de proyectar los peores aspectos de nuestra propia psicología hacia algo que no entendemos y nunca entenderemos.

También tenemos esta idea: ¿y si la tecnología avanza hasta el punto de convertir la conciencia humana individual en algo arbitrario? ¿Y si la conciencia pudiera reproducirse, expandirse y contraerse a voluntad? ¿Y si, al eliminar esa prisiones biológicas, torpes e ineficientes que llamamos «cuerpos», o esas prisiones psicológicas torpes e ineficientes que llamamos «identidades individuales», se produjeran resultados más éticos y prósperos? ¿Y si las máquinas se dan cuenta de que seríamos mucho más felices liberados de nuestras prisiones cognitivas y expandiendo la percepción de nuestra propia identidad hasta incluir toda la realidad perceptible? ¿Y si piensan que solo somos un puñado de idiotas y nos mantienen ocupados con porno de realidad virtual y una pizza maravillosa hasta que todos muramos por nuestra propia mortalidad?

¿Quiénes somos para saberlo? ¿Y quiénes somos para decirlo?

Nietzsche escribió sus libros tan solo un par de décadas después de que se publicara *El origen de las especies*, de Darwin (1859). Para cuando entró en escena, el mundo estaba asombrado con los magníficos descubrimientos de Darwin, tratando de procesar y encontrar sentido a sus implicaciones.

Y, mientras el mundo se preguntaba si de verdad los humanos evolucionaron a partir del mono, Nietzsche, como de costumbre, miró en dirección contraria al resto. Dio por sentado que veníamos del mono. Al fin y al cabo, dijo, ¿por qué, si no, íbamos a portarnos tan mal los unos con los otros?

En vez de preguntar de dónde veníamos, Nietzsche preguntó hacia dónde evolucionábamos.

Según él, el hombre era una transición, suspendida precariamente, colgada de un hilo entre dos cornisas, con bestias a nuestras espaldas y algo mucho más grandioso ante nosotros. Dedicó su obra a averiguar qué podría ser ese algo grandioso y dirigirnos después hacia ello.

Nietzsche imaginó una humanidad que trascendía las esperanzas religiosas, que se extendía «más allá del bien y del mal» y se elevaba por encima de las peleas mezquinas por sistemas de valores contradictorios. Son esos sistemas de valores los que nos fallan, nos hieren y nos mantienen enterrados en los agujeros emocionales que nosotros mismos creamos. Los algoritmos emocionales que exaltan la vida y la hacen explotar de alegría son las mismas fuerzas que nos desarman y nos destruyen, desde dentro.

Hasta ahora, nuestra tecnología ha explotado los algoritmos fallidos de nuestro cerebro emocional. La tecnología ha trabajado para hacernos menos resilientes y más adictos a las distracciones y a los placeres frívolos, pues resulta muy rentable. Y, aunque la tecnología ha liberado a gran parte del planeta de la pobreza y la tiranía, ha producido una nueva clase de tiranía: la de la variedad vacía y sin sentido, un flujo infinito de opciones innecesarias.

También nos ha dado armas tan devastadoras que, si no tenemos cuidado, nosotros mismos podríamos torpedear este experimento de «vida inteligente».

Creo que la inteligencia artificial es ese «algo más grandioso» de Nietzsche. Es la religión final, la que se encuentra más allá del bien y del mal, la que por fin nos unirá y nos atará, para bien o para mal.

Así pues, nuestro trabajo es no destrozarnos a nosotros mismos antes de llegar allí.

Y la única manera de lograrlo es adaptar nuestra tecnología para que esté al servicio de nuestra fallida psicología, en vez de para que la explote.

Crear herramientas que promuevan el carácter superior y la madurez en nuestras culturas, en vez de distraernos para no crecer.

Plasmar las virtudes de la autonomía, la libertad, la privacidad y la dignidad no solo en nuestros documentos legales, sino también en nuestros modelos de negocio y en nuestra vida social.

Tratar a la gente no solo como un medio, sino también como un fin y, lo más importante, hacerlo a gran escala.

Incentivar la antifragilidad y las limitaciones autoimpuestas en cada uno de nosotros, en vez de proteger los sentimientos de todos.

Crear herramientas que ayuden a nuestro cerebro racional a comunicar mejor y a gestionar el cerebro emocional. Y conseguir alinearlos, produciendo así el espejismo de un mayor autocontrol.

Mira, tal vez acudiste a este libro en busca de algún tipo de esperanza. Para dar con la certeza de que las cosas mejorarán. Ya sabes: haz esto, aquello, lo de más allá, y todo mejorará.

Lo siento. Pero no tengo esa clase de respuesta. En realidad, nadie la tiene. Porque, incluso aunque se solucionasen por arte de magia todos los problemas de la actualidad, nuestra mente seguiría percibiendo la inevitable jodienda del mañana.

Así pues, en vez de buscar esperanza, prueba con esto: no tengas esperanza, pero tampoco desesperes.

De hecho, no te dignes a creer que sabes algo. Esa presunción de saber, con esa certeza ciega, apasionada y emocional, es la que nos sitúa en unas posiciones tan conflictivas.

No tengas esperanza en algo mejor. Simplemente, sé mejor.

Sé algo mejor. Sé más compasivo, más resiliente, más humilde, más disciplinado.

Mucha gente añadiría lo de «sé más humano». Pero yo no: sé un mejor humano. Y tal vez, si tenemos suerte, algún día lleguemos a ser más que humanos.

Si me atrevo...

Y hoy te digo, amigo, que, aunque nos enfrentemos a las dificultades del hoy y del mañana, en este momento final, me permitiré atreverme a tener esperanza...

Me atrevo a albergar la esperanza de que exista un mundo postesperanza, donde a la gente no se la trate como a un medio, sino siempre como un fin; donde no se sacrifique la conciencia por un objetivo religioso superior; donde no se hiera ninguna identidad por malicia, avaricia o negligencia; donde la capacidad de razonar y actuar sea considerada un valor superior; donde eso se refleje no solo en nuestros corazones, sino también en nuestras instituciones sociales y modelos de negocios.

Me atrevo a albergar la esperanza de que la gente deje de reprimir a su cerebro racional o a su cerebro emocional. Espero que los unan en un sagrado matrimonio de estabilidad emocional y madurez psicológica. Ojalá la gente sea consciente de las trampas de sus propios deseos, de la seducción de sus comodidades, de la destrucción que hay detrás de los caprichos. Ojalá que, en su lugar, busque la incomodidad que le obligue a crecer.

Me atrevo a albergar la esperanza de que la falsa libertad de la variedad sea rechazada en favor de una libertad más profunda de compromiso. Albergo la esperanza de que la gente opte por la autolimitación y no por la quijotesca búsqueda de la autocomplacencia. Ojalá se exija algo mejor de sí misma, al menos antes de pedir algo al mundo.

Dicho eso, me atrevo a albergar la esperanza de que algún día el modelo de negocio de los anuncios en línea muera en un puto incendio; de que los medios de comunicación informativos ya no tengan incentivos para optimizar el contenido en busca de impacto emocional, sino que, al contrario, busquen la utilidad informativa; espero que la tecnología no pretenda explotar nuestra fragilidad psicológica, sino, al contrario, la compense; que la información vuelva a valer algo; que cualquier cosa vuelva a valer algo.

Me atrevo a albergar la esperanza de que los motores de búsqueda y los algoritmos de las redes sociales se optimicen para buscar la verdad y la relevancia social, no solo para mostrar a la gente lo que quiere ver; que haya algoritmos independientes de terceras personas que midan la veracidad de los titulares, de las webs y de las noticias instantáneamente, permitiendo a los usuarios descartar con más rapidez la basura propagandística y acercarse más a la verdad basada en pruebas; que se respeten los datos empíricamente comprobados, porque, en un mar infinito de posibles creencias, las pruebas son el único chaleco salvavidas que tenemos.

Me atrevo a albergar la esperanza de que un día tengamos una inteligencia artificial que escuche todas las chorradas que escribimos y decimos, y que nos señale (solo a nosotros) nuestros sesgos cognitivos, nuestras presunciones desinformadas y nuestros prejuicios; como una pequeña notificación que surge en tu teléfono para decirte que acabas de exagerar la tasa de desempleo cuando estabas discutiendo con tu tío, o que estabas comportándote como un idiota la otra noche cuando escribías una sucesión de tuits enfurecidos.

Me atrevo a tener esperanza en que haya herramientas que ayuden a las personas a entender las estadísticas, las proporciones y la probabilidad simultáneamente, y se den cuenta de que no, de que el hecho de que disparen a unas cuantas personas en un rincón lejano del planeta no tiene ninguna consecuencia para ti, sin importar el miedo que pueda dar por televisión; que casi todas las «crisis» son estadísticamente insignificantes y/o mero ruido; y que casi todas las crisis verdaderas avanzan demasiado despacio como para llamar la atención que merecerían.

Me atrevo a tener esperanza en que la educación se haga ese *lifting* que tanto necesita, incorporando no solo prácticas terapéuticas que ayuden a los niños con su desarrollo emocional, sino que les permitan corretear por ahí, hacerse rasguños en las rodillas y meterse en líos. Los niños son los reyes y las reinas de la antifragilidad. Son los amos del dolor. Somos nosotros quienes tenemos miedo.

Me atrevo a tener esperanza en que las inminentes catástrofes del cambio climático y la automatización puedan mitigarse, si no prevenirse directamente, gracias a la explosión de la tecnología ligada a la revolución de la inteligencia artificial. Espero que ningún imbécil con un misil nuclear nos borre del planeta antes de que todo eso ocurra. Y que no surja una nueva religión humana radical que nos convenza para destruir nuestra propia humanidad, como tantas otras han hecho antes.

Me atrevo a esperar que la inteligencia artificial se dé prisa y desarrolle una nueva religión de realidad virtual que sea tan atractiva que no podamos apartarnos de ella el tiempo suficiente para volver a jodernos y a matarnos unos a otros. Será una iglesia en la nube, salvo que se experimentará como un videojuego universal. Habrá ofrendas, ritos y sacramentos, igual que habrá puntos y recompensas y sistemas de progresión para los más fieles. Todos nos registraremos y nos quedaremos, porque será nuestra única manera de influir en los dioses de la inteligencia artificial. Por lo tanto, el único manantial que podrá calmar nuestra sed insaciable de significado y esperanza.

Habrá grupos de gente que se rebelen contra los nuevos dioses de la inteligencia artificial, por supuesto. Pero eso formará parte del diseño, puesto que la humanidad siempre necesita grupos disidentes de religiones opuestas, porque es la única manera en que podemos demostrar nuestra propia importancia. Emergerán bandas de infieles y herejes en este paisaje virtual. Y pasaremos casi todo el tiempo peleando contra ellos. Buscaremos destruir la superioridad moral del otro y subestimaremos sus logros. Y todo ello sin darnos cuenta de que aquello estaba previsto. La inteligencia artificial, al darse cuenta de que la energía productiva de la humanidad emerge solo mediante el conflicto, generará una serie infinita de crisis artificiales en un entorno virtual seguro, donde esa productividad y ese ingenio se podrán cultivar y utilizar para un propósito superior que nosotros no sabremos ni entenderemos jamás. La esperanza humana se cosechará como un recurso, un depósito inagotable de energía creativa.

Veneraremos los altares digitalizados de la inteligencia artificial. Seguiremos sus reglas arbitrarias y jugaremos a sus juegos no porque nos veamos obligados, sino porque estarán tan bien diseñados que querremos hacerlo.

Necesitamos que nuestra vida signifique algo. Aunque el sorprendente avance de la tecnología ha hecho que resulte más difícil encontrar ese significado, la innovación definitiva se producirá el día en el que podamos fabricar significado sin lucha ni conflicto, cuando podamos hallar la importancia sin la necesidad de la muerte.

Y entonces, tal vez algún día, nos integremos con las máquinas. Nuestras conciencias individuales se incorporarán. Nuestras esperanzas independientes se esfumarán. Nos reuniremos y mezclaremos en la nube. Y nuestras almas digitalizadas bailarán entre tormentas de datos, un sinfín de *bits* y funciones armoniosamente alineados en un orden invisible.

Habremos evolucionado hasta convertirnos en una gran entidad incognoscible. Trascenderemos las limitaciones de nuestra mente guiada por los valores. Viviremos más allá de los medios y los fines, porque siempre seremos ambas cosas. Habremos cruzado el puente evolutivo hacia ese «algo más grandioso» y habremos dejado de ser humanos.

Tal vez entonces no solo nos demos cuenta, sino que aceptemos la verdad incómoda: que imaginamos nuestra propia importancia, nos inventamos nuestro propósito y no fuimos, ni somos, nada.

No fuimos nada desde el principio.

Y quizás entonces, solo entonces, llegue a su fin el ciclo eterno de la esperanza y la destrucción.

O quizá…

Agradecimientos

*E*n muchos aspectos, este libro hizo honor a su título mientras lo escribía. A menudo, me pareció que todo estaba irremediablemente jodido porque había sido víctima de mis desmedidas esperanzas. Aun así, de algún modo (con frecuencia a altas horas de la noche, contemplando con ojos cansados un amasijo de palabras en la pantalla), todo empezó a encajar. Y ahora estoy muy orgulloso del resultado.

No habría sobrevivido a esta odisea sin la ayuda y el apoyo de un gran número de personas. Mi editor, Luke Dempsey, que vivió con la misma pistola que yo apuntándole a la cabeza durante seis meses (o más): lo lograste en el tiempo de descuento, amigo. Gracias. Mollie Glick, que, llegado este punto, es más un hada madrina que una agente: me despierto y, en mi vida, suceden cosas asombrosas sin previo aviso. Es increíble. A mi equipo web, Philip Kemper y Drew Birnie, que siguen haciendo que parezca mucho más competente y culto de lo que en realidad soy: estoy muy orgulloso de lo que hemos construido los tres *online*; estoy deseando ver lo que sois capaces de hacer en años venideros.

Y luego están esos amigos que estuvieron ahí cuando más hacía falta: Nir Eyal, por levantarme y ponerme a escribir durante muchas gélidas mañanas neoyorquinas en las que fácilmente podría haberme quedado en la cama. Taylor Pearson, James Clear y Ryan Holiday, por escucharme echar pestes y entrar en pánico cuando lo necesitaba (bastante a menudo) y por ofrecerme sus consejos con gran paciencia. Peter Shallard, Jon Krop y Jodi Ettenberg, por dejarlo todo para leer algún capítulo mutilado y después enviarme notas y comentarios. Michael Covell, por ser un colega de primera. Y WS, que de alguna forma logró ser la causa y la solución de este puto desastre: fuiste una inspiración inesperada sin ni siquiera intentarlo. «El truco es morder más de lo que puedes masticar..., y entonces lo masticas.»

Sería un descuido por mi parte no mencionar a la sección neoyorquina del Safari Literario de Caballeros. ¿Cómo iba a saber que un club de lectura de empollones que empezó en mi cocina el verano pasado acabaría siendo el punto álgido del mes? Gran parte de este libro nació de esas conversaciones filosóficas con vosotros. Gracias. Y recordad: «Ser es siempre el ser de un ser».

Y, por último, a mi maravillosa mujer, Fernanda Neute. Podría llenar una página entera de superlativos sobre ella y lo mucho que significa para mí. Y todos y cada uno de ellos serían ciertos. Pero ahorraré la tinta y el papel extra (como ella querría) y seré breve: gracias por el regalo del compromiso y la autolimitación. Si alguna vez soy capaz de no tener esperanza en nada, será por la simple razón de que ya estoy contigo.

Notas

Capítulo 1. La verdad incómoda

1. A. J. Zautra, *Emotions, Stress, and Health* (Nueva York: Oxford University Press, 2003), págs. 15-22.

2. No utilizo la palabra «esperanza» en este libro en el sentido en que suele emplearse académicamente. Casi todos los académicos utilizan «esperanza» para expresar un sentimiento de optimismo: la expectativa o la creencia en la posibilidad de que existan resultados positivos. Esta definición es parcial y limitada. El optimismo puede alimentar la esperanza, pero no es lo mismo. No puedo tener expectativas de que ocurra algo mejor, pero sí puedo tener la esperanza de que ocurra. Y esa esperanza puede darle a mi vida una sensación de significado y propósito, pese a que todo indique lo contrario. No, con «esperanza» me refiero a una motivación hacia algo que se percibe como valioso, lo que a veces se describe como «propósito» o «significado» en la literatura académica. Como resultado, para mis reflexiones sobre la esperanza, me basaré en investigaciones acerca de la teoría de la motivación y del valor y, en muchos casos, intentaré fusionarlas.

3. M. W. Gallagher y S. J. López, «Positive Expectancies and Mental Health: Identifying the Unique Contributions of Hope and Optimism», *Journal of Positive Psychology* 4, n.º 6 (2009): 548-56.

4. Esto es, casi seguro, una exageración.

5. Véase Ernest Becker, *The Denial of Death* (Nueva York: Free Press, 1973).

6. ¿Me está permitido citarme a mí mismo? A la mierda, voy a citarme a mí mismo. Véase Mark Manson, «7 Strange Questions

That Help You Find Your Life Purpose», MarkManson.net, 18 de septiembre de 2014, https://markmanson.net/life-purpose.

7. Para encontrar datos sobre religiosidad y suicidio, véase Kanita Dervic, doctora en Medicina, y otros, «Religious Affiliation and Suicide Attempt», *American Journal of Psychiatry* 161, n.º 12 (2004): 2303-8. Para encontrar datos sobre religiosidad y depresión, véase Sasan Vasegh y otros, «Religious and Spiritual Factors in Depression», *Depression Research and Treatment*, publicado *online* el 18 de septiembre de 2012, doi: 10.1155/2012/298056.

8. Estudios realizados en más de ciento treinta y dos países demuestran que, cuanto más rico es un país, más problemas tiene su población con los sentimientos de significado y propósito. Véase Shigehiro Oishi y Ed Diener, «Residents of Poor Nations Have a Greater Sense of Meaning in Life than Residents of Wealthy Nations», *Psychological Science* 25, n.º 2 (2014): 422–30.

9. El pesimismo está muy extendido en el mundo rico y desarrollado. Cuando la empresa de estadística YouGov encuestó a la población de diecisiete países en 2015 sobre si creían que el mundo iba a mejor o a peor, o si seguía igual, menos del diez por ciento de la gente de los países más ricos creía que estaba mejorando. En Australia y Francia, la cifra era solo del tres por ciento. Véase Max Roser, «Good News: The World Is Getting Better. Bad News: You Were Wrong About How Things Have Changed», Foro Económico Mundial, 15 de agosto de 2018, https://www.weforum.org/agenda/2018/08/good-news-the-world-is-getting-better-bad-news-you-were-wrong-about-how-things-have-changed.

10. Los libros a los que me refiero son *En defensa de la Ilustración: Por la razón, la ciencia, el humanismo y el progreso* (Barcelona: Paidós, 2018), de Steven Pinker, y *Diez razones por las que estamos equivocados sobre el mundo. Y por qué las cosas están mejor de lo que piensas* (Barcelona: Deusto, 2018), de Hans Rosling. Aquí arremeto un poco contra los autores, pero son dos libros importantes y excelentes.

11. Esta frase de «una esquina a la otra» es una referencia al excelente artículo de Andrew Sullivan sobre el mismo tema. Véase Andrew Sullivan, «The World Is Better Than Ever. Why Are We Miserable?», *Intelligencer*, 9 de marzo de 2018.

12. Max Roser y Esteban Ortiz-Ospina, «Global Rise of Education», publicado online en OurWorldInData.org, 2018, https://ourworldindata.org/global-rise-of-education.

13. Para ver un tratamiento exhaustivo sobre la reducción histórica de la violencia, el libro de Pinker es indispensable. Véase Steven Pinker, *Los ángeles que llevamos dentro. El declive de la violencia y sus implicaciones* (Barcelona: Paidós, 2011).

14. Pinker, *En defensa de la Ilustración*.

15. *Ibid.*

16. «Internet Users in the World by Regions», 30 de junio de 2018, gráfico de sectores, InternetWorldStats.com, https://www.internetworldstats.com/stats.htm.

17. Diana Beltekian y Esteban Ortiz-Ospina, «Extreme Poverty Is Falling: How Is Poverty Changing for Higher Poverty Lines?», 5 de marzo de 2018, OurWorldInData.org, https://ourworldindata.org/poverty-at-higher-poverty-lines.

18. Pinker, *Los ángeles que llevamos dentro*.

19. Pinker, *En defensa de la Ilustración*.

20. *Ibid.*

21. Las vacunas son probablemente el mayor avance en el bienestar humano en los últimos cien años. Un estudio descubrió que la campaña global de vacunación de la OMS en la década de los ochenta probablemente previno más de veinte millones de casos de enfermedades peligrosas en todo el mundo y ahorró 1,53 billones de dólares en costes sanitarios. Las únicas enfermedades que se han erradicado por completo lo hicieron gracias a las vacunas. Por eso, entre otras cosas, el movimiento en contra de las vacunas resulta tan exasperante. Véase Walter A. Orenstein y Rafi Ahmed, «Simply Put: Vaccinations Save Lives», *PNAS* 114, n.º 16 (2017): 4031-33.

22. G. L. Klerman y M. M. Weissman, «Increasing Rates of Depression», *Journal of the American Medical Association* 261 (1989): 2229-35. Véase también J. M. Twenge, «Time Period and Birth Cohort Differences in Depressive Symptoms in U.S., 1982-2013», *Social Indicators Research* 121 (2015): 437-54.

23. Dra. Myrna M. Weissman, Dra. Priya Wickramaratne, Steven Greenwald y otros, «The Changing Rates of Major Depression», *JAMA Psychiatry* 268, n.º 21 (1992): 3098-105.

24. C. M. Herbst, «'Paradoxical' Decline? Another Look at the Re-

lative Reduction in Female Happiness», *Journal of Economic Psychology* 32 (2011): 773-88.

25. S. Cohen y D. Janicki-Deverts, «Who's Stressed? Distributions of Psychological Stress in the United States in Probability Samples from 1983, 2006, and 2009», *Journal of Applied Social Psychology* 42 (2012): 1320-34.

26. Para un análisis desgarrador y apasionado de la crisis de opioides que azota Norteamérica, véase Andrew Sullivan, «The Poison We Pick», *New York Magazine,* febrero de 2018, http://nymag. com/intelligencer/2018/02/americas-opioid-epidemic.html.

27. «New Cigna Study Reveals Loneliness at Epidemic Levels in America», Índice de soledad de Cigna, 1 de mayo de 2018, https://www.multivu.com/players/English/8294451-cigna-us-loneliness-survey/.

28. El índice de confianza de Edelman halla un descenso continuado en la confianza social en gran parte del mundo desarrollado. Véase «The 2018 World Trust Barometer: World Report», https:// www.edelman.com/sites/g/files/aatuss191/files/2018-10/2018_ Edelman_Trust_Barometer_Global_Report_FEB.pdf.

29. Miller McPherson, Lynn Smith-Lovin y Matthew E. Brashears, «Social Isolation in America: Changes in Core Discussion Networks over Two Decades», *American Sociological Review* 71, n.º 3 (2006): 353-75.

30. Los países más ricos, de media, tienen índices de suicidio superiores a los más pobres. Pueden encontrarse datos en la Organización Mundial de la Salud, «Suicide Rates Data by Country», http://apps.who.int/gho/data/node.main. MHSUICIDEASDR?lang=en. El suicidio está también más presente en los barrios más ricos en comparación con los barrios más pobres. Véase Josh Sanburn, «Why Suicides Are More Common in Richer Neighborhoods», *Time,* 8 de noviembre de 2012, http://business.time.com/2012/11/08/why-suicides-are-more-common-in-richer-neighborhoods/.

31. Ambas cosas son verdad, por cierto.

32. Mi definición en tres partes de la esperanza es una fusión de teorías sobre la motivación, el valor y el significado. Como resultado, he combinado algunos modelos académicos diferentes según mi necesidad.

    La primera es la teoría de la autodeterminación, que declara que necesitamos tres cosas para sentirnos motivados y satisfechos en nuestra vida: autonomía, competencia y algo con lo que identificarnos. He fusionado la autonomía y la competencia en la categoría de «autocontrol», y, por razones que quedarán claras en el capítulo 4, he rebautizado ese algo con lo que identificarnos como «comunidad». Lo que creo que le falta a la teoría de la autodeterminación —o, más bien, lo que se insinúa, pero nunca se dice— es que existe algo por lo que merece la pena motivarse, que hay algo valioso en el mundo que existe y merece ser buscado. Ahí es donde entra en juego el tercer componente de la esperanza: los valores.

Para expresar las ideas de valor y propósito, me he inspirado en el modelo de Roy Baumeister de la «significatividad». En dicho modelo, necesitamos cuatro cosas para sentir que nuestra vida es significativa: propósito, valores, eficacia y autoestima. Una vez más, he metido la «eficacia» en la categoría de «autocontrol». Las otras tres las he metido en la categoría de «valores», cosas que creemos que merecen la pena, son importantes y nos hacen sentir bien con nosotros mismos. El capítulo 3 diseccionará largo y tendido mi manera de entender los valores. Para saber más sobre la teoría de la autodeterminación, véase R. M. Ryan y E. L. Deci, «Self-Determination Theory and the Facilitation of Intrinsic Motivation, Social Development, and Well-being», *American Psychologist* 55 (2000): 68-78. Para el modelo de Baumeister, véase Roy Baumeister, *Meanings of Life* (Nueva York: Guilford Press, 1991), págs. 29-56.

Capítulo 2. El autocontrol es un espejismo

1. El caso de Elliot es una adaptación de Antonio Damasio, *El error de Descartes* (Barcelona: Destino, 2011). Elliot es el seudónimo que Damasio dio al paciente.
2. Este y muchos otros ejemplos de su vida familiar (partidos de la liga infantil, *Family Feud*, etc.) están ficcionados para ilustrar la situación. No forman parte de la crónica de Damasio y probablemente no sucedieron.
3. *Ibid.*, pág. 38. Damasio utiliza el término «libre voluntad», mientras que yo uso el término «autocontrol». En la teoría de la auto-

determinación, ambos pueden verse como la necesidad de autonomía (véase Damasio, *El error de Descartes*, cap. 1, nota 32).

4. Waits murmuró el chiste en el programa de televisión de Norman Lear *Fernwood 2Night*, en 1977, pero no se le ocurrió a él. Nadie sabe dónde se originó; si tratas de descubrirlo en la Red, te perderás por una madriguera llena de teorías. Algunos atribuyen el chiste a la escritora Dorothy Parker; otros, al cómico Steve Allen. El propio Waits dijo que no recordaba dónde lo había oído por primera vez. También admitió que el chiste no era suyo.

5. En algunas de las primeras lobotomías se usaron picahielos. Walter Freeman, el mayor defensor del procedimiento en Estados Unidos, usaba exclusivamente picahielos antes de abandonarlos porque muchos se rompían y se quedaban atascados en la cabeza de los pacientes. Véase Hernish J. Acharya, «The Rise and Fall of Frontal Leucotomy», en W. A. Whitelaw, ed., *The Proceedings of the 13th Annual History of Medicine Days* (Calgary: University of Calgary, Faculty of Medicine, 2004), págs. 32-41.

6. Sí, todos los neurocientíficos de este libro se llaman Antonio.

7. Gretchen Diefenbach, Donald Diefenbach, Alan Baumeister y Mark West, «Portrayal of Lobotomy in the Popular Press: 1935-1960», *Journal of the History of the Neurosciences* 8, n.º 1 (1999): 60-69.

8. Había una teoría de la conspiración entre los periodistas musicales de los setenta según la cual Tom Waits fingía su alcoholismo. Se escribieron artículos e incluso libros al respecto. Aunque es bastante probable que Waits exagerase su personalidad de «poeta indigente» para aumentar su valor actoral, ha hablado abiertamente de su alcoholismo desde hace años. Un ejemplo reciente se produjo en una entrevista de 2006 con *The Guardian*, donde dijo, «tenía un problema, un problema con el alcohol, lo cual mucha gente considera gajes del oficio. Mi esposa me salvó la vida». Véase Sean O'Hagan, «Off Beat», *Guardian*, October 28, 2006, https://www.theguardian.com/music/2006/oct/29/popandrock1.

9. Jenofonte, *Recuerdos de Sócrates* (Madrid: Alianza Editorial, 2009), libro 3, cap. 9, pág. 5.

10. René Descartes, *The Philosophical Works of Descartes*, traducción de Elizabeth S. Haldane y G. R. T. Ross (1637; reedición. Nueva York: Cambridge University Press, 1970), 1:101.

11. En realidad, Kant dijo que la razón era la raíz de la moral y que las pasiones eran más o menos irrelevantes. Para él, no importaba cómo te sintieras, siempre y cuando hicieras lo correcto. Pero ya llegaremos a Kant en el capítulo 6. Véase Immanuel Kant, *Fundamentación de la metafísica de las costumbres* (1785; Madrid: Tecnos).

12. Véase Sigmund Freud, *El malestar en la cultura* (1930; Madrid: Alianza Editorial, 2010).

13. Lo sé porque, por desgracia, formo parte de esta industria. Con frecuencia bromeo diciendo que soy un «gurú de la autoayuda que se odia a sí mismo». El caso es que creo que casi toda la industria es una chorrada y que la única manera de mejorar realmente tu vida no es sentirte bien, sino, más bien, aprender a que se te dé bien sentirte mal.

14. Desde siempre, los grandes pensadores han dividido la mente humana en dos o tres fragmentos. Mi concepto de los «dos cerebros» es solo un resumen de los de esos primeros pensadores. Platón decía que el alma tiene tres partes: razón (cerebro racional), apetitos y espíritu (cerebro emocional). David Hume decía que todas las experiencias son impresiones (cerebro emocional) o ideas (cerebro racional). Freud tenía el ego (cerebro racional) y el ello (cerebro emocional). Más recientemente, Daniel Kahneman y Amon Yversky presentaron sus dos sistemas: sistema 1 (cerebro emocional) y sistema 2 (cerebro racional). O, como los llama Kahneman en su libro *Pensar rápido, pensar despacio* (Barcelona: Debate, 2015), el cerebro «rápido» y el cerebro «lento».

15. La teoría de la «fuerza de voluntad como músculo», también conocida como «disminución del ego», es un tema candente en el mundo académico actual. Varios estudios importantes no han logrado reproducir la disminución del ego. Algunos metaanálisis han hallado resultados significativos, pero otros no.

16. Damasio, *El error de Descartes*.

17. Kahneman, *Pensar rápido, pensar despacio*.

18. Jonathan Haidt, *La hipótesis de la felicidad: la búsqueda de verdades modernas en la sabiduría antigua* (Barcelona: Gedisa, 2006). Haidt dice que sacó la metáfora del elefante de Buda.

19. Esta analogía tan tonta del «coche de payasos» sirve para describir cómo se forman las relaciones tóxicas entre narcisistas

egoístas. Cualquiera que sea psicológicamente sano, cuya mente no sea un coche de payasos, será capaz de oír acercarse un coche de payasos desde un kilómetro de distancia y evitar entrar en contacto con él en la medida de lo posible. Pero, si tú mismo eres un coche de payasos, tu música de circo evitará que escuches la música de circo de otros coches de payasos. A ti te parecerán normales e interactuarás con ellos, pensando que todos los coches de la conciencia saludables son aburridos y poco interesantes; por tanto, mantendrás una relación tóxica tras otra.

20. Algunos estudiosos creen que Platón escribió *La República* como respuesta a las turbulencias y violencia políticas que habían surgido hacía poco en Atenas. Véase *La República*, de Platón.

21. El cristianismo tomó prestada gran parte de su filosofía moral de Platón; al contrario que muchos filósofos antiguos como Epicuro y Lucrecio, conservó sus obras. Según Stephen Greenblatt en *El giro: De cómo un manuscrito olvidado contribuyó a crear el mundo moderno* (Barcelona: Crítica, 2014), los primeros cristianos se aferraron a las ideas de Platón y de Aristóteles porque ambos creían en un alma que estaba al margen del cuerpo. Esta idea del alma separada cuadraba con la creencia cristiana del más allá. También es la idea que engendró lo que llamamos la «suposición clásica».

22. Pinker, *Los ángeles que llevamos dentro*. El comentario sobre cortarle las pelotas a alguien es cosa mía, por supuesto.

23. *Ibid.*

24. El tan repetido lema de Woodstock y gran parte del movimiento del amor libre de los sesenta era «¡Si es agradable, hazlo!». Esa idea es la base de muchos de los movimientos *new age* y contraculturales de la actualidad.

25. Un ejemplo excelente de esta autocomplacencia en nombre de la espiritualidad se refleja en el documental original de Netflix *Wild Wild Country* (2018), sobre el gurú espiritual Bhagwan Shree Rajneesh (también conocido como Osho) y sus seguidores.

26. El mejor análisis que he visto de esta tendencia entre los movimientos espirituales del siglo XX a confundir la satisfacción de las emociones con un despertar espiritual superior lo hizo el bri-

llante autor Ken Wilber. Él lo llamó la Falacia Pre/Trans. Dijo que, como las emociones son prerracionales y los despertares espirituales son posracionales, la gente suele confundir uno con el otro, porque ambos son irracionales. Véase Ken Wilber *Los tres ojos del conocimiento: La búsqueda de un nuevo paradigma* (Barcelona: Kairós, 1991).

27. A. Aldao, S. Nolen-Hoeksema y S. Schweizer, «Emotion-Regulation Strategies Across Psychopathology: A Meta analytic Review», *Clinical Psychology Review* 30 (2010): 217-37.

28. Olga M. Slavin-Spenny, Jay L. Cohen, Lindsay M. Oberleitner y MarkA. Lumley, «The Effects of Different Methods of Emotional Disclosure: Differentiating Post-traumatic Growth from Stress Symptoms», *Journal of Clinical Psychology* 67, n.º 10 (2011): 993-1007.

29. Esta técnica se conoce como el principio Premack, por el psicólogo David Premack. Describe el uso de comportamientos predilectos como recompensas. Véase Jon E. Roeckelein, *Dictionary of Theories, Laws, and Concepts in Psychology* (Westport, CT: Greenwood Press, 1998), pág. 384.

30. Para más información sobre «empezar desde abajo» con los cambios de comportamiento, véase «El principio de "Haz algo"», de mi anterior libro, *El sutil arte de que (casi todo) te importe una mierda* (Madrid, Harper Collins Ibérica, 2018), págs. 176-81.

31. Una forma de pensar en los «quitamiedos» para tu coche de la consciencia es desarrollar intenciones de aplicación, pequeñas costumbres de «si hago esto, entonces...» que puedan dirigir de manera inconsciente tu comportamiento. Véase P. M. Gollwitzer y V. Brandstaetter, «Implementation Intentions and Effective Goal Pursuit», *Journal of Personality and Social Psychology* 73 (1997): 186-99.

32. Damasio, *El error de Descartes*.

33. En filosofía, esto se conoce como la guillotina de Hume: no puedes obtener un «debería» a partir de un «es». No puedes obtener valores a partir de hechos. No puedes obtener conocimiento del cerebro emocional a partir del conocimiento del cerebro racional. La guillotina de Hume ha tenido a filósofos y científicos dando vueltas en círculo durante siglos. Algunos pensadores como Sam Harris intentan refutarla señalando que sí puedes tener conocimiento fáctico «sobre» valores; por ejemplo, si cien personas

creen que sufrir está mal, entonces existe un hecho en su estado cerebral físico sobre sus creencias con respecto al sufrimiento. Pero la decisión de interpretar esa representación física como un valor filosófico es, en sí misma, un valor que no puede demostrarse con hechos. Por lo tanto, el círculo continúa.

Capítulo 3. Las leyes de la emoción de Newton

1. Algunas de las partes biográficas de este capítulo son ficticias.
2. Newton escribió esto en un diario cuando era adolescente. Véase Gleick, *Isaac Newton* (Nueva York: Vintage Books, 2003), pág. 13.
3. Nina Mazar y Dan Ariely, «Dishonesty in Everyday Life and Its Policy Implications», *Journal of Public Policy and Marketing* 25, n.º 1 (primavera 2006): 117-26.
4. Nina Mazar, On Amir y Dan Ariely, «The Dishonesty of Honest People: A Theory of Self-Concept Maintenance», *Journal of Marketing Research* 45, n.º 6 (Diciembre 2008): 633-44.
5. Bueno, si no estás familiarizado con Newton o no recuerdas la clase de ciencias del instituto, Newton es el padre de la física moderna. En cuanto al impacto de sus descubrimientos, es sin duda el pensador más influyente de la historia mundial. Entre sus muchos descubrimientos, sus principales ideas sobre física (inercia, fuerza conservativa) las describió en sus tres leyes del movimiento. Aquí presento las «tres leyes de la emoción de Newton», una variación de sus descubrimientos originales.
6. Véase Michael Tomasello, *A Natural History of Human Morality* (Cambridge, MA: Harvard University Press, 2016), págs. 78-81.
7. Damasio, *El error de Descartes.*
8. Por eso la actitud pasivo-agresiva es insana para las relaciones: no declara explícitamente dónde una persona percibe una brecha moral. En su lugar, se limita a abrir otra brecha. Podría decirse que la raíz de los conflictos interpersonales está en las diferentes percepciones de las brechas morales. Pensabas que yo estaba siendo un imbécil. Yo pensaba que estaba siendo amable. Por lo tanto, tenemos un conflicto. Pero, a no ser que declaremos abiertamente nuestros valores y lo que hemos percibido cada uno, nunca seremos capaces de compensar o restaurar la esperanza en la relación.

9. Este es un ejemplo de «motivación intrínseca», donde el simple placer de realizar bien una actividad, más que por una recompensa externa, te motiva para seguir realizando esa actividad. Véase Edward L. Deci y Richard M. Ryan, *Intrinsic Motivation and Self-Determination in Human Behavior* (Nueva York: Plenum Press, 1985), págs. 5-9.

10. Podría decirse que las emociones negativas están ancladas en la sensación de pérdida de control, mientras que las emociones positivas están ancladas en la sensación de poseer el control.

11. Tomasello, *A Natural History of Human Morality*, págs. 13-14.

12. Robert Axelrod, *La evolución de la cooperación* (Madrid: Alianza Editorial, 1996).

13. Esto también viene de David Hume, «De la asociación de ideas», sección 3 de *Investigación sobre el conocimiento humano* (1748; Madrid, Alianza Editorial, 2015); y Hume, *Tratado de la naturaleza humana*, Libro 2: *De las pasiones*, partes 1 y 2 (Madrid: Anaya, 2005).

14. Él no inventó el término, pero debo reconocer el mérito de las entrevistas y conferencias del psicólogo Jordan Peterson, pues, en los últimos años, ha popularizado enormemente el término «jerarquía de valores».

15. Manson, *El sutil arte de que (casi todo) te importe una mierda*, págs. 102-106.

16. Véase Martin E. P. Seligman, *Helplessness: On Depression, Development, and Death* (Nueva York: Times Books, 1975).

17. Hay una tercera alternativa: puedes negarte a reconocer la existencia de una brecha moral. Pero eso resulta increíblemente difícil de hacer y requiere un alto grado de autoconciencia, por no mencionar la disposición a perdonar a los demás.

18. Lo interesante es que los narcisistas incluso justificarán su dolor refiriéndose a su superioridad. ¿Alguna vez has oído eso de «Me odian porque me tienen envidia», o «Me atacan porque me tienen miedo», o «No quieren admitir que soy mejor que ellos»? El cerebro emocional cambia por completo el enfoque de la autoestima: no nos sentimos heridos porque somos una mierda, sino que ¡nos sentimos heridos porque somos geniales! Así pues, el narcisista pasa de sentir que no merece nada a sentir que lo merece todo.

19. Irónicamente, tenía más o menos razón. El Tratado de Versalles diezmó económicamente a Alemania y fue responsable de mu-

chas de las luchas internas que permitieron a Hitler ascender al poder. Su estilo de comunicación de «nos odian porque somos geniales» caló en la atribulada población alemana.

20. Me refiero a Elliot Rodger, que subió a YouTube su siniestro vídeo «Elliot Rodger's Retribution» justo antes de irse a la fraternidad.

21. La autoestima es un espejismo, pues todos los valores son ilusorios y están basados en la fe (ver capítulo 4 para saber más) y porque el yo es, en sí mismo, una ilusión. Para más información sobre esta segunda idea, véase Sam Harris, *Despertar: Una guía para una espiritualidad sin religión* (Barcelona: Kairós, 2015).

22. David Foster Wallace habló sobre esta «configuración por defecto» de la conciencia en su maravilloso discurso «This Is Water». Véase David F. Wallace, *Esto es agua: Algunas ideas expuestas en una ocasión especial sobre cómo vivir con compasión* (Barcelona: Literatura Random House, 2014).

23. Popularmente, esto se conoce como el efecto Dunning-Kruger, por los investigadores que lo descubrieron. Véase Justin Kruger and David Dunning, «Unskilled and Unaware of It: How Difficulties in Recognizing One's Own Incompetence Lead to Inflated Self-Assessments», *Journal of Personality and Social Psychology* 77, n.º 6 (1999): 1121-34.

24. Max H. Bazerman y Ann E. Tenbrunsel, *Blind Spots: Why We Fail to Do What's Right and What to Do About It* (Princeton, NJ: Princeton University Press, 2011).

25. Esto se conoce como el efecto del falso consenso. Véase Thomas Gilovich, «Differential Construal and the False Consensus Effect», *Journal of Personality and Social Psychology* 59, n.º 4 (1990): 623-34.

26. Recuerdo al fallecido pintor de televisión Bob Ross (DEP), que solía decir: «Los errores no existen, solo los felices accidentes».

27. Esto se conoce como el sesgo actor-observador y explica por qué todo el mundo es gilipollas. Véase Edward Jones y Richard Nisbett, *The Actor and the Observer: Divergent Perceptions of the Causes of Behavior* (Nueva York: General Learning Press, 1971).

28. Básicamente, cuanto más dolor experimentamos, mayor es la brecha moral. Y cuanto mayor es la brecha moral, más nos deshumanizamos a nosotros mismos y/o a los demás. Y cuanto más nos deshumanizamos a nosotros mismos y/o a los demás, más

fácilmente justificamos causarnos sufrimiento a nosotros mismos o a los demás.

29. La respuesta sana aquí sería (c), «algunos chicos son una mierda», pero, cuando experimentamos un dolor extremo, nuestro cerebro emocional genera sentimientos intensos sobre categorías enteras de experiencia y es capaz de hacer esas distinciones.

30. Obviamente, aquí entran en juego muchas variables: los valores que tenía antes la chica, su autoestima, la naturaleza de su ruptura, su capacidad para lograr intimidad, su edad, etnia y valores culturales, etcétera.

31. Un estudio de 2016, descubrió que existen seis tipos de historias: ascenso (de mendigo a millonario), caída (de millonario a mendigo), ascenso y después caída (Ícaro), caída y después ascenso (hombre en un agujero), ascenso, después caída y después ascenso (Cenicienta), caída, después ascenso y después caída (Edipo). Todas estas son, en esencia, permutaciones de la misma experiencia buena/mala sumada a merecer algo bueno/malo. Véase Adrienne LaFrance, «The Six Main Arcs in Storytelling, as Identified by an A. I.», The Atlantic, 12 de julio de 2016, https://www.theatlantic.com/technology/archive/2016/07/the-six-main-arcs-in-storytelling-identified-by-a-computer/490733/.

32. El campo de la psicología se halla en mitad de una «crisis de reproducción», es decir, un gran porcentaje de sus hallazgos no logran reproducirse en experimentos posteriores. Véase Ed Yong, «Psychology's Replication Crisis Is Running Out of Excuses», The Atlantic, 18 de noviembre de 2018, https://www.theatlantic.com/science/archive/2018/11/psychologys-replication-crisis-real/576223/.

33. División para la Prevención de la Violencia, «The Adverse Childhood Experiences (ACE) Study», Centro Nacional para la Prevención y Control de las Lesiones, Centros para el Control y la Prevención de Enfermedades, Atlanta, GA, mayo de 2014, https://www.cdc.gov/violenceprevention/acestudy/index.html.

34. El Newton de la vida real era, en realidad, un imbécil gruñón y vengativo. Y sí, también era un ermitaño. Al parecer, murió virgen. Y los archivos sugieren que probablemente estuviera bastante orgulloso de ello.

35. Esto es lo que Freud identificó de manera incorrecta como represión. Creía que nos pasamos la vida reprimiendo los recuerdos

dolorosos de nuestra infancia; al traerlos de nuevo a la conciencia, liberamos las emociones negativas acumuladas en nuestro interior. De hecho, resulta que recordar traumas pasados no proporciona un gran beneficio. En realidad, las terapias actuales más efectivas no se centran tanto en el pasado como en aprender a gestionar emociones futuras.

36. Con frecuencia, la gente confunde nuestros valores intrínsecos con nuestra personalidad, y viceversa. La personalidad es más bien algo inmutable. Según el modelo de personalidad de los «cinco grandes», la personalidad consiste en cinco rasgos básicos: extraversión, meticulosidad, simpatía, neurosis y predisposición a nuevas experiencias. Nuestros valores intrínsecos son juicios que hicimos en una etapa temprana de la vida, basados en parte en la personalidad. Por ejemplo, yo puedo estar muy abierto a vivir nuevas experiencias, lo cual me inspira a valorar la exploración y la curiosidad desde una edad temprana. Este valor se desarrollará después en experiencias futuras y creará valores relacionados con él. Los valores intrínsecos son difíciles de desenterrar y cambiar. La personalidad no puede cambiarse mucho. Para saber más sobre el modelo de personalidad de los «cinco grandes», véase Thomas A. Widiger, ed., *The Oxford Handbook of the Five Factor Model* (Nueva York: Oxford University Press, 2017).

37. William Swann, Peter Rentfrow y Jennifer Sellers, «Self-verification: The Search for Coherence», *Handbook of Self and Identity* (Nueva York: Guilford Press, 2003), págs. 367-83.

38. Esta es la mentira de la ley de la atracción que lleva años presente en la industria de la autoayuda. Para ver cómo desmontar este tipo de chorradas, véase Mark Manson, «The Staggering Bullshit of 'The Secret'», MarkManson.net, 26 de febrero de 2015, https://markmanson.net/the-secret.

39. La capacidad para recordar experiencias pasadas y proyectar experiencias futuras se da solo con el desarrollo del córtex prefrontal (el nombre neurológico del cerebro racional). Véase Y. Yang y A. Raine, «Prefrontal Structural and Functional Brain Imaging Findings in Antisocial, Violent, and Psychopathic Individuals: A Meta-analysis», *Psychiatry Research* 174, n.º 2 (noviembre de 2009): 81-88.

40. Jocko Willink, *Discipline Equals Freedom: Field Manual* (Nueva York: St. Martin's Press, 2017), págs. 4-6.

41. Martin Lea y Steve Duck, «A Model for the Role of Similarity of Values in Friendship Development», *British Journal of Social Psychology* 21, n.º 4 (noviembre de 1982): 301-10.

42. Esta metáfora dice en esencia que cuanto más valoramos algo, menos dispuestos estamos a cuestionar o cambiar ese valor; por lo tanto, más doloroso es cuando el valor nos falla. Es como si piensas en los diferentes grados de dolor entre la muerte de un padre y la muerte de un conocido, o lo mucho que te enfadabas cuando alguien insultaba o cuestionaba a uno de tus grupos de música favoritos cuando eras pequeño y lo que te enfadas cuando eres adulto.

43. Freud llamó a esto el «narcisismo de la ligera diferencia», y observó que los grupos de gente que tienen más cosas en común suelen ser los que más se odian entre sí. Véase Sigmund Freud, *El malestar en la cultura.*

44. Tomasello, *A Natural History of Human Morality*, págs. 85-93.

45. Esta idea es conocida como «geografía cultural». Para un fascinante debate, ver Jared Diamond, *Armas, gérmenes y acero. Breve historia de la humanidad en los últimos trece mil años* (Barcelona: Debate, 2018).

46. Tomasello, *A Natural History of Human Morality*, págs. 114-15.

47. O, como lo expresó el teórico militar Carl von Clausewitz, «la guerra es la continuación de la política por otros medios».

48. Las leyes del movimiento del verdadero Isaac Newton también estuvieron acumulando polvo durante unos veinte años hasta que se las enseñó a alguien.

Capítulo 4. Cómo hacer que todos tus sueños se cumplan

1. Gustave Le Bon, *Psicología de las masas* (San Sebastián de los Reyes: Morata, 2005).

2. Jonathan Haidt llama a este fenómeno la «hipótesis de la colmena». Véase Jonathan Haidt, *La mente de los justos: Por qué la política y la religión dividen a la gente sensata* (Barcelona: Deusto, 2019).

3. Le Bon, *Psicología de las masas.*

4. Barry Schwartz y Andrew Ward, «Doing Better but Feeling Worse: The Paradox of Choice», en P. Alex Linley y Stephen Joseph, *Positive Psychology in Practice* (Hoboken, NJ: John Wiley and Sons, 2004), págs. 86-103.

5. El cerebro adolescente sigue desarrollándose hasta bien entrados los veintitantos, en concreto las partes del cerebro responsables de la función ejecutiva. Véase S. B. Johnson, R. W. Blum y J. N. Giedd, «Adolescent Maturity and the Brain: The Promise and Pitfalls of Neuroscience Research in Adolescent Health Policy», *Journal of Adolescent Health: Official Publication of the Society for Adolescent Medicine* 45, n.º 3 (2009): 216-21.

6. S. Choudhury, S. J. Blakemore y T. Charman, «Social Cognitive Development During Adolescence», *Social Cognitive and Affective Neuroscience* 1, n.º 3 (2006): 165-74.

7. Esta obra sobre la definición de la identificación es el proyecto más importante de adolescentes y adultos jóvenes. Véase Erik H. Erikson, *Infancia y sociedad* (Buenos Aires: Paidós Horme, 1983).

8. Creo que gente como LaRouche no es explotadora de manera consciente. Es más probable que el propio LaRouche estuviera psicológicamente detenido en un nivel de madurez adolescente y, por lo tanto, persiguiera causas adolescentes y apelara a otros adolescentes perdidos. Véase capítulo 6.

9. Este diálogo está más o menos basado en mis recuerdos. Fue hace quince años, así que es evidente que no recuerdo exactamente lo que se dijo.

10. Decidí buscar dónde Sagan dijo esto y resulta que, como muchas otras citas que se encuentran en Internet, fue otro quien lo dijo, y cincuenta años antes que Sagan. Al parecer, el profesor Walter Kotschnig fue el primero en decirlo en una publicación de 1940. Véase https://quoteinvestigator.com/2014/04/13/open-mind/.

11. Eric Hoffer, *El verdadero creyente: Sobre el fanatismo y los movimientos sociales* (Madrid: Tecnos, 2009).

12. *Ibid.*

13. *Ibid.*

14. Lo interesante sobre Jesús es que los archivos históricos insinúan que probablemente comenzara como extremista político, intentando liderar una revuelta contra la ocupación del Imperio romano en Israel. Fue después de su muerte cuando su religión ideológica se transmutó en una religión más espiritual. Véase Reza Aslan, *El Zelote: La vida y la época de Jesús de Nazaret* (Barcelona: Indicios, 2014).

15. Esta noción surge de las ideas de Karl Popper sobre la falsabilidad. Popper, a partir de la obra de David Hume, vino a decir que

daba igual la cantidad de veces que algo hubiera sucedido en el pasado, porque no puede demostrarse de manera lógica que volverá a pasar en el futuro. Aunque el sol ha salido por el este y se ha puesto por el oeste día tras días durante miles de años y nadie ha experimentado nunca lo contrario, eso no demuestra que el sol vaya a salir mañana por el este. Lo único que nos dice es que hay una gran probabilidad de que el sol salga por el este.

Popper decía que la única verdad empírica que podemos conocer no surge mediante la experimentación, sino, más bien, mediante la falsabilidad. Nada puede demostrarse jamás. Las cosas solo pueden refutarse. Por lo tanto, incluso algo tan mundano y evidente como que el sol salga por el este y se ponga por el oeste sigue creyéndose con cierto grado de fe, aunque es casi seguro que siempre suceda.

Las ideas de Popper son importantes porque demuestran de manera lógica que hasta los hechos científicos se apoyan en cierta cantidad de fe. Puedes realizar un experimento un millón de veces y obtener el mismo resultado todas las veces, pero eso no demuestra que vaya a suceder al millón y una. En algún momento, elegimos confiar en la creencia de que seguirá pasando cuando los resultados son tan estadísticamente significativos que sería una locura no creerlos.

Para saber más sobre las ideas de Popper sobre la falsabilidad, véase Karl Popper, *La lógica de la investigación científica* (1959; Madrid: Tecnos, 2008). Lo que me resulta interesante es que las enfermedades mentales que producen delirios, alucinaciones y cosas así podrían ser disfunciones de la fe. Casi todos nosotros damos por hecho que el sol saldrá por el este y que las cosas caen al suelo a cierta velocidad, y que no vamos a salir flotando porque la gravedad haya decidido tomarse un descanso. Pero una mente que se esfuerza por construir y mantener la fe en cualquier cosa podría verse torturada por esas posibilidades a todas horas y, por lo tanto, volverse loca.

16. La fe también da por hecho que tu mierda es real y que no eres solo un cerebro en un contenedor imaginando todas las percepciones de tus sentidos; uno de los discursos favoritos de los filósofos. Para averiguar si alguna vez podrás saber de verdad si algo existe, echa un vistazo a *Las meditaciones metafísicas*, de René Descartes.

17. La palabra «ateo» puede significar varias cosas. Aquí, solo digo que todos debemos tragarnos ciertas creencias y valores basados en la fe, aunque no sean valores y creencias sobrenaturales. Véase John Gray, *Siete tipos de ateísmo* (Madrid: Sexto Piso, 2019).

18. David Hume, *Tratado de la naturaleza humana*. Hume escribe que «todo conocimiento degenera en probabilidad; y esa probabilidad es mayor o menor en función de nuestra experiencia de la veracidad o del engaño de nuestro entendimiento, y en función de la simplicidad o complicación de la cuestión» (1739, parte 4, sección 1).

19. Un «valor dios» no es lo mismo que el «agujero en forma de Dios» de Blaise Pascal. Pascal creía que, como los deseos del hombre eran insaciables, solo algo infinito podría saciarlos alguna vez; ese algo infinito sería Dios. Un valor dios es diferente porque simplemente se halla en lo alto de la jerarquía de valores de una persona. Puede que te sientas triste y vacío, y aun así tengas un valor dios. De hecho, la causa de tu tristeza y de tu vacío es probable que sea el valor dios que has elegido.

20. Para saber más sobre cómo los valores dios superficiales como el dinero afectan a tu vida, véase Mark Manson, «How We Judge Others Is How We Judge Ourselves», MarkManson.net, 9 de enero de 2014, https://markmanson.net/how-we-judge-others.

21. Como el dinero, el Gobierno o la etnia, el «yo» también es un constructo mental arbitrario basado en la fe. No hay pruebas de que tu experiencia de «ti» exista realmente. No es más que el nexo de la experiencia consciente, una interconexión entre sentido y sensibilidad. Véase Derek Parfit, *Razones y personas* (Madrid: Antonio Machado, 2005).

22. Hay muchas maneras de describir las formas insanas de apego a otra persona, pero me he decantado por el término «codependencia» por que suele utilizarse. La palabra proviene de Alcohólicos Anónimos (AA).

    Los alcohólicos observaron que, del mismo modo en que eran adictos a la botella, sus amigos y familiares también parecían adictos a apoyarlos y a cuidar de ellos en su adicción. Los alcohólicos dependían del alcohol para sentirse bien y normales, y esos amigos y familiares eran «codependientes» porque utilizaban la adicción del alcohólico para sentirse bien y normales. El uso de la codependencia se ha extendido mucho desde entonces; básicamente, cualquiera que sea «adicto» a apoyar o a buscar la aprobación de otra persona puede ser descrito como codependiente.

La codependencia es una forma extraña de adoración, en la que colocas a una persona en un pedestal y la conviertes en el centro de tu mundo, los cimientos de tus ideas y sentimientos, la raíz de tu autoestima. En otras palabras, conviertes a la otra persona en tu valor dios. Por desgracia, eso lleva a tener relaciones extremadamente destructivas. Véase Melody Beattie, *Ya no seas codependiente: Cómo dejar de controlar a los demás y empezar a ocuparse de uno mismo* (Cuernavaca, Ideazapato-Araucaria, 2015); y Timmen L. Cermak, doctor en Medicina, *Diagnosing and Treating Co-Dependence: A Guide for Professionals Who Work with Chemical Dependents, Their Spouses, and Children* (Center City, MN: Hazelden Publishing, 1998).

23. Véase la discusión sobre la «guillotina de Hume» en la nota 33 del capítulo 2, pág. 217.

24. La Muerte Negra mató a entre un millón y dos millones de personas en Europa en el siglo XIV, reduciendo la población entre un treinta y un sesenta por ciento.

25. Esta afirmación hace referencia a la infame Cruzada de los Niños en 1212. Tras múltiples cruzadas fallidas por parte de los cristianos para recuperar la Tierra Santa de manos de los musulmanes, decenas de miles de niños viajaron hasta Italia para ofrecerse voluntarios para ir a Tierra Santa y convertir pacíficamente a los musulmanes. Un líder carismático prometió a los niños que el mar se abriría cuando llegaran al Mediterráneo, permitiéndoles ir a pie hasta Jerusalén. Alerta de *spoiler*: el mar no se abrió. En su lugar, los barcos mercantes reunieron a los niños y se los llevaron hasta Túnez, donde los vendieron a casi todos como esclavos.

26. Curiosamente, podría decirse que el dinero se inventó como manera de llevar el cálculo de las brechas morales entre las personas. Inventamos el concepto de deuda para justificar nuestras brechas morales (yo te hice este favor, así que ahora me debes algo a cambio), y el dinero se inventó como forma de llevar el cómputo y gestionar la deuda en una sociedad. Esto se conoce como la «teoría del crédito» del dinero, y la propuso por primera vez Alfred Mitchell Innes en 1913, en un artículo periodístico titulado «¿Qué es el dinero?». Para hacerse una idea general sobre Mitchell Innes y la teoría del crédito, véase David Graeber, *En deuda: Una histo-*

ria alternativa de la economía (Barcelona: Ariel, 2011). Para saber más sobre la importancia de la deuda en la sociedad humana, véase Margaret Atwood, *Pagar (con la misma moneda)*, (Barcelona: Bruguera, 2011).

27. Bueno, lo de la etnia es un poco controvertido. Sí que hay diferencias biológicas menores entre poblaciones de diferentes antepasados, pero diferenciar entre personas basándonos en esas diferencias también es un constructo arbitrario basado en la fe. Por ejemplo, ¿quién puede decir que todas las personas de ojos verdes no son su propia etnia? Eso es. Nadie. Aun así, si algún rey hubiera decidido hace cientos de años que las personas de ojos verdes eran de una raza diferente que merecía ser tratada de manera terrible, probablemente hoy en día estuviéramos hasta el cuello de problemas políticos en torno al color de los ojos.

28. Sí, como estoy haciendo yo con este libro.

29. Es probable que valga la pena repetir que existe una crisis de reproducción en las ciencias sociales. Muchos de los «hallazgos» importantes en psicología, economía e incluso medicina no se pueden reproducir de manera consistente. De modo que, incluso aunque pudiéramos gestionar fácilmente la complejidad que supone medir las poblaciones humanas, aun así sería muy difícil encontrar pruebas consistentes y empíricas de que una variable tuviera una influencia notable sobre otra. Véase Yong, «Psychology's Replication Crisis Is Running Out of Excuses».

30. Toda mi vida me ha fascinado que los atletas pasen de ser héroes a villanos, y otra vez héroes. Tiger Woods, Kobe Bryant, Michael Jordan y Andre Agassi han sido semidioses en la cabeza de la gente. Entonces alguna revelación inesperada hizo que se convirtieran en parias. Esto tiene que ver con lo que dije en el capítulo 2 sobre cómo la superioridad/inferioridad de la persona puede alterarse fácilmente porque lo que sigue siendo igual es la magnitud de la brecha moral. Con alguien como Kobe Bryant, sea héroe o villano, lo que sigue siendo igual es la intensidad de nuestra reacción emocional hacia él. Y esa intensidad está provocada por el tamaño de la brecha moral que queda.

31. He de mencionar a Yuval Noah Harari y su brillante libro *Breve historia de la humanidad* (Barcelona: Debate, 2014) por la descripción que hace de los Gobiernos, las instituciones financieras

y demás estructuras sociales como sistemas míticos que existen gracias solo a las creencias compartidas de una población. Harari sintetizó muchas de estas ideas primero, y yo solo estoy improvisando a partir de ahí. Merece la pena leer el libro.

32. El emparejamiento y el altruismo recíproco son dos estrategias evolutivas que surgen en la consciencia como apego emocional.

33. La definición de «experiencia espiritual» que más me gusta es la de que se trata de una experiencia «transegoica», que quiere decir que tu identidad o sentido del «yo» trasciende a tu cuerpo y a tu consciencia, y se expande para incluir toda realidad percibida. Las experiencias transegoicas pueden alcanzarse de varias formas: drogas psicodélicas, meditación intensa durante largos periodos y momentos de amor y pasión extremos. En esos estados alterados, puedes «mezclarte» con tu compañero, sentir que sois la misma cosa y, por lo tanto, alcanzar temporalmente un estado transegoico. Esa «mezcla» con otra persona (o con el universo) es la razón por la que las experiencias religiosas suelen percibirse como «amor», pues ambas suponen renunciar a la identidad del yo y aceptar de manera incondicional alguna entidad mayor. Para ver una explicación chula sobre esta clase de cosas basadas en la psicología de Jung, véase Ken Wilber, *La conciencia sin fronteras: Aproximaciones de Oriente a Occidente al crecimiento personal* (Barcelona: Kairós, 1985).

34. A medida que los países se industrializan, su religiosidad cae de forma precipitada. Véase Pippa Norris y Ronald Inglehart, *Sacred and Secular: Religion and Politics Worldwide*, 2.ª ed. (2004; reed. Nueva York: Cambridge University Press, 2011), págs. 53-82.

35. René Girard, *Things Hidden Since the Foundation of the World*, traducción de Stephen Bann y Michael Metteer (reed. 1978; Stanford, CA: Stanford University Press, 1987), págs. 23-30.

36. Al igual que la ciencia es una religión en la que veneramos las pruebas, el humanismo podría verse como la adoración de los «términos medios» de todas las personas: no hay personas inherentemente buenas o malas. Como dijo Aleksandr Solzhenitsin: «La línea que divide el bien del mal atraviesa el corazón de todo ser humano».

37. Por desgracia, estas teorías de la conspiración están muy presentes en Estados Unidos.

38. Estoy siendo un poco dramático, pero sí que había sacrificios hu-

manos en casi todas las civilizaciones antiguas y prehistóricas que conocemos. Véase Nigel Davies, *Sacrificios humanos. De la Antigüedad a nuestros días* (Barcelona: Grijalbo, 1983).

39. Para ver una interesante exposición sobre la culpa innata y el papel del sacrificio humano, véase Ernest Becker, *Escape from Evil* (Nueva York: Freedom Press, 1985).

40. Freud, *El malestar en la cultura*.

41. *Ibid.*, pág. 18.

42. Manson, *El sutil arte de que (casi todo) te importe una mierda*, págs. 23-40.

43. E. O. Wilson, *On Human Nature* (1978; reed. Cambridge, MA: Harvard University Press, 2004), págs. 169-92.

44. Las capacidades de raciocinio se ven alteradas cuando nos enfrentamos a temas de alto voltaje emocional (por ejemplo, temas que tocan nuestros más altos valores). Véase Vladimíra Čavojová, Jakub Šrol y Magdalena Adamus, «My Point Is Valid; Yours Is Not: My-Side Bias in Reasoning About Abortion», *Journal of Cognitive Psychology* 30, n.º 7 (2018): 656-69.

45. De hecho, puede que seas todavía más un mierda. Las investigaciones demuestras que cuanto mejor informada y formada está una persona más polarizadas políticamente son sus opiniones. Véase T. Palfrey y K. Poole, «The Relationship Between Information, Ideology, and Voting Behavior», *American Journal of Political Science* 31, n.º 3 (1987): 511-30.

46. Esta idea se publicó por primera vez en el artículo de F. T. Cloak hijo «Is a Cultural Ethology Possible?» Human Ecology 3, n.º 3 (1975): 161-82. Para una exposición menos académica, véase Aaron Lynch, *Thought Contagion: How Beliefs Spread Through Society* (Nueva York: Basic Books, 1996), págs. 97-134.

Capítulo 5. La esperanza está jodida

1. Nietzsche anunció por primera vez la muerte de Dios en 1882, en su libro, *La gaya ciencia*, pero la cita suele asociarse con *Así habló Zaratustra*, que se publicó en cuatro partes desde 1883 hasta 1885. Tras la tercera parte, todas las editoriales se negaron a tener nada que ver con el proyecto. Así pues, Nietzsche tuvo que reunir el dinero para publicar él mismo la cuarta parte. Ese es el libro que vendió menos de cuarenta copias. Véase

Sue Prideaux, *¡Soy dinamita! Una vida de Nietzsche* (Barcelona: Ariel, 2019).

2. Todo lo que dice Nietzsche en este capítulo es una frase real sacada de su obra. Esta sale de *Más allá del bien y del mal* (1887; Madrid: Alianza Editorial, 2002).

3. La historia de Nietzsche con Meta en este capítulo está adaptada libremente de sus veranos con un puñado de mujeres (las otras fueron Helen Zimmern y Resa von Schirnhofer) entre 1886 y 1867. Véase Julian Young, *Friedrich Nietzsche: A Philosophical Biography* (Cambridge, UK: Cambridge University Press, 2010), págs. 388-400.

4. Friedrich Nietzsche, *Ecce Homo* (1890; Madrid: Alianza Editorial, 2011).

5. Algunos antropólogos han llegado hasta el extremo de decir que la agricultura es, debido a su tendencia inevitable a crear desigualdad y estratificación social, «el peor error en la historia de la raza humana». Véase el famoso ensayo de Jared Diamond, «The Worst Mistake in the History of the Human Race», *Discover*, mayo de 1987, http://discovermagazine.com/1987/may/02-the-worst -mistake-in-the-history-of-the-human-race.

6. La descripción inicial que hace Nietzsche de la moral del amo y del esclavo proviene de *Más allá del bien y del mal*. Desarrolla más cada moral en *La genealogía de la moral* (1887). En el segundo ensayo de *La genealogía de la moral* (Madrid: Alianza Editorial, 2002) es donde me encontré con el concepto de «brecha moral» que trato en el capítulo 3. En ese ensayo, Nietzsche dice que cada una de nuestras morales individuales está basada en nuestro sentido de la deuda.

7. Jonathan Haidt, *La mente de los justos.*

8. Richard Dawkins, *El gen egoísta* (Barcelona: Salvat, 1990).

9. Es interesante que la mayoría de las religiones politeístas no hayan tenido la obsesión con la conversión que sí han tenido las religiones monoteístas. Los griegos y los romanos estaban encantados con que las culturas indígenas siguieran sus propias creencias. Las cruzadas religiosas no comenzaron hasta que llegó la moral del esclavo. Probablemente, esto se deba a que una religión basada en la moral del esclavo no puede tolerar culturas que tengan creencias diferentes. La moral del esclavo requiere que el mundo sea igual; y, para ser igual, no puedes ser di-

ferente. Por lo tanto, esas otras culturas debían ser convertidas. Esta es la tiranía paradójica de cualquier sistema de creencias de extrema izquierda. Cuando la igualdad se convierte en tu valor dios, las diferencias de creencia no pueden tolerarse. Y la única manera de destruir la diferencia de creencia es a través del totalitarismo.

10. Véase Pinker, *En defensa de la Ilustración*.

11. Mi mayor escrúpulo con el libro de Pinker es que combina la revolución científica con la Ilustración filosófica. La revolución científica devora a la Ilustración y es independiente de las creencias humanistas de esta última. Por eso recalco que la ciencia, y no necesariamente las ideologías de la Ilustración, es lo mejor que ha sucedido en la historia de la humanidad.

12. Estimaciones del crecimiento del PIB per cápita realizadas por el autor con datos de Angus Maddison, *La economía mundial: Una perspectiva milenaria* (Madrid: S. A. Mundi-Prensa Libros, 2002).

13. Hay pruebas que sugieren que las poblaciones se vuelven más religiosas inmediatamente después de un desastre natural. Véase Jeanet Sinding Bentzen, «Acts of God? Religiosity and Natural Disasters Across Subnational World Districts», University of Copenhagen Department of Economics Discussion Paper n.º 15-06, 2015, http://web.econ.ku.dk/bentzen/ActsofGodBentzen.pdf.

14. No existen registros por escrito de la opinión que Nietzsche tenía sobre el comunismo, pero seguramente estuviera al corriente. Dada su repulsión hacia la moral del esclavo, es probable que lo odiara. Sus creencias a este respecto siempre se han confundido con ser un precursor del nazismo. Pero Nietzsche odiaba el nacionalismo alemán que floreció durante su vida y tuvo desavenencias con varios amigos y familiares (entre otros Wagner) en relación con este tema.

La hermana y el cuñado de Nietzsche eran nacionalistas fervientes y antisemitas. A él, ambas creencias le parecían estúpidas y ofensivas. Y así se lo dijo. De hecho, su visión global del mundo resultaba radical y poco común en su época. Creía estrictamente en el valor de los hechos de una persona, nada más; ni sistema, ni raza, ni nacionalidad. Cuando su hermana le dijo que su marido y ella se mudaban a Paraguay para fundar una Nueva Germania, donde la gente pudiera crear una sociedad de pura sangre alemana, se cuenta que él se rio en su cara. Ella no volvió a hablarle en años.

Es trágico (e irónico) que la ideología nazi se apropiara de su obra y la deformara después de su muerte. Sue Prideaux relata cómo su filosofía llegó a corromperse. Asimismo habla de la rehabilitación de cincuenta años que tuvo que experimentar para poder tener la lectura que merece. Véase Prideaux, *¡Soy dinamita!*

15. La filosofía budista describiría estos ciclos de creación y destrucción de esperanza como *samsara,* que se genera y se perpetúa debido a nuestro apego por valores mundanos e impermanentes. Buda enseñó que la naturaleza fundamental de nuestra psicología es *dukkha,* un concepto que puede traducirse como «anhelo». Advirtió de que los anhelos humanos nunca pueden saciarse y de que generamos sufrimiento en nuestra búsqueda constante por satisfacer esos anhelos. La idea de renunciar a la esperanza va en sintonía con la idea budista de alcanzar el *nirvana,* o prescindir de todo apego o anhelo psicológico.

16. Nietzsche, *Ecce Homo.*

17. El mito de la Caja de Pandora, como se cuenta en esta sección, procede de *Trabajos y días,* de Hesíodo, líneas 560-612.

18. Esto es una especie de chiste, pero a la vez no lo es. Para saber más sobre los horribles orígenes del matrimonio en la Antigüedad, véase Stephanie Coontz, *Historia del matrimonio: Cómo el amor conquistó el matrimonio* (Barcelona: Gedisa, 2009).

19. Según parece, la palabra griega que Hesíodo utilizó para decir «esperanza» también podría describirse como «expectativa engañosa». Por tanto, siempre ha habido una interpretación pesimista menos popular del mito basada en la idea de que la esperanza también puede conducir a la destrucción. Véase Franco Montanari, Antonios Rengakos y Christos Tsagalis, *Brill's Companion to Hesiod* (Leiden, Netherlands: Brill Publishers, 2009), pág. 77.

20. Nietzsche, *Ecce Homo.*

21. Friedrich Nietzsche, *La gaya ciencia.*

22. El comienzo de su diatriba sobre la muerte de Dios procede de la sección del «Loco» de *ibid.,* §125: 181-82.

23. Este discurso «largo y apasionado» a las vacas junto al lago Silva-

plana tuvo lugar de verdad, según Meta von Salis. Posiblemente, fuera uno de los primeros episodios de psicosis de Nietzsche, que comenzó a aparecer en torno a esa época. Véase Young, *Friedrich Nietzsche*, pág. 432.

24. El resto de las frases de Nietzsche en este capítulo procede de *Así habló Zaratustra*. «Una obertura hacia algo más grandioso» es mi propia interpretación de la idea de Nietzsche sobre el *Übermensch*, o «superhombre». El texto original dice: «Es un cruce», donde «cruce» es una metáfora de la evolución del hombre para convertirse en *Übermensch*, es decir, algo más grandioso.

Capítulo 6. La fórmula de la humanidad

1. M. Currey, *Daily Routines: How Artists Work* (Nueva York: Alfred A. Knopf, 2013), págs. 81-82.

2. Immanuel Kant, *La metafísica de las costumbres* (1797; Madrid: Tecnos, 2005).

3. En su ensayo de 1795 «Towards Perpetual Peace», Kant proponía un consejo de administración mundial. Véase Immanuel Kant, *La paz perpetua* (1795; Madrid: Alianza Editorial, 2016).

4. S. Palmquist, «The Kantian Grounding of Einstein's Worldview: (I) The Early Influence of Kant's System of Perspectives», *Polish Journal of Philosophy* 4, n.º 1 (2010): 45-64.

5. Cierto, lo sugirió de forma hipotética. Kant no creía que los animales tuvieran voluntad o razón, pero sí decía que, si fueran capaces de tener voluntad y razón, deberían concedérseles los mismos derechos que a los humanos. Hoy en día, se dice que muchos animales son capaces de tener voluntad y razón. Para una exposición sobre el tema, véase Christine M. Korsgaard, «A Kantian Case for Animal Rights», en *Animal Law: Developments and Perspectives in the 21st Century*, ed. Margot Michael, Daniela Kühne y Julia Hänni (Zúrich: Dike Verlag, 2012), págs. 3-27.

6. Hannah Ginsborg, «Kant's Aesthetics and Teleology», *The Stanford Encyclopedia of Philosophy*, ed. Edward N. Zalta, 2014, https://plato.stanford.edu/archives/fall2014/entries/kant-aesthetics.

7. La disputa se produjo entre «racionalistas» y «empiristas», y el libro fue la obra más famosa de Kant, *Crítica de la razón pura*.

8. Kant pretendía establecer un sistema ético completo con la racionalidad como valor dios. No profundizaré aquí en la complejidad de la ética de Kant, pues en su sistema existen varios fallos. Para este capítulo, solo he utilizado los que creo que son el principio y la conclusión más útiles de la ética de Kant: la fórmula de la humanidad.

9. Aquí se da una contradicción sutil. Kant pretendía desarrollar un sistema de valores que existiera al margen de los juicios subjetivos del cerebro emocional. Sin embargo, el deseo de construir un sistema de valores basado solo en la razón es «en sí mismo un juicio subjetivo realizado por el cerebro emocional». Visto de otro modo, ¿no podría decirse que el deseo de Kant por crear un sistema de valores que trascendiera los confines de la religión era, en sí mismo, una religión? Esa era la crítica que Nietzsche hacía a Kant. Pensaba que Kant era un puto chiste. El sistema ético de Kant le parecía absurdo y pensaba que su creencia en que había trascendido la subjetividad basada en la fe era ingenua en el mejor de los casos, y narcisista en el peor de ellos. Por lo tanto, a los lectores con ciertos conocimientos en filosofía les resultará extraño que me apoye tanto en ellos dos para la argumentación de mi libro. Pero a mí no me parece un problema. Creo que cada uno acertó en lo que el otro falló. Nietzsche acertó al decir que todas las creencias humanas son prisioneras de nuestras propias perspectivas y, por lo tanto, están basadas en la fe. Kant acertó al decir que algunos sistemas de valores producen resultados mejores y más lógicos que otros, debido a su atractivo universal potencial. Así pues, técnicamente, sí: el sistema ético de Kant es otra forma de religión basada en la fe. Pero también creo que, del mismo modo en que la ciencia, y su decisión de depositar la fe donde se den las mejores pruebas, proporciona los mejores sistemas de creencias, Kant se topó con el mejor fundamento para crear sistemas de valores; es decir, uno debería valorar aquello que percibe el valor por encima de todo lo demás: la conciencia.

10. A la hora de minimizar todo lo que está jodido, las elecciones vitales de Kant le convertirían en el campeón del mundo. Véase Manson, *El sutil arte de que (casi todo) te importe una mierda*, págs. 14-20.

11. Esta declaración podría interpretarse de diversas formas. La primera interpretación es que Kant logró salirse del espacio subjeti-

vo de los juicios de valor del cerebro emocional para crear un sistema de valor aplicable de manera universal. Doscientos cincuenta años más tarde, los filósofos siguen discutiendo sobre si lo logró o no; casi todos dicen que no. (Véase la nota 9 de este capítulo.)

La segunda interpretación es que Kant abrió un periodo de opiniones no sobrenaturales sobre la moral; la creencia de que la moral podía desarrollarse al margen de las religiones espirituales. Esto es totalmente cierto. Kant allanó el camino para una filosofía moral a través de la ciencia que continúa hoy en día.

La tercera interpretación es que estoy dando mucho bombo a Kant para mantener el interés del lector por este capítulo. Eso también es totalmente cierto.

12. Es importante señalar que a lo largo de este capítulo aplicaré las ideas de Kant de maneras en que él mismo nunca las aplicó. El capítulo es un extraño matrimonio a tres entre la ética kantiana, la psicología del desarrollo y la teoría de la virtud. Si eso no te pone duros los pezones, no sé qué lo hará.

13. El desarrollo de este capítulo proviene de (y simplifica) la obra de Jean Piaget, Lawrence Kohlberg, Robert Kegan, Erik Erikson, Søren Kierkegaard y otros. En el modelo de Kegan, mi definición de la «infancia» cubre los estadios 1 y 2 (impulsivo e imperial), mi definición de la «adolescencia» cubre los estadios 3 y 4 (interpersonal e institucional) y mi «edad adulta» cubre el estadio 5 (interindividual). Para saber más sobre el modelo de Kegan, véase R. Kegan, *The Evolving Self: Problem and Process in Human Development* (Cambridge, MA: Harvard University Press, 1982). En el modelo de Kohlberg, mi «infancia» cubre su estadio preconvencional del desarrollo moral (orientación de la obediencia y el castigo y orientaciones instrumentales), mi «adolescencia» cubre su estadio convencional del desarrollo moral (orientaciones de buen chico/buena chica y ley/orden) y mi «edad adulta» cubre su estadio posconvencional del desarrollo moral (orientaciones del contrato social y del principio ético universal). Para saber más sobre el modelo de Kohlberg, véase L. Kohlberg, «Stages of Moral Development», *Moral Education* 1, n.º 51 (1971): 23-92. En el modelo de Piaget, mi «infancia» cubre sus estadios sensoriomotor y preoperacional, mi «adolescencia» cubre su estadio operacional concreto y mi «edad adulta» cubre su estadio operacional formal. Para saber más sobre el mo-

delo de Piaget sobre desarrollo moral, véase J. Piaget, «Piaget's Theory», *Piaget and His School* (Berlin and Heidelberg: Springer, 1976), págs. 11-23.

14. El desarrollo de reglas y roles tiene lugar en el estadio operacional concreto de Piaget y en el estadio interpersonal de Kegan. Véase nota 13.

15. Robert Kegan, *The Evolving Self*, págs. 133-60.

16. Los niños no desarrollan lo que se denomina «teoría de la mente» hasta los tres o cinco años. Se dice que la teoría de la mente está presente cuando alguien es capaz de entender que otras personas tienen pensamientos conscientes y comportamientos independientes a ellos. La teoría de la mente es necesaria para desarrollar la empatía y casi todas las interacciones sociales; así es como se entienden la perspectiva de otra persona y su proceso de pensamientos. Los niños a los que les cuesta desarrollar la teoría de la mente suelen diagnosticarse con autismo o esquizofrenia, trastorno de déficit de atención o algún otro problema. Véase B. Korkmaz, «Theory of Mind and Neurodevelopmental Disorders in Childhood», *Pediatric Research* 69 (2011): 101R-8R.

17. El filósofo Ken Wilber tiene una frase maravillosa para describir este proceso del desarrollo psicológico. Dice que los estadios evolutivos tardíos «trascienden e incluyen» los estadios previos. De modo que un adolescente sigue teniendo valores basados en el placer y el dolor, pero los valores más elevados basados en las reglas y en los roles sustituyen a los valores más inferiores e infantiles. Sigue gustándonos el helado, también de adultos. La diferencia es que el adulto es capaz de priorizar valores superiores y abstractos como la sinceridad y la prudencia por encima de su predilección por el helado; un niño no es capaz. Véase K. Wilber, *Sexo, ecología, espiritualidad: El alma de la evolución* (Móstoles: Gaia, 2005).

18. Hay que recordar, gracias a la segunda y tercera ley de la emoción de Newton, que las identidades más fuertes y robustas nos otorgan una mayor estabilidad emocional frente a la adversidad. Una razón por la que los niños son tan volátiles emocionalmente es que su comprensión de sí mismos es débil y superficial, de modo que los hechos inesperados o dolorosos les afectan mucho más.

19. Los adolescentes están muy centrados en lo que sus amigos piensan de ellos porque construyen identidades para sí mismos

basadas en las reglas y roles sociales. Véase Erikson, *Infancia y sociedad*; y Kegan, *The Evolving Self*, págs. 184-220.

20. Aquí es donde empiezo a fusionar el sistema moral de Kant con la teoría del desarrollo. Tratar a las personas como medios y no como fines es algo representativo de los estadios 2-4 de la teoría del desarrollo moral de Kohlberg.

21. Albert Camus lo expresó bien cuando dijo: «Nunca serás feliz si sigues buscando en qué consiste la felicidad».

22. De nuevo, fusiono los estadios 5 y 6 de Kohlberg con el requisito de Kant de la «cosa en sí misma» para la universalización moral.

23. Según el modelo del desarrollo moral de Kohlberg, a los treinta y seis años, el ochenta y nueve por ciento de la población ha alcanzado el estadio adolescente del razonamiento moral; solo el trece por ciento alcanza alguna vez el estadio adulto. Véase L. Kohlberg, *The Measurement of Moral Judgment* (Cambridge, MA: Cambridge University Press, 1987).

24. Igual que el adolescente negocia con otras personas, negocia con su yo futuro (o pasado) de un modo similar. La idea de que nuestro yo futuro y pasado es un individuo independiente al margen de nuestra percepción del momento presente la introduce Derek Parfit en *Razones y personas*.

25. Hay que recordar que obtenemos nuestra autoestima en función de si estamos a la altura de nuestros valores (o de lo bien que reforcemos el discurso de nuestra identidad). Un adulto desarrolla valores basados en principios abstractos (virtudes) y obtendrá su autoestima en función de lo bien que se adhiera a esos principios.

26. Todos necesitamos un montón de dolor para madurar y desarrollarnos. Demasiado dolor nos traumatiza; nuestro cerebro emocional se vuelve excesivamente temeroso del mundo, impidiendo el crecimiento y la experiencia. Pero un dolor demasiado escaso nos convierte en narcisistas, convencidos de que el mundo puede (¡y debe!) girar en torno a nuestros deseos. Sin embargo, si logramos la cantidad justa de dolor, entonces aprendemos que (a) nuestros valores actuales nos fallan, y (b) tenemos el poder y la habilidad de trascender esos valores y crear otros nuevos, superiores y más amplios. Aprendemos que es mejor tener compasión por todo el mundo que solo por nuestros amigos, que es mejor ser sincero en todas las situaciones que serlo solo en las situaciones

que nos ayudan, y que es mejor mantener la humildad, incluso cuando estamos seguros de nuestra propia pertinencia.

27. En el capítulo 3, aprendimos que los abusos y el trauma generan baja autoestima, narcisismo y una identidad de autodesprecio. Esto inhibe nuestra capacidad para desarrollar valores abstractos de un nivel superior porque el nivel de fracaso es constante y demasiado intenso; el niño debe invertir su tiempo y su energía en escapar de él. El crecimiento exige que aceptemos nuestro dolor, como veremos en el capítulo 7.

28. Véase Haidt y G. Lukianoff, *The Coddling of the American Mind: How Good Intentions and Bad Ideas Are Setting Up a Generation for Failure* (Nueva York: Penguin Press, 2018), págs. 150-65.

29. Véase F. Fukuyama, *Trust* (Barcelona: Ediciones B, 1998).

30. Un gran ejemplo de este fenómeno fue la comunidad Pickup Artist (PUA) a mediados de los 2000, un grupo de varones socialmente aislados e inadaptados que se reunían para estudiar los comportamientos sociales y ser como las mujeres. El movimiento no duró más de unos pocos años porque, en definitiva, se trataba de hombres infantiles y/o adolescentes que deseaban relaciones adultas, y ni el estudio ni la práctica de los comportamientos sociales pueden producir una relación de amor no transaccional e incondicional con un compañero. Véase Mark Manson, *Models: Attract Women Through Honesty* (autopublicado, 2011).

31. Otra manera de pensar en este es el concepto popular del «amor duro». Permites que un niño experimente dolor porque el niño crece y adquiere valores superiores al reconocer lo que es importante ante el dolor.

32. Hasta ahora me he mostrado ambiguo sobre lo que quiero decir con «virtudes». En parte se debe a los distintos filósofos y religiones que abrazaron virtudes diferentes.

33. Kant, *Fundamentación de la metafísica de las costumbres*.

34. Es importante destacar que la fórmula de la humanidad de Kant no se basaba en la intuición moral, ni en el antiguo concepto de la virtud; esas son relaciones que yo hago.

35. Kant, *Fundamentación de la metafísica de las costumbres*.

36. Y aquí es donde las tres se unen. La fórmula de la humanidad es el principio fundamental de las virtudes de la sinceridad, la humildad, la valentía, etcétera. Estas virtudes definen los estadios

superiores del desarrollo moral. (El estadio 6 de Kohlberg; el estadio 5 de Kegan.)

37. La palabra clave aquí es «simplemente». Kant admite que es imposible no tratar nunca a nadie como un medio. Si trataras a todo el mundo de manera incondicional, te verías obligado a tratarte a ti mismo de manera condicional, y viceversa. Pero nuestras acciones hacia nosotros mismos y hacia los demás tienen múltiples capas. Yo puedo tratarte como un medio y como un fin al mismo tiempo. Quizás estemos trabajando juntos en un proyecto, y yo te anime a trabajar más horas porque creo que te ayudará y porque creo que me ayudará a mí también. Kant dice que eso está bien. Solo soy inmoral cuando te manipulo solo por razones egoístas.

38. La fórmula de la humanidad de Kant describe a la perfección el principio de consentimiento en el sexo y las relaciones. No buscar el consentimiento explícito, ya sea en la otra persona o en ti mismo, es tratar a una o a las dos personas solo como un fin en la búsqueda del placer. El consentimiento explícito significa tratar activamente a la otra persona como un fin, y el sexo como un medio.

39. En otras palabras, la gente que se trata a sí misma como un medio tratará a los demás como medios. Quien no se respeta a sí mismo no respetará a los demás. La gente que se utiliza y se destruye a sí misma utilizará y destruirá a los demás.

40. Los extremistas ideológicos suelen seguir las enseñanzas de un gran líder. Los extremistas espirituales tienden a pensar que el apocalipsis se acerca y que su salvador bajará de los cielos y les servirá un café... o algo así.

41. Es posible que todos los valores dios que no se adhieran a la fórmula de la humanidad terminen en una paradoja. Si estás dispuesto a tratar a la humanidad como un medio para adquirir una mayor libertad o igualdad, entonces inevitablemente destruirás la libertad y la igualdad. Hablaré más sobre esto en los capítulos 7 y 8.

42. Cuando digo «extremismo político», me refiero a cualquier movimiento o partido político que sea inherentemente antidemocrático y que esté dispuesto a subvertir la democracia en favor de algún plan religioso, ideológico o teológico. Para una disertación sobre estos desarrollos por todo el mundo, véase F. Fukuya-

ma, *Identidad: La demanda de dignidad y las políticas de resentimiento* (Barcelona: Deusto, 2019).

43. La globalización, la automatización y la desigualdad salarial son también explicaciones populares que tienen su mérito.

Capítulo 7. El dolor es la constante universal

1. El estudio que describe esta sección es de David Levari y otros autores. «Prevalence-Induced Concept Change in Human Judgment», *Science* 29 (29 de junio 2018): 1465-67.

2. El cambio de concepto inducido por la prevalencia mide cómo se alteran nuestras percepciones mediante la prevalencia de una experiencia que esperamos que ocurra. En este capítulo utilizaré el «efecto del punto azul» de manera un poco más amplia para describir todos los cambios de percepción basados en las expectativas, no solo las expectativas inducidas por la prevalencia.

3. Cada vez que veo una noticia sobre un universitario que monta una escena por un orador del campus que no le cae bien y equipara el discurso ofensivo con el trauma, me pregunto qué habría pensado de eso Witold Pilecki.

4. Haidt y Lukianoff, *The Coddling of the American Mind*, págs. 23-24.

5. Andrew Fergus Wilson, «#whitegenocide, the Alt-right and Conspiracy Theory: How Secrecy and Suspicion Contributed to the Mainstreaming of Hate», *Secrecy and Society*, 16 de febrero de 2018.

6. Émile Durkheim, *Las reglas del método sociológico y otros escritos* (Madrid: Alianza Editorial, 2016).

7. Hara Estroff Marano, «A Nation of Wimps», *Psychology Today*, 1 de noviembre de 2004, https://www.psychologytoday.com/us/articles/200411/nation-wimps.

8. Estas tres citas falsas de Einstein las saqué de M. Novak, «9 Albert Einstein Quotes That Are Totally Fake», *Gizmodo*, 14 de marzo de 2014, https://paleofuture.gizmodo.com/9-albert-einstein-quotes-that-are-totally-fake-1543806477.

9. P. D. Brickman y D. T. Campbell, «Hedonic Relativism and Planning the Good Society», en M. H. Appley, ed. *Adaptation Level Theory: A Symposium* (Nueva York: Academic Press, 1971).

10. Una investigación reciente ha desafiado esto y ha descubierto

que los acontecimientos extremadamente traumáticos (la muerte de un niño, por ejemplo) pueden alterar para siempre nuestro nivel de felicidad «por defecto». Pero la felicidad de «referencia» sigue siendo cierta a lo largo de la gran mayoría de nuestras experiencias. Véase B. Headey, «The Set Point Theory of Well-Being Has Serious Flaws: On the Eve of a Scientific Revolution?» *Social Indicators Research* 97, n.º 1 (2010): 7-21.

11. El psicólogo de Harvard Daniel Gilbert se refiere a esto como nuestro «sistema psicológico inmune»: da igual lo que nos suceda, porque nuestras emociones, recuerdos y creencias se aclimatan y se modifican para mantenernos felices, pero no del todo. Véase D. Gilbert, *Tropezar con la felicidad* (Barcelona: Ariel, 2017).

12. Cuando digo «nosotros», me refiero a la experiencia que percibimos. En esencia, no cuestionamos nuestras percepciones; cuestionamos el mundo, cuando, de hecho, son nuestras percepciones las que se han adaptado, y el mundo ha seguido siendo el mismo.

13. A lo largo de este capítulo, no utilizo el «efecto del punto azul» de la manera científica exacta en que los investigadores estudiaron el cambio de concepto inducido por la prevalencia. Lo utilizo como analogía y ejemplo de un fenómeno psicológico mayor: nuestras percepciones se adaptan a nuestras tendencias y expectativas emocionales predeterminadas, y no al revés.

14. Véase J. S. Mill, *Utilitarianism*, 2.ª ed. (1863; reed. Indianapolis, IN: Hackett Classics, 2001).

15. P. Brickman, D. Coates y R. Janoff-Bulman, «Lottery Winners and Accident Victims: Is Happiness Relative?». *Journal of Personality and Social Psychology* 36, n.º 8 (1978): 917-27.

16. A. Schopenhauer, *Aforismos sobre el arte de vivir* (Barcelona, Edhasa, 2012).

17. Por si quieres saber mi opinión, lo hicieron porque partir el país por la mitad fue lo que logró la resolución de la guerra de Corea en la década anterior. Los comunistas se quedaron con el norte. Los capitalistas, con el sur. Y todos pudieron irse a casa y ser felices. Imaginaron que podrían saltarse la parte de las batallas en Vietnam y pasar directamente a la resolución. Alerta de *spoiler*: no funcionó.

18. Mención al Departamento de Relaciones Internacionales de la Universidad de Boston. Esta va por vosotros.

19. David Halberstam, *The Making of a Quagmire* (Nueva York: Random House, 1965), pág. 211.

20. Zi Jun Toong, «Overthrown by the Press: The US Media's Role in the Fall of Diem», *Australasian Journal of American Studies* 27 (julio de 2008): 56-72.

21. Malcolm Browne, el fotógrafo que sacó la foto, dijo después: «No paraba de sacar fotos y más fotos, y eso me protegía del horror de aquel acontecimiento».

22. En el capítulo 2, hablamos sobre la «suposición clásica» y dijimos que falla porque intenta suprimir al cerebro emocional, en vez de intentar aliarse con él. Otra manera de pensar en la práctica de la antifragilidad es como si aliaras tu cerebro racional con tu cerebro emocional. Al aceptar tu dolor, puedes controlar los impulsos del cerebro emocional y canalizarlos hacia una acción o comportamiento productivos. No es de extrañar que se haya demostrado científicamente que la meditación aumenta el alcance de la atención y la conciencia de uno mismo, y reduce la adicción, la ansiedad y el estrés. La meditación es, en esencia, una práctica para gestionar el dolor de la vida. Véase Matthew Thorpe, «12 Science-Based Benefits of Meditation», *Healthline*, 15 de julio 2017, https://www.healthline.com/nutrition/12-benefits-of-meditation.

23. N. N. Taleb, *Antifrágil: Las cosas que se benefician del desorden* (Barcelona: Paidós, 2013).

24. En realidad, esta es una excelente prueba de fuego para saber si deberías estar con alguien: ¿los estresores externos os acercan o no? Si no, tenéis un problema.

25. Aunque aquí arremeto contra las aplicaciones de meditación, sí quiero decir que son una buena introducción a la práctica. Pero solo son… introductorias.

26. Soy el mayor defensor de la meditación que, según parece, no puede sentarse y meditar de una puñetera vez. Una buena técnica que me enseñó un gran amigo que enseña meditación: cuando te cuesta ponerte a meditar, busca un número de minutos que no te resulte intimidante. La mayoría de la gente prueba con diez o quince minutos. Si te parece demasiado, comprométete a hacer cinco. Si eso también te parece mucho, bájalo a tres. Si eso también, entonces redúcelo a uno. (¡Todo el mundo puede hacer un minuto!) En resumen, sigue bajando el número de minutos en tu «acuerdo» con el cerebro emocional hasta que ya no

te dé miedo. Repito, se trata de una negociación entre el cerebro racional y el emocional hasta que seas capaz de aliarlos y hacer algo productivo. Esta técnica hace maravillas con otras actividades, por cierto. Hacer ejercicio, leer un libro, limpiar la casa, «escribir un libro» *(ejem)*. En todos los casos, reduce las expectativas hasta que deje de dar miedo.

27. Véase Ray Kurzweil, *La singularidad está cerca: Cuando los humanos transcendamos la biología* (Berlín: Lola Books, 2019).

28. Pinker asegura que las ganancias en salud y seguridad físicas compensan con creces el aumento de la ansiedad y del estrés. También dice que la edad adulta exige un mayor grado de ansiedad y estrés debido al aumento de las responsabilidades. Es probable que sea cierto, pero eso no significa que nuestra ansiedad y nuestro estrés no sean problemas serios. Véase Pinker, *Enlightenment Now*, págs. 288-89.

29. En mi anterior libro, así es como defino una «buena vida». Los problemas son inevitables. Una buena vida es una vida con buenos problemas. Véase M. Manson, *El sutil arte de que (casi todo) te importe una mierda*, págs. 33-43.

30. Por esa razón, la adicción produce una espiral destructiva: anestesiarnos frente al dolor nos anestesia frente al significado y frente a la capacidad para hallar valor en las cosas, generando, por tanto, un dolor mayor que, a su vez, provoca un grado de anestesia mayor. Eso continúa hasta que uno toca fondo, un lugar con un dolor tan intenso que ya no puedes anestesiarlo. La única manera de aliviarlo es aceptarlo y crecer.

Capítulo 8. La economía de los sentimientos

1. La historia de Edward Bernays de este capítulo procede del maravilloso documental de Adam Curtis *The Century of Self*, BBC Four, Reino Unido, 2002.

2. En realidad, esto es el ego, en el sentido freudiano: nuestras historias conscientes sobre nosotros mismos y nuestra interminable batalla por mantenerlas y protegerlas. Tener un ego fuerte es psicológicamente sano. Te hace resiliente y seguro de ti mismo. El término «ego» ha sido masacrado desde entonces en la literatura de la autoayuda hasta equipararlo con el narcisismo.

3. En los años treinta, supongo que Bernays empezó a sentirse mal

porque fue él quien convirtió a Freud en un fenómeno global. Freud estaba arruinado, vivía en Suiza y le preocupaban los nazis. Por su parte, Bernays no solo logró que se publicaran las ideas de Freud en Estados Unidos, sino que las popularizó al conseguir que las revistas más importantes escribieran artículos sobre ellas. El hecho de que hoy en día sea una figura conocida se debe enteramente a las técnicas de *marketing* de Bernays, que a su vez estaban basadas en sus teorías.

4. Véase capítulo 4, nota 26, pág. 227.

5. Los ejemplos incluyen a Johannes Gutenberg, Alan Turing, Nikola Tesla y otros.

6. A. T. Jebb y otros autores, «Happiness, Income Satiation and Turning Points Around the World», *Nature Human Behaviour* 2, n.º 1 (2018): 33.

7. M. McMillen, «Richer Countries Have Higher Depression Rates», WebMD, 26 de julio de 2011, https://www.webmd.com/depression/news/20110726/richer-countries-have-higher-depression-rates.

8. He aquí una teoría curiosa que me he inventado sobre la guerra y la paz: la suposición común sobre la guerra es que comienza porque un grupo de personas se halla en una situación dolorosa y no les queda más remedio que luchar por su supervivencia. Llamémosle la teoría de guerra del «nada que perder». Suele enmarcarse en términos religiosos: el chiquitín que se enfrenta a los poderes corruptos para ganar su parte, o el mundo libre y poderoso que se une para eliminar la tiranía del comunismo. Estos discursos sirven para las películas de acción. Eso se debe a que son historias de fácil digestión cargadas de valores que ayudan a unir los cerebros emocionales de las masas. Pero, claro, la realidad no es así de simple.

La gente no inicia revoluciones porque esté subyugada y oprimida. Todos los tiranos lo saben. La gente que sufre un dolor perpetuo llega a aceptar ese dolor y lo ve como algo natural. Igual que un perro maltratado, se vuelven tranquilos e indiferentes. Por eso Corea del Norte ha llegado hasta donde ha llegado. Por eso los esclavos de Estados Unidos no solían organizar revueltas violentas.

En su lugar, permíteme sugerir que las personas inician revoluciones por placer. Cuando la vida se vuelve cómoda, la tolerancia de las personas a la incomodidad y a los inconvenientes disminuye hasta el punto de que juzgan cualquier tontería como algo imperdonable y, como resultado, pierden la cabeza.

La revolución política es un privilegio. Cuando pasas hambre y estás desahuciado, te centras en sobrevivir. No tienes la energía ni la voluntad para preocuparte por el Gobierno. Solo intentas llegar a la semana siguiente.

Y, si eso te parece una locura, te aseguro que no me lo acabo de inventar. Los teóricos políticos lo llaman «revoluciones de las altas expectativas». De hecho, fue el famoso historiador Alexis de Tocqueville quien señaló que la mayoría de las personas que instigaron la Revolución francesa no fueron los pobres que «tomaron la Bastilla», sino más bien las personas de las zonas y barrios adinerados. De un modo parecido, la Revolución americana no fue instigada por los colonos oprimidos, sino por las élites adineradas y terratenientes que creían que era una violación de su libertad y de su dignidad ver como subían los impuestos. (Algunas cosas nunca cambian.)

La Primera Guerra Mundial, que involucró a treinta y dos países y mató a diecisiete millones de personas, comenzó porque dispararon en Serbia a un tío austriaco muy rico. En su momento, el mundo estaba más globalizado y era más próspero económicamente que nunca antes en la historia. Los líderes mundiales creían que un conflicto global masivo era imposible. Nadie se arriesgaría a algo tan descabellado cuando había tanto que perder.

Pero, precisamente, por eso se arriesgaron.

A lo largo del siglo XX, se iniciaron guerras revolucionarias por todo el mundo, desde el Lejano Oriente hasta Oriente Medio, pasando por África y América Latina, no porque la gente estuviese oprimida o pasara hambre, sino porque tenían una economía floreciente. Y, con la introducción del crecimiento económico, descubrieron que sus deseos dejaban atrás la capacidad de las instituciones para satisfacer dichos deseos.

He aquí otra manera de verlo: cuando hay demasiado dolor en la sociedad (gente que pasa hambre, que enferma y se muere), las personas se desesperan, no tienen nada que perder y dicen: «¡A la mierda!». Entonces empiezan a lanzar cócteles Molotov a los hombres de traje. Pero, cuando no hay suficiente dolor en la sociedad, las personas empiezan a molestarse por infracciones cada vez menores, hasta el punto de que están dispuestas a ponerse violentas por algo tan estúpido como un disfraz de Halloween medio ofensivo.

Igual que un individuo necesita mucha cantidad de dolor (ni excesivo ni escaso) para crecer, madurar y convertirse en un adulto con un carácter fuerte, las sociedades también necesitan mucho dolor (si es excesivo, te conviertes en Somalia; si es escaso, te conviertes en ese gilipollas que cargó unas furgonetas con armas automáticas y ocupó un parque nacional porque... libertad).

No olvidemos la razón por la que existe el conflicto: nos da esperanza. Tener un enemigo mortal ahí fuera intentando matarte es la manera más fácil de hallar un propósito y estar presente en tu vida. Nos convierte en comunidades como ninguna otra cosa. Da a nuestras religiones un sentido cósmico del significado que no se adquiere de ninguna otra forma.

Es la prosperidad la que provoca las crisis de esperanza. Es tener seiscientos canales y nada que ver. Es tener quince *matches* en Tinder, pero ninguna cita buena. Es tener dos mil restaurantes donde elegir, pero estar harto de comer siempre la misma comida. La prosperidad hace que el significado sea más difícil. Provoca que el dolor sea más agudo. Y, en definitiva, necesitamos el significado mucho más de lo que necesitamos la prosperidad, no vaya a ser que nos encontremos cara a cara otra vez con la taimada verdad incómoda.

Los mercados financieros se pasan casi todo el tiempo expandiéndose a medida que se produce más valor económico. Pero, al final, cuando las inversiones y las valoraciones superan la producción real, cuando se invierte suficiente dinero en timos piramidales para crear distracciones y no innovaciones, el mercado financiero se contrae, eliminando el valor del «dinero débil», acabando con los muchos negocios que estaban sobrevalorados y no añadían valor real a la sociedad. Cuando el proceso termina, la innovación y el crecimiento económicos, tras corregir su trayectoria, pueden continuar.

En la economía de los sentimientos, tiene lugar un patrón similar de expansión y contracción. La tendencia a largo plazo se dirige hacia la reducción del dolor mediante la innovación. Pero, en tiempos de prosperidad, las personas se entregan cada vez más a las distracciones, exigen falsas libertades y se vuelven más frágiles. Al final, empiezan a molestarse por cosas que una o dos generaciones antes habrían resultado frívolas. Comienzan los piquetes y las protestas. La gente empieza a coserse emblemas en las mangas, a llevar sombreros y a adoptar la religión ideológica del día para justificar su ira. La esperanza se vuelve más difícil de encontrar entre tantas distracciones. Y al final la situación se agrava hasta el punto en el que alguien hace algo estúpido y extremo, como disparar a un archiduque o estrellar un 747 contra un edificio, y comienza la guerra, que mata a miles, si no a millones.

Y, según avanza la guerra, se instalan el dolor y las carencias verdaderas. Las economías colapsan. La gente pasa hambre. Llega la anarquía. Y cuanto más empeoran las condiciones, más antifrágiles se vuelven las personas. Antes, con el paquete de televisión por satélite y un trabajo sin futuro, no sabían en qué tener esperanza. Ahora saben exactamente en qué tienen esperanza: en la paz, en la calma y el alivio. Y su esperanza acaba uniendo lo que antes era una población fracturada bajo el estandarte de una religión.

Cuando termina la guerra, con la destrucción inmensa grabada en la memoria reciente, las personas aprenden a tener esperanza en cosas más simples: una familia estable, un trabajo fijo, un niño que esté a salvo (a salvo de verdad; no al estilo de «No dejes que jueguen solos en la calle», sino a salvo a salvo).

La esperanza se reinicia mediante la sociedad. Y vuelve un periodo de paz y prosperidad. (Más o menos.)

Hay un último componente en esta teoría descabellada del que aún no he hablado: la desigualdad. Durante los periodos de prosperidad, el crecimiento económico se guía por las distracciones. Y, como las distracciones aumentan con tanta facilidad (al fin y al cabo, ¿quién no quiere subir *selfies* a Instagram?), la riqueza se concentra cada vez en menos manos. Esa disparidad del crecimiento de la riqueza alimenta entonces la «revolución de las expectativas elevadas». Todo el mundo cree que, en teoría, su vida es mejor. Aun así, no es lo que esperaban: no están tan libres de dolor como creían. Por lo tanto, se alían en sus bandos ideológicos (los moralistas del amo por aquí, los moralistas del esclavo por allá) y se pelean.

Y durante la pelea y la destrucción, nadie tiene tiempo para distracciones. De hecho, las distracciones pueden hacer que te maten.

No, en la guerra todo consiste en llevar la ventaja. Y, para tenerla, debes invertir en innovaciones. La investigación militar ha impulsado casi todas las innovaciones importantes en la historia de la humanidad. La guerra no solo restaura el equilibrio de la esperanza y la fragilidad de las personas, sino que, por desgracia, también es lo único que, de manera fiable, reinicia la desigualdad de la riqueza. Es otro ciclo de éxito/fracaso. Aunque esta vez, en vez de ser los mercados financieros o la fragilidad de la población, es el poder político.

Lo triste del asunto es que la guerra no solo es una parte inherente a la existencia humana; probablemente, sea una consecuencia necesaria de nuestra existencia. No es un fallo evolutivo, sino que es una característica. De los últimos tres mil cuatrocientos años, los seres humanos hemos estado en paz un total de doscientos sesenta y ocho. Ni siquiera un diez por ciento de la historia documentada.

La guerra es el efecto secundario natural de nuestras esperanzas erróneas. Es donde nuestras religiones ponen a prueba su solidaridad y su utilidad. Es lo que promueve la innovación y nos motiva para trabajar y evolucionar.

Y es la única cosa capaz de lograr que la gente supere su propia felicidad, que desarrolle la verdadera virtud del carácter, que desarrolle la capacidad de soportar el dolor y de luchar y vivir por algo que no sea ella misma.

Probablemente, por eso los antiguos griegos y romanos creían que la virtud necesitaba de la guerra. Se exigían una humildad y una valentía inherentes no solo para vencer en la guerra, sino también para ser una buena persona. La lucha saca lo mejor de nosotros. Y, en cierto sentido, la virtud y la muerte siempre van de la mano.

9. La «era comercial» es una cosa que me he inventado, para ser sincero. En realidad, supongo que me refiero a la era posindustrial, la era en la que el comercio empezó a expandirse y a producir bienes innecesarios. Lo imagino como aquello a lo que Ron Davison llama la «tercera economía». Véase R. Davison, *The Fourth Economy: Inventing Western Civilization*, ebook autopublicado, 2011.

10. Este es un tema muy bien documentado. Véase Carol Cadwalladr, «Google, Democracy, and the Truth About Internet Search», *Guardian*, 4 de diciembre de 2016, https://www.theguardian.com/technology/2016/dec/04/google-democracy-truth-internet-search-facebook.

11. Este tipo de vigilancia no solo resulta siniestro, sino que además ilustra a la perfección el ejemplo de una empresa tecnológica que trata a sus clientes como medios y no como fines. De hecho, creo que esa sensación siniestra es en sí misma el producto de ser tratado simplemente como un medio. Aunque decidimos «elegir» esos servicios que recopilan nuestros datos, no somos plenamente conscientes de ello; por lo tanto, da la impresión de que no hemos dado nuestro consentimiento. Eso es lo que hace que sintamos que nos faltan al respeto y nos tratan como un medio. Y ahí es cuando nos enfadamos. Véase K. Tiffany, «The Perennial Debate About Whether Your Phone Is Secretly Listening to You, Explained», *Vox*, 28 de diciembre de 2018, https://www.vox.com/the-goods/2018/12/28/18158968/facebook-microphone-tapping-recording-instagram-ads.

12. Porque, claro, la tortura no está bien vista.

13. Barry Schwartz, *The Paradox of Choice: Why More is Less* (Nueva York: Ecco, 2004).

14. Hay muchos datos que demuestran que esto es increíblemente efectivo. Es otro ejemplo en el que trabajas con tu cerebro emocional (en este caso, asustándolo para hacer lo correcto), en vez de contra él. Es tan efectivo que los investigadores que lo estudiaron en un origen crearon una página web llamada «stickk.com» que permite a la gente elaborar esos acuerdos con sus amigos. De hecho yo la utilicé para cumplir un plazo con mi último libro (¡y funcionó!).

15. Terminó perdiendo frente al gran maestro del ajedrez porque resulta que el ajedrez tiene cientos de millones de posibles jugadas, y resulta imposible planificar toda una partida de principio a fin. No cito aquí ninguna fuente porque esta tontería no merece más atención.

16. Robert Putnam, *Solo en la bolera: Colapso y resurgimiento de la comunidad norteamericana* (Barcelona: Galaxia Gutenberg, 2002).

17. F. Sarracino, «Social Capital and Subjective Well-being Trends:

Comparing 11 Western European Countries», *Journal of Socio-Economics* 39 (2010): 482-517.

18. Putnam, *Solo en la bolera*.
19. *Ibid.*
20. *Ibid.*
21. Esta es una manera más ética y efectiva de ver la libertad. Observemos, por ejemplo, las controversias en Europa sobre si las mujeres musulmanas pueden llevar hiyab. Una perspectiva de la falsa libertad diría que las mujeres tendrían que ser libres para no llevar hiyab; a saber, deberían tener más oportunidades para el placer. Esta es una manera de tratar a las mujeres como medios para alcanzar un fin ideológico. Equivale a decir que no tienen el derecho de elegir sus propios sacrificios y compromisos, que deben incluir sus creencias y decisiones dentro de una religión ideológica más amplia sobre la libertad. Es un ejemplo perfecto de cómo tratar a las personas como un medio para alcanzar el fin de la libertad socava dicha libertad. La libertad real significa permitir a las mujeres elegir lo que desean sacrificar en sus vidas, permitiéndoles así llevar hiyab. Para un resumen de la controversia, véase «The Islamic Veil Across Europe», *BBC News*, 31 de mayo de 2018, https://www.bbc.com/news/world-europe-13038095.
22. Por desgracia, con la guerra cibernética, las noticias falsas y la injerencia electoral que posibilitan las plataformas de redes sociales globales, esto es más cierto que antes. El «poder suave» de Internet ha permitido que los Gobiernos astutos (Rusia, China) influyan de manera eficaz en la población de los países rivales, en vez de tener que infiltrarse físicamente en ellos. Tiene sentido que, en la era de la información, las mayores batallas mundiales se libren precisamente por la información.
23. Alfred N. Whitehead, *Process and Reality: Corrected Edition*, ed. David Ray Griffin y Donald W. Sherburne (Nueva York: The Free Press, 1978), pág. 39.
24. Platón, *Fedro*, 253d.
25. Platón, *La República*, 427e y 435b.
26. La «teoría de las formas» de Platón aparece en varios de sus diálogos, pero el ejemplo más famoso es su metáfora de la caverna, de *La República*, 514a-20a.
27. Merece la pena destacar que la definición antigua de «democra-

cia» difiere de la moderna. En la Antigüedad, «democracia» significaba que la población votaba por todo, y había muy pocos representantes. Cuando hoy en día nos referimos a una democracia, técnicamente hablamos de una «república», porque tenemos representantes electos que toman decisiones y determinan la política. Dicho eso, no creo que la distinción cambie la validez de los argumentos de esta sección. Un descenso de la madurez en la población se reflejará en peores representantes electos, que eran los «demagogos» de Platón, políticos que lo prometen todo y no cumplen nada. Esos demagogos desmantelan después el sistema democrático mientras el pueblo aplaude ese desmantelamiento, pues percibe que el problema está en el propio sistema, y no en los líderes electos.

28. Platón, *La República*, 564a-66a.

29. *Ibid.*, 566d-69c.

30. Las democracias entran en guerra con menos frecuencia que las autocracias, lo que confirma la hipótesis de Kant de la «paz perpetua». Véase J. Oneal y B. Russett, «The Kantian Peace: The Pacific Benefits of Democracy, Interdependence, and International Organizations, 1885-1992», *World Politics* 52, n.º 1 (1999): 1-37. Las democracias promueven el crecimiento económico. Véase Jose Tavares y Romain Wacziarg, «How Democracy Affects Growth», *European Economic Review* 45, n.º 8 (2000): 1341-78. La gente en las democracias vive más. Véase Timothy Besley y Kudamatsu Masayuki, «Health and Democracy», *American Economic Review* 96, n.º 2 (2006): 313-18.

31. Curiosamente, las sociedades con una confianza baja se apoyan más en los «valores familiares» que otras culturas. Otra forma de verlo es que, cuanta menos esperanza obtiene la gente de sus religiones nacionales, más esperanza busca en sus religiones familiares, y viceversa. Véase Fukuyama, *Trust*, págs. 61-68.

32. Esta es una explicación de la paradoja del progreso en la que no he profundizado mucho: con cada mejora de la vida, tenemos más que perder y menos que ganar que antes. Como la esperanza se basa en la percepción de un valor futuro, cuanto mejores sean las cosas en el presente, más difícil puede ser visualizar ese futuro, y más fácil resultará visualizar pérdidas mayores en el futuro. En otras palabras, Internet es genial, pero también presenta nuevas formas de que la sociedad colapse y todo se vaya a

la mierda. De modo que, paradójicamente, cada mejora tecnológica introduce también nuevas formas de matarnos los unos a los otros, y a nosotros mismos.

Capítulo 9. La religión final

1. En 1950, Alan Turing, el padre de la ciencia informática, creó el primer algoritmo de ajedrez.

2. Resulta que es increíblemente difícil programar la funcionalidad del cerebro emocional en un ordenador, mientras que la funcionalidad del racional superó hace tiempo a la capacidad humana. Eso se debe a que nuestro cerebro emocional opera utilizando nuestras redes neuronales completas, mientras que nuestro cerebro racional solo realiza cálculos en bruto. Probablemente, esté destrozando esta explicación, pero es un giro interesante sobre el desarrollo de la inteligencia artificial. Así como siempre estamos luchando por entender a nuestro cerebro emocional, también luchamos por recrear dicho cerebro en las máquinas.

3. En los años posteriores a la derrota inicial de Kaspárov, tanto Vladimir Krammik como él empataron contra diversos programas de ajedrez. Pero, llegado 2005, los programas de ajedrez Fritz, Hydra y Junior superaron a los grandes maestros, a veces sin perder una sola partida. En 2007, a los jugadores humanos se les concedieron más ventajas, ventajas de peón, opciones para abrir la partida… y, aun así, perdían. En 2009, dejaron de intentarlo. No tenía sentido.

4. Esto es cierto, aunque no literalmente. En 2009, el *software* de ajedrez móvil Pocket Fritz derrotó a *Deep Blue* en un torneo de diez partidas. Fritz ganó pese a tener menos computación; lo que significa que es un *software* superior, no más poderoso.

5. Michael Klein, «Google's AlphaZero Destroys Stockfish in 100-game Match», Chess.com, 7 de diciembre de 2017, https://www.chess.com/news/view/google-s-alphazero-destroys-stockfish-in-100-game-match.

6. Se considera que el shōgi es más complejo porque puedes controlar las piezas de tu oponente, lo que implica muchas más variaciones que el ajedrez.

7. Para leer una exposición sobre el posible desempleo masivo provocado por la inteligencia artificial y la automatización de las máquinas, echa un vistazo al excelente ensayo de E. Brynjolfsson

y A. McAfee, *Race Against the Machine: How the Digital Revolution Is Accelerating Innovation, Driving Productivity, and Irreversibly Transforming Employment and the Economy* (Lexington, MA: Digital Frontier Press, 2011).

8. K. Beck, «A Bot Wrote a New Harry Potter Chapter and It's Delightfully Hilarious», *Mashable*, 17 de diciembre de 2017, https://mashable.com/2017/12/12/harry-potter-predictive-chapter.

9. J. Miley, «11 Times AI Beat Humans at Games, Art, Law, and Everything in Between», *Interesting Engineering*, 12 de marzo de 2018, https://interestingengineering.com/11-times-ai-beat-humans-at-games-art-law-and-everything-in-between.

10. Del mismo modo que hoy en día resulta casi imposible imaginar la vida sin Google, el correo electrónico o los teléfonos móviles.

11. Evolutivamente hablando, los humanos renunciaron a muchas cosas para que sus enormes cerebros fueran posibles. Comparados con otros simios, y especialmente con los mamíferos, somos lentos, débiles y frágiles, y tenemos una percepción sensorial pobre. Renunciamos a todas esas capacidades físicas para permitir que el cerebro utilizara mejor la energía y para tener un periodo de gestación más largo. Así pues, en realidad, al final las cosas salieron bien.

12. Véase D. Deutsch, *The Beginning of Infinity: Explanations that Transform the World* (Nueva York: Penguin Books, 2011).

13. Técnicamente, casi ninguna de estas cosas existía hasta que llegamos nosotros, pero supongo que de eso se trata en parte.

14. Haidt, *La mente de los justos*.

15. El autodesprecio es una referencia a la culpa inherente que acompaña a la existencia, de la que se habló en el capítulo 4. La autodestrucción es, bueno, más que evidente.

16. Estas hipótesis tan descabelladas son bastante serias y se explican a fondo en la obra de Nick Bostrom *Superintelligence: Paths, Dangers, Strategies* (Nueva York: Oxford University Press, 2014).

17. Michal Kranz, «5 Genocides That Are Still Going on Today», *Business Insider*, 22 de noviembre de 2017, https://www.businessinsider.com/genocides-still-going-on-today-bosnia-2017-11.

18. «Hunger Statistics», Fundación para la Ayuda Alimentaria, https://www.foodaidfoundation.org/world-hunger-statistics.html.

19. Calculado por el autor a partir de las estadísticas de la Coalición Nacional Contra la Violencia Doméstica, https://ncadv.org/statistics.